dispatches from colonial officials and kept readers abreast of local preparations for war. For example, London periodicals featured stories about George Washington's troubles in the Ohio country, Benjamin Franklin's ill-fated "Plan of Union," and an Iroquois sachem who warned of French plans for conquest in the Ohio country.[39] The newspapers also enabled Londoners to follow local war-related developments, such as Gen. Edward Braddock's promotion to the rank of Major General, his deployment to America, and the march of his troops to the Monongahela River.[40] These stories kindled an interest in all things American, from the continent's history of European settlement to its flora and fauna.[41] The defense of North America likewise stirred British nationalism, as can be seen in the March 1755 edition of *Gentleman's Magazine*, which included the score and lyrics for the patriotic anthem "Rule Brittania."[42]

Attentive followers of the London press also might have noted a brief mention of the Bosomworths. One year prior to their arrival in London, *Gentleman's Magazine* published a clipping from the *South Carolina Gazette* that featured a transcription of Governor Glen's May 28 conference with the Creek Indians. A footnote, probably composed by Thomas Bosomworth, provides brief biographies of the couple that are littered with falsehoods and fanciful detail. Thomas, described as a "gentleman," was reported to have "acted bravely" in repelling the Spanish invasion of Georgia and later to have followed a "profitable business" in the Indian trade. Meanwhile, Mary is described as "the widow of two great Indian traders" and the descendant of "a great Indian mico, or king." The biographies also assert that Mrs. Bosomworth had been given a salary of 100 pounds to serve as the Georgia colony's "interpretess" and, most improbably, that Britain's Indian allies "bow to the knee to her."[43] None of these developments in the press would have been lost upon Mary, who wisely tailored her petitions to play up her Indian ancestry and exploited British patriotism and a correspondingly virulent Francophobia.

Although tracking the Bosomworths through London is difficult, the couple likely arrived in England in September or early October, taking up lodging at Fetter Lane, between Holborn and Fleet Streets.[44] An ancient pathway dating to the reign of Edward I, Fetter Lane was probably a convenient choice for Mary and Thomas, as it was close to the city's legal community at the nearby Inns of Court.[45] After settling in, Mary and Thomas got down to business and somehow connected with Isaac Levy, a merchant from New York then living on Broad Street in London's Soho district.

Descended from one of New York's most prominent Jewish families, Levy specialized in the North American coastal trade before moving to London in 1752.[46] The Bosomworths may have known Levy prior to their arrival in England, as his firm regularly traded in Georgia and provisioned the regiment at Frederica.[47]

Short on cash, on October 14 the Bosomworths entered into an agreement with Levy that, while complex in detail, can be summarized as follows: First, Isaac Levy paid the Bosomworths 300 pounds up front for the rights to one half of the three disputed islands of Ossabaw, Sapelo, and St. Catherine's. To obtain good title, Levy and the Bosomworths agreed to petition the authorities and entered into a fourteen-year "joint & equal copartnership" for the "better stocking, cultivating, and improving" of the islands. Once cultivation of the islands had begun, Levy was to pay the Bosomworths an additional 200 pounds derived from his first profits.[48] At first, the bargain seemed advantageous to both sides. For Levy, the outlay of 300 pounds was a relatively small risk when weighed against the islands' potential value. For the Bosomworths, that sum gave them instant financial liquidity, enabling them to live and haggle in London.

After finalizing the agreement with Levy on October 18, Mary and Thomas got to work. First, Thomas composed a summary of "usefull hints," probably intended for the eyes of their attorneys, which set forth the philosophical underpinnings of their argument.[49] Around the same time Mary drafted yet another memorial, which she presented to the board of trade in October. Derived from Mary's past efforts, the memorial repeated many of the same points, arguing that Mary was descended from the sister of the Emperor Brims and had assisted General Oglethorpe in obtaining "a peaceable and quiet possession" of the land. As before, the assumption that Mary's interests converged with those of the Creek nation, the colonies, and the British Empire informed each of her arguments.

Yet, the 1754 memorial subtly shifts emphasis away from Mary's services to the colony and toward the independence of the Creek nation and her status within it. Importantly, she identified herself not by her English name but rather as Coosaponakeesa, the "princess of the Upper and Lower Creek Nations of Indians," and submitted the memorial jointly in their behalf. At no point did she refer to herself as an English subject but instead as the leader of a "brave and free born people (over whom the laws of God and Nature have ordained me Head)." What duty she owed to the King, Mary argued, derived not from her paternal inheritance but rather "by being by marriage allied to his subjects." Leaving aside her demands for her uncollected interpreter's salary and unpaid crop bounties, Coosaponakeesa instead focused upon recent "encroachments" on Creek lands. Referring implicitly to the written instruments in which the Creeks had named her their "Natural Princess," Mary asserted that she had been empowered to "conclude everything in their behalf" in order to rectify "all past differences and animosities."[50] As the historian John Juricek observes, Mary's offer may have been an "invitation to a deal." If the board looked favorably upon her land claims, Coosaponakeesa in return "would consider an additional concession of Creek lands to the king."[51]

The 1754 memorial likewise cleverly exploited the tense situation between France and Britain in North America, tapping into the board's heightened sense of patriotism and Francophobia. Speaking on behalf of the Creek nation, Mary showered praise upon King George II and the "mild, equitable, and gracious" government over which he presided. The king, she added, had behaved as an "indulgent and common father" to the Creeks and rightly deserved much of the credit for preserving the alliance between the "Native Indians and His Majesty's Subjects." Clearly aware of recent developments in the Ohio country, Mary reminded the board that the French were attempting to draw the Indians away from the British interest, and that "several unlucky circumstances, at present" had given them the upper hand. By bringing to light the "dangerous consequences" threatening the southern provinces, Mary hoped to find a means by which certain "important" Indian nations (meaning Creeks) could be "most effectually secured in the British interest."[52]

Hoping to gain an audience with the board of trade, in late October Thomas and Mary submitted the memorial, along with excerpts of Mary's past correspondence with Oglethorpe, Horton, and Heron. The board put off meeting with the Bosomworths twice, and the couple did not gain an audience until December 3, at which time they submitted more materials supporting Mary's case, including the 1748 deed for the three islands, and the two "Confirmation" deeds of August 2, 1750.[53] Momentarily overwhelmed by the "great variety of matter" laid before them, the board demanded more time to give Mary's case "further consideration." The board resumed work on the case on December 6 and spent four days composing a lengthy summary and report under the bloated title "State of the Case Relative to the Lands Reserved by the Creek Indians in Georgia and of the Claims and Pretensions of the Bosomworths with Respect [to] Such."

Arrangements were then made to have the Bosomworths attend the board meeting at eleven o'clock on the morning of December 12.[54]

At this point things did not bode well for Mary and Thomas. The mere sight of the august members of the board of trade must have been intimidating. Presiding was George Dunk, the Earl of Halifax, a devoted imperialist who had been trying to enforce the royal prerogative in the southern colonies since being named board secretary in 1748.[55] Also on hand was Thomas Pelham, Duke of Newcastle and former Secretary of State. While acting in that capacity, Newcastle first became familiar with the Bosomworth case as the recipient of some of Mary's earliest memorials, which were routinely routed to him through his deputy, Andrew Stone, also a board member. That Newcastle and Stone had already failed to act upon her outstanding claims could not have inspired confidence in Mary. Lastly, future prime minister William Pitt and George Grenville, who would author the noxious Stamp Act a decade later, rounded out the quorum of board members who met with Mary and Thomas on that day.

As is made clear by the board's "State of the Case," its members were skeptical of nearly all Mary's assertions. For one thing, they regarded Thomas and Mary's land claims and Mary's status as a Creek princess as mere "pretensions," and, while conceding that Mary had once been useful to the colony, they believed that her "late extraordinary & criminal behavior effectively cancel[ed] all former merit." As the board saw it, the "truth of the facts" indicated that Mary was guilty of "illegal and unjustifiable conduct."[56] But, rather than make a final decision, the board remanded the case to the courts of law in Georgia on the grounds that it was a matter of property rights over which they had no jurisdiction.[57]

Persistent as ever, Thomas returned to the board on January 21 with another memorial, this time attaching vouchers of Mary's debts. The board once again denied Thomas's request, this time arguing that theirs was not an "office of account" and therefore could not get involved in the "particulars" of how the King's money was spent.[58] Instead, the Treasury office seemed to be the proper venue for Mary's paperwork, so Thomas submitted another memorial and copies of Mary's accounts to it on February 24. It seems that by this point Thomas had narrowed the scope of his demands, as the memorial he submitted to the Treasury made no mention of the Bosomworths' land claims and instead focused upon Mary's interpreter salary and the money Alexander Heron owed to her.[59] When the Treasury office failed to respond, Thomas returned to the board of trade and submitted yet another memorial with accompanying paperwork on April 24. This time, Thomas asked for the money due to Mary out of the Indian presents that had been sent to the southern colonies in 1748, the argument over which had precipitated the unfortunate Savannah incident. The board denied Thomas's request again on technical grounds. After six months of petitioning the highest branches of imperial governance, the Bosomworths had nothing to show for it.[60]

Following the board's latest rebuff, Mary and Thomas laid low for two months, making it difficult to track their whereabouts. Most likely the couple lived hand-to-mouth in London as wards of the Levy family. A brief ledger found among the Levy family's papers indicates that the couple moved into a boarding house operated by one "Mrs. Slade" in Greenwich on May 30 and stayed there through the first week of July. Isaac Levy's brother Joseph not only paid for their room and board but also gave them "pocket money" and outfitted them in new hats and boots. Before leaving Greenwich, Levy paid to have Thomas's face shaved and his hair cut and took the couple on a shopping spree at "Rag Fair," a bustling open-air market near the Tower of London where hawkers peddled secondhand clothing (some of it stolen).[61] On July 13 Mary and Thomas proceeded to the port at Gravesend to prepare for their journey home. There, Levy gave them more pocket money and paid for the couple's lodging and food, ship passage, and storage. In all, Levy advanced the Bosomworths in excess of thirty-one pounds before their ship, the *Juno*, left the Downs on July 13, and it is no stretch to say that without his money, Mary and Thomas likely would have starved in the streets of London.[62]

Although their flurry of petitioning subsided in these last weeks, Mary and Thomas made one last-ditch effort to have their case heard, this time by hiring Richard Partridge to represent them before the King's Privy Council. Contacting Partridge was perhaps the smartest thing the couple did. Born into an affluent family in New Hampshire in 1681, Partridge came to London as a merchant around the turn of the century and spent the remainder of his days there. In 1715 Rhode Islanders appointed him as their agent to represent the colony's interests in London, and Partridge later represented the colonies of New York (1731), New Jersey (1733), Massachusetts (1737), Pennsylvania (1740), and Connecticut (1750–59). Over the course of his career, Partridge had become familiar with members of the board of trade and had even crossed paths with James Oglethorpe. Partridge was also well acquainted with colonial landholding practices and had already settled boundary disputes between Connecticut and two of its bordering colonies. Importantly, Partridge had worked on a protracted Connecticut case involving the Mohegan Indians' land claims. So, if there was anyone in London capable of wading through copious paperwork and thorny property issues, it was Partridge.[63]

Busy preparing for their return to Georgia, on June 30 Mary drafted a final memorial and turned it over to Partridge, who submitted it to the Privy Council that day. Again identifying herself as "Coosaponakeesa," Mary's final plea to the Privy Council mostly reprised her past efforts, with a few notable exceptions. Tellingly, Mary repeatedly employs the personal pronoun "we" when discussing her Creek ancestors, thereby drawing attention to her identity as an Indian. Responding to the board of trade's assertion that Mary was a subject of Great Britain because her father was, Mary begs to differ, asking rhetorically whether she relinquished hereditary rights as a Creek Indian simply because her "supposed father" had "violated the laws of God and man" by fathering her out of wedlock with an Indian woman. This reference to her deceased father, the last she would make in writing, is somewhat puzzling and may indicate either that she did not know him all that well or that she did not remember him fondly. One is also left to wonder if, by referring to her own conception as a "violation," Mary had internalized English attitudes about bastardy and miscegenation, attitudes that might explain the degree of self-loathing she endured for much of her life.

Mary's 1755 memorial was also among the most desperate of her writings, and reflected the poverty she and Thomas had experienced in London. Fearing that she and her husband "might perish in the streets of your great Metropolis," Mary attributed her survival to Divine Providence, claiming that only the intervention of the "King of Kings" had sustained them. In the end, she appealed for the King of Great Britain to do the same as compensation for her service in Georgia, where the Bosomworth case was to resume as the *Juno* made its way across the Atlantic.[64]

Restitution

Upon returning to Georgia, Mary's protracted case entered its final dramatic phase. Ultimately, the compromise she struck netted her St. Catherine's Island and more than two thousand pounds sterling. Several factors can explain how this compromise came about. Among those most deserving of credit is Thomas Bosomworth, who overwhelmed the imperial bureaucracy by submitting one last barrage of paperwork defending Mary's position. Importantly, the compromise can also be attributed to a shift in attitude among local and metropolitan governing officials. Already worn down by Thomas's fog of paperwork, the king's representatives on both sides of the Atlantic came to the conclusion that it would be best to give in to some of (not all) Mary's demands because of the ongoing war against France and the deleterious effect Mary's case had upon Indian affairs. Fearful of alienating the Creek Indians at a time when war raged in the west, the Bosomworth controversy had become a needless distraction that threatened the important goal of winning the war. Georgia's first two royal governors, John Reynolds and Henry Ellis, adopted this thinking and appear to have been mildly sympathetic to Mary and Thomas. Moreover, as newcomers to the colony, they had no stake in perpetuating the acrimony of the past decade.

When the *Juno* arrived in Savannah, Georgia's newly installed governor, John Reynolds, requested Thomas Bosomworth's presence.[65] On October 10 Thomas appeared and submitted paperwork in Mary's defense, along with the board of trade's directives on how to proceed in the case.[66] Pursuant to those directives, both sides were granted the opportunity to examine witnesses, obtain affidavits, and examine the public record for evidence pertinent to their respective cases. As for the handling of evidence, a policy of full disclosure required both the Bosomworths and the colony's representatives to share their paperwork, enabling each side to respond to the other's accusations. Thanks to Thomas's successful request for an extension of the deadline, both parties had a full year to complete the process.[67]

The Bosomworths wasted no time in adding to the evidence they had amassed over the previous decade. The couple first sensed an opportunity when Governor Reynolds and his secretary William Little met with the Creeks at Augusta in the fall of 1755. Mary and Thomas were determined to use the conference to drum up support among the local residents, many of them Indian traders. On December 4, Thomas published a notice offering a reward of ten pounds sterling to anyone willing to testify on the couple's behalf. Assisting them was Augusta's Anglican minister, Jonathan Copp, who issued subpoenas and tracked down local Indian traders.[68] On December 20, for example, Bosomworth and Copp summoned a star-studded cast of influential Creek traders, including John Rae, Lachlan

McGillavray, Martin Campbell, George Galphin, and David Douglass. Responding to questions that were likely to produce the desired answers, the traders vouched for much of the evidence the couple had compiled over the past decade, including Malatchi's conveyance of the disputed lands to Mary.[69]

Mary's influence is likewise apparent in the talks Governor Reynolds held with the Creek Indians. An impatient Reynolds made the mistake of returning to Savannah before the Creek Indians had arrived, leaving the inexperienced Little in charge of the proceedings and at the mercy of Mary, who fed him questions for the Indians that inevitably produced answers that served her case. On the first day of talks, for example, Mary had Little ask the influential Abika chief Enostonakee, better known as Gun Merchant of Okchay, what he knew about the Graham deed, prompting Gun Merchant to acknowledge that he signed in ignorance of its contents. When the Upper Creek delegates assembled again a day later, Little's questions resulted in their confirmation of Malatchi's status as a "great man" and validation of his land transactions with Mary. Such was the tenor of the discussion until Gun Merchant commented flippantly that Mary "was an old woman and by the course of nature could not live long," implying that Mary was to enjoy possession of those lands only for the duration of her life. Little dismissed Gun Merchant's comment as a "misconstruction," but Mary understood the cultural context behind his words and the dangers they posed to her quest for English land title. Creek Indians regarded property rights as usufructuary in nature and invested in groups rather than individuals, believing that no one person could alienate land. Buying and selling land in absolute terms was a concept foreign to the Creeks, so to acquire English title Mary had to translate Creek concepts of property into English terms.

Mary therefore was determined to squeeze from Gun Merchant a more positive affirmation of the validity of her land title. On December 17, upon Mary's direction, Little asked the Indians whether or not Mary could "sell the said land, and islands." Gun Merchant responded that she "might cultivate them, sell them, or do what she pleased with them." Mary pressed the subject even further when Little met with the Creeks one last time on December 18. Little first had the Indians confirm that they were authorized to "transact all business" in behalf of the Creek nation and then acknowledge "with one voice" that the lands had been given to Mary by Malatchi. Much as Mary and Thomas had been arguing all along, the Creek delegates affirmed that they had given the lands to Mary "as an Indian and one of themselves" and that she had "full power to alienate or dispose of the said Lands and Islands."[70]

Following the Augusta conference the Bosomworths returned to St. Catherine's Island for the first time in nearly four years. Armed with fresh affidavits from the Indian traders, and knowing that Little's record of the Indian conference provided them with additional backing, the couple continued to amass evidence in favor of their case. By this point, however, Thomas was in charge, and he spent the next four months working on a lengthy narrative answering the various charges made against their conduct, character, and claims. Completed on April 10, 1756, the narrative is familiar to historians as a source of information—one-sided as it is—about Mary. Verbose and fraught with inconsistencies, as well as some outright lies, Thomas's 1756 narrative is nevertheless a tour de force for its attention to detail, not to mention its sheer length, which made it virtually impossible to rebut, unless one had the time or inclination to do so. Few did.[71]

Beginning with Thomas's charge of treason in 1748, the narrative focuses principally upon the events of July and August 1749, which the board of trade used as the basis for characterizing their conduct as "illegal and unjustifiable." To assist him in preparing the rebuttal, Thomas was granted access to copies of the minutes kept by the President and Assistants. Thomas arranged his rebuttal chronologically, following each excerpt from the minutes with an alternative explanation of the events described therein. One example will suffice. Describing the Indians' approach into Savannah on August 11, the President and Assistants recounted that "they (the militia) then marched and at the head of the Indians appeared Mr. Thomas Bosomworth in his canonical habit (no coat of mail) with his brother Adam." The Assistants mocked Bosomworth for marching "at the head" of the Indians in his vestments because they believed he was attempting to assume a leadership position over them. Thomas begged to differ with this interpretation on several points. First, he noted that he and Mary had endured repeated slights to their character and that the Assistants had told the Indians that Bosomworth "was no priest" to lessen their opinion of him. Thomas believed he "retained the right" to wear his habit and did so to counteract the character slights against him. As for marching "at the head" of the Indians, Thomas explained that his brother Adam, recently arrived from England, had never seen Indians before and wanted to get a good view of the procession to watch them dance, drum, and sing. Rather than marching in front of the Indians, Thomas conceived of their position as being at the rear of the militia, which led the Indians into Savannah. Thomas had slipped into this position merely to satisfy Adam's curiosity.[72]

While the narrative and subsequent letters were Thomas's handiwork, Mary seems also to have had a hand in their composition, which casts doubt upon assertions that Thomas had "poisoned" her mind. First of all, Mary wisely began saving paperwork relevant to her claims several years before Thomas's arrival in Georgia, and this paperwork helped demonstrate Mary's service to the colony and Oglethorpe's tacit consent to Tomochichi's initial land grant. Likewise, Mary must have routinely spoken with her husband about her past, enabling Thomas to counter Stephens' claim that Mary arrived in the colony poor and had fabricated her identity. Mary undoubtedly revealed to Thomas that after the "Indian War" she had returned to the Creek nation, where she gave birth to her first child and became reacquainted with her Creek kin. In all, the evidence amassed by the Bosomworths, skewed or not, was impressive and must be credited with bringing about the compromise that was eventually reached.

The colony's case against the Bosomworths paled by comparison, both in terms of quantity and quality. This may be attributable to the sympathies of Secretary Little and Governor Reynolds, both of whom lent their support to the Bosomworths. Another obstacle was the fact that many of the governing officials who had taken part in the events of 1749 were no longer living in the colony or were dead, most notably former president William Stephens. Reynolds nevertheless made a feeble attempt to call witnesses for the colony, summoning a total of five individuals. The first to be interviewed was the trader John Kennard, who had replaced Mary as the Creek interpreter in July 1749 and whose testimony was injurious to the state's case. In a lengthy examination, Kennard testified that the Indians had come to Savannah with no hostile intent and that Mary had given out no dangerous talks.[73] Former Assistant Samuel Marcer similarly testified that the Assistants had been prejudiced against the Bosomworths, and that he, as their lone ally, had been "cut out" of their deliberations.[74] Even the Bosomworths' sworn enemies offered little in the way of rebuttal to Thomas's narrative. James Habersham and Noble Jones, for example, tried to wash their hands of the situation by pleading that they had not taken their seats on the Assistants' bench until after the events in question had transpired.[75] William Spencer was the most glib, offering only that it was "impossible for me to make such a defense" because of the death or dispersal of the former Assistants.[76]

With the deadline for submitting the documentation looming, Thomas managed to fire off two final letters rebutting some of the minor points the colony's witnesses had made.[77] By late September, Governor Reynolds had all the evidence gathered, and he wrote to the board of trade offering his opinion of the case. Siding with the Bosomworths, Reynolds opined that the former Assistants "do not pretend to bring the least proof in contradiction to the Bosomworths' allegations," citing their lack of "precaution" in keeping a paper trail. That many of the former Assistants were dead or gone he regarded as a mere "pretence," concluding that "Mr. Bosomworth and his wife have been very ill used" by the previous administration.[78] Winning over Reynolds, however, was not likely to do Mary and Thomas much good, as the board of trade had been critical of the governor for mismanaging the recent Creek conference, and Georgians had grown to dislike him for his autocratic governing style. In fact, the board was so displeased with Reynolds that they had already decided to recall him to England and had named a lieutenant governor, Henry Ellis, to replace him.[79]

Born in Ireland and trained at the bar in London, Henry Ellis had already lived an adventurous life by the time of his gubernatorial appointment. At the age of twenty-five, he volunteered as a scientific observer for a Hudson Bay expedition in search of the fabled Northwest Passage, and later he worked as a slave trader in Africa and Jamaica.[80] Arriving in Georgia in February 1757, he found the colony up in arms over the Bosomworth controversy, which at that point was expected to be settled in court and had precipitated related legal actions. A few weeks before Ellis's arrival, a man named Mungo Graham petitioned the Commons House claiming that the Trustees had issued a commission empowering the Assistants to eject the Bosomworths from lands illegally bought from the Indians. Insisting that he had personally laid eyes on the document, made out to his · brother, the late president Patrick Graham, Mungo Graham argued that the councilor Patrick Houstoun had pocketed the commission and failed to execute its orders.[81] A day later, the Commons House called Houstoun and Graham in for an interview. Houstoun denied ever seeing such a commission, while Graham continued to insist that it did in fact exist.[82] Compelled to appear before the Commons House again on January 22, Graham conceded under pressure that he "might be mistaken" about the existence of the paper in question. Stating that he was only trying to be "serviceable to the public and to his own private interest," Graham was allowed to withdraw his petition.[83] Later, the council interviewed Graham and promptly dismissed him, finding his claims "delusional."[84]

While the details of the Mungo Graham incident are fuzzy, it is probable that Graham's action was a retaliatory measure against Thomas Bosomworth. Anticipating a lengthy court fight, and trying to clear his land title, Thomas brought actions of ejectment against "sundry individuals" who had gained possession of the Yamacraw tract adjacent to Savannah. As Thomas reasoned to Isaac Levy, his title to the islands and to the Yamacraw tract "depend upon the same title," adding "if one is lost the other will be in danger."[85] Mungo Graham, whose late brother Patrick had bequeathed him land at Pipemaker's Creek, was undoubtedly one of those "sundry persons" facing ejectment at the behest of Bosomworth.[86] Another was Pickering Robinson, a sericulturalist who, to pacify Bosomworth, gave up his claim to at least one tract totaling 500 acres.[87]

Such was the confused state of affairs in Georgia when Henry Ellis arrived on the scene. Ellis seems to have been put off by the controversy, which he believed stemmed from "very selfish motives." The lieutenant governor likewise blamed the couple for instigating the Creeks to defend their land rights, arguing that Mary and Thomas had "put [the idea] into their heads." Quickly, Ellis formed a poor opinion of Thomas, whom he described as a "mischievous, crafty & obstinate fellow." Ellis also pinned some of the blame on Isaac Levy, "a Jew" who was financing the Bosomworths' court fight, and the former Governor Reynolds, who had offered the couple too much "encouragement" in persisting.[88]

Despite his disdain for Thomas, Ellis began toying with the idea of compromising with the Bosomworths very early in his governorship.[89] Why? At one level Georgians were simply tired of the controversy. Furthermore, Ellis was skeptical that a local court could handle the case properly, because it appeared that any jury would decide in the Bosomworths' favor out of fear that they might unleash the Indians. Being at war in the north with France, and having recently skirmished with the Creeks on the western frontier, Georgia colonists had good reason to be apprehensive of a Creek Indian attack. Ellis figured that Mary, who had enough influence with the Indians to keep the peace, might be more useful in "service to us instead of being employed to our prejudice."[90] Ellis had a suspicion that Thomas was in a weak enough position to be brought to the bargaining table, and the governor informally floated the idea of a compromise to the Bosomworths, to which they were receptive.[91]

To exert a bit of pressure on the Bosomworths, in August 1757 Ellis extended an invitation to the Creeks to meet with him that fall.[92] Although the two sides had many other important matters to discuss, the governor seems to have called the meeting for the purpose of having the Indians relinquish their claims to the disputed lands. After the Indians arrived on October 27, Thomas, perhaps having heard that the Creeks were willing to negotiate, penned on October 31, as a preemptive measure, a lengthy letter to Ellis stating that he and Mary were willing to make a deal. Thomas's offer was straightforward: he and Mary would relinquish all claims to the Yamacraw tract, Ossabaw and Sapelo Islands, and those for past services in exchange for title to St. Catherine's Island and 3,000 pounds sterling. In addition, Thomas demanded protection from any lawsuit brought against him by Isaac Levy, who was to receive 1,000 pounds in the event that the Bosomworths reneged on their 1754 bargain. Otherwise, Thomas added, he and his wife would continue issuing orders of ejectment and would prosecute their case to the very end.[93]

The Creek Indians also appear to have been "tractable" and tired of the decade of conflict over the disputed lands. New thinking about the matter had set in, in part owing to that fatigue and also to Malatchi's death over a year earlier. At a meeting on November 3 with Ellis, Stumpe of Coweta explained that his people had reserved the three islands for their use and had left them in the hands of an "old woman" merely to "keep for us," evidently unaware (or willfully forgetful) of the bargains Malatchi had made with Mary. With the threat of war clearly in the back of their minds, Creek leaders wanted no further conflict with Georgia, so Stumpe declared in their behalf that they "did not sell them to her" and asked Ellis to take them in trust for the king of Great Britain.[94] Ellis, expressing "great pleasure" at the offer, had their bequest codified in Article 4 of a treaty signed that day. Several months later, the Lower and Upper Creeks signed the conveyances that finalized the deal.[95]

In retrospect, Ellis's Creek treaty of 1757 proved to be the opening wedge for a resolution of the Bosomworth controversy. That outcome, however, was not immediately apparent to the persons involved. Ellis remained cautiously optimistic, repeating his assertion that Thomas "seemed tractable."[96] Mary, however, seems to have felt betrayed by Ellis and the Creeks. Shortly after the ink had dried on the treaty, Mary sent an Indian runner to Savannah to fetch Togulki, the "son" of Malatchi and beneficiary of a herd of cattle the Bosomworths had gifted to his father a decade earlier. Togulki made haste to St. Catherine's Island and returned to Savannah with Mary, who demanded a hearing before the council, evidently to reverse the terms of the treaty. Ellis "peremptorily refused" Mary's request, after which she threatened to return to Coweta with Togulki in order to "solicit a new grant" for the disputed lands. To ensure that the past would not repeat itself, Ellis urged the Commons House to pass legislation prohibiting the private purchase of land from the Indians. Several months later, the Commons House complied with an act peppered with thinly veiled phrases referencing the Bosomworths' activity over the past decade.[97]

Although leery of Mary, Governor Ellis continued to lobby the board of trade, asking for its consent to some form of compromise with the Bosomworths. Initially, the board responded coolly to Ellis's proposals. Eventually, however, with prodding from Ellis and the Privy Council, it saw the wisdom of this course of action, and Ellis was finally given permission to strike a deal. The terms of Mary's final agreement with the Crown's representatives have been repeated many times elsewhere, so I will provide but a summary here. Unaware that Ellis had received his instructions from the king, Mary and Thomas ventured to Savannah on July 21 to take ejectment actions in court against a man named Evans, who had taken up land on Ossabaw Island. The court sided with Evans, and Thomas finally seemed to cave in by acknowledging that it was "his duty to submit" to the king's rulings.[98] Sensing an opportunity to capitalize on Thomas's moment of humility, Ellis called the Bosomworths before the council two days later and offered them a grant to St. Catherine's Island and 2,100 pounds sterling derived from the sale of the two other islands. The couple expressed that they were "thoroughly satisfied," so a day later Ellis and the Bosomworths signed articles of agreement, which also laid out the process by which the money was to be raised.[99] Interestingly, the compromise resembles a recommendation the Trustees had made back in the early 1740s, namely, to transfer land title from Tomochichi to the Crown and then back to Mary (then Mathewes). Had James Oglethorpe and other local officials followed through with the Trustees' recommendation, Mary and local governing officials would have been spared nearly two decades of acrimony and headache.

Although the Bosomworths got much of what they asked for monetarily, the Crown only went so far in recognizing the validity of the assertions they had made in their many memorials and petitions. As Ellis's correspondence indicates, the Crown conceived of its compromise with Mary as a reward for past services to the government. What the Crown could never agree to, however, was that Mary's birth by an Indian woman accorded her special consideration, adhering instead to the idea that her father made her a British subject. Moreover, Privy Councilors believed that the Bosomworths' conduct in Savannah in 1749 was "highly criminal." Consequently, Crown officials refused to acknowledge the validity of the deeds made out to Mary as the "Princess" of the Creek nation and maintained that it was illegal for subjects of the king to purchase land from Indians.[100] In other words, from the Crown's perspective the money and land Mary received was back pay and nothing more.

Pursuant to the 1759 agreement, surveys were ordered for Ossebaw and Sapelo Islands and advertisements for their auction were placed in the South Carolina newspaper. The islands first appeared at auction on December 10, but Ellis's plan ran into a bit of a snag when their sale yielded significantly less than the 2,100 pounds needed to compensate the Bosomworths. It is probable that prospective buyers were unwilling to offer more money for the islands because of recent actions taken by Isaac Levy, who was now in Philadelphia and had caught wind of the auction. Incensed that he was about to lose his one-half share in those properties, Levy responded in kind by placing an advertisement in the South Carolina Gazette warning prospective bidders not to purchase the islands and also by petitioning a former Trustee and the Privy Council.[101] Levy may have been somewhat justified in his protest against the Bosomworths for attempting to renege on the agreement they made in 1754. The evidence seems to indicate, however, that the fault was partly Levy's, as his three-year delay in returning to America made it difficult for Thomas to adhere to the terms of their agreement. Thomas wrote to Levy on two occasions saying as much, begging him to make "all possible expedition to Georgia" to help press their case.[102] Governor Ellis, by this point committed to finalizing the deal with the Bosomworths, summarily dismissed Levy and scheduled another auction for April 1760.[103]

The second auction, held on April 18, went off without a hitch. Mary's old friend William Ewen served as auctioneer, and another good friend, Grey Elliot, put in a successful bid for the two islands, which netted the stipulated 2,100 pounds. Ellis and the Bosomworths then signed their indenture agreement, and Mary and Thomas relinquished their rights to the two islands to Governor Ellis. By the same agreement, the couple acknowledged acceptance of title to St. Catherine's Island and to the money raised at the auction as "full payment" for Mary's services and debts. Mary then renounced her dower rights to the two islands, and all that remained was to finalize the deeds.[104]

While the settlement with Ellis constitutes a pivotal moment in Georgia history, and in the life of Mary Bosomworth, what resonates most in the paper trail is the seemingly instantaneous transformation of Mary's state of mind, as well as of that of her husband. For more than a decade, correspondence between the Bosomworths and various governing officials had been clouded by acrimony and despair. Following the deal with Governor Ellis, however, the paper trail's general tone becomes cordial and optimistic, as if a cloud over Mary and the colony had been lifted. Governor Ellis sensed as much, reporting to the board of trade in July 1759 that Mary and Thomas had declared themselves "not only contented but entirely devoted to His Majesty's service." Mary and Thomas's long dormant affection for the Crown was likely to pay dividends, as the Bosomworths proclaimed their willingness to "exert their utmost influence with the Indians" to promote "good correspondence" at a time when it was most needed. "No event," Ellis added, "has happened here of late that has given such general satisfaction" to the people of the colony.[105]

Ellis's prognostications proved correct. Absent from the conduct of Indian affairs in Georgia for over a decade, Mary resumed her important role as the colony's main interpreter and diplomat to the Creek Indians. In fact, it must have seemed like old times for Mary, who took center stage in Ellis's attempt to maintain peace. In October 1759 Mary brought a party of Creek Indians to Savannah to dispel rumors that some of her "own relations" from Coweta had entered into a confederacy with the Cherokees and intended to attack the English settlements. With her Coweta kinsmen Togulki and Stumpe by her side, Mary explained that rumors of the Cherokee alliance were false, and that the Creeks had long considered themselves "brothers" to the English. Ellis listened sympathetically as the Indians explained the real source of "dissatisfactions," namely, crown Superintendent of Indian Affairs Edmund Atkin, who had "stopped the trade" and confiscated military commissions issued to the Creeks by the governor of Georgia. Ellis, wary of Atkin's clumsy attempts to usurp authority over Indian affairs, took these complaints seriously and issued presents to the chiefs before dismissing them.[106]

When the Cherokees began attacking the English settlements the next January, Ellis called upon his Creek allies to assist in the defense of the southern colonies.[107] Most chose to stay out of the conflict, but a small party led by Wehofkee of the Alachua (Florida) settlements and a Chehaw warrior named Tapahatkee accepted the governor's invitation and managed to take several Cherokee scalps. The two Creek men arrived in Savannah on April 14 to report their success and claim a reward. Mary arrived three days later for the auction of Ossebaw and Sapelo Islands and was conveniently on hand to help Governor Ellis exchange pleasantries with Tapahatkee and Wehofkee. After the auction, Mary and the Creek war party lingered in Savannah for another two weeks. Once again they met with Governor Ellis to exchange gifts, while Tapahatkee and Wehofkee promised to follow up by striking another blow against the Cherokees.[108] Returning to Savannah in June, Mary was likely called upon one last time to interpret for a Tuckabatchee warrior named Mad Dog, who reported the serious news that several English traders living among the Upper Creeks had been murdered.[109] On June 13, 1760, Mary and Thomas met with Governor Ellis to "[execute] the deeds" and on the first of July conveyed the property in trust to Grey Elliot, who was named legal administrator of their estate to shield themselves from any lawsuit initiated by Isaac Levy.[110] Three weeks later, Mary and Thomas entered into another trust agreement with Elliot involving their South Carolina properties. The paperwork was recorded in Savannah on December 12, 1760, which is the last time Mary Bosomworth was to appear on record as a living person.[111]

Twilight of the Bosomworths

Mary's final years are as mysterious as her first, and maybe more so as we have no direct written evidence of her existence after December 1760. Decades of exertion and strife, and Mary's advancing age, seem to have caused the couple to retreat to St. Catherine's Island for a life of solitude.[112] However, we do know a little bit about the physical environment in which Mary spent her final years. A survey taken in 1760 of Mary's property on St. Catherine's Island indicates that the couple's house was erected on the intercoastal side of the island, facing a "large marsh" that separated it from the mouth of the Newport River. According to one visitor who viewed the ruins of the property in 1830, the house was a simple edifice, made of wattled hickory twigs plastered with lime mortar and surrounded by "spacious piazzas."[113] From the house, a small creek provided access to the intercoastal waterway. Another body of water, St. Catherine's Creek on the island's northwest side, separated the island from more marshland as it meandered to the Atlantic Ocean. Two unidentified buildings sat on the southeast side of that creek, their function apparently unknown to the surveyors and therefore unknowable to us.[114]

While Thomas and Mary lived in relative isolation, they were not the only persons who inhabited the island. The planter Middleton Evans, who witnessed one of the Bosomworths' property transactions, claimed to have lived there, possibly as a tenant. One possibly apocryphal story holds that Mary and Thomas employed a chambermaid, whom Thomas wed after Mary's death. As Mary owned slaves or employed servants for much of her life, it is reasonable to suggest that several other dependents also lived on the property. Whatever their numbers, far more cattle lived on the island than did people. In the 1750s, in excess of one hundred head of cattle roamed freely on the island's 6,250 acres.[115] Lured by the large numbers of animals there, trespassers were known to hop onto the island to steal cattle but also to shoot deer or take fish and oysters from adjacent waterways. Nearly two centuries later, descendants of the Bosomworths' cattle continued to roam freely, and their presence became such a nuisance for Georgia state authorities that in 1925 they employed a "considerable force" of men and dogs to track down and exterminate the semi-wild animals.[116]

Determining when Mary died is mostly a matter of guesswork, but the evidence suggests that she perished around the year 1764. In January 1765, Thomas sold one of Mary's South Carolina tracts to a man named Gaspar (Caspar) Ackerman, and in September of that year he began placing advertisements in the Georgia Gazette for the lease of St. Catherine's Island.[117] As the grants for both properties were made out to Mary, Thomas could not have conveyed them without her consent, so he must have done so in his capacity as heir. Interestingly, no written references to Mary's death survive. Georgia governing officials offered no commentary upon it, and none of the region's newspapers carried an obituary. Thomas's days of writing were by then over, and there were no surviving family members left to tell her tale. Abraham Bosomworth, who served admirably in the French and Indian War, died of unknown causes around 1762, evidently without issue.[118] Adam Bosomworth, by then a planter and undistinguished member of the Georgia legislature, died tragically in March 1765 when a horse he was riding threw him into a tree, leaving his wife, Elizabeth, as his sole heir.[119] A few friends outlived Mary, but none bothered to comment on her death. It seemed that once Mary was gone, those who knew her quickly forgot about her.

Of Thomas Bosomworth's golden years it is possible to say a bit more, as he outlived Mary by nearly two decades and left a few traces in the historical record. Sometime before October 1765 Thomas married a woman named Sarah, his supposed "chambermaid." In October 1765 Thomas and Sarah leased their St. Catherine's Island property to Button Gwinnett, a signatory of the Declaration of Independence, and moved to Midway, where Thomas began a career as a planter. At nearby Sunbury, Sarah became a member of the Congregational Church, which must have caused some consternation at home given Thomas's professed Anglicanism, from which he appears never to have strayed.[120] Although no longer a clergyman, Thomas retained the title "Reverend" and was a parishioner of the St. John's Anglican Church. Vigilant in his support for fellow clergymen, in 1771 Thomas signed a petition asking for a salary increase for Timothy Sowten, his minister at St. John's.[121] When Button Gwinnett was killed in a duel in 1777, the island reverted back to the Bosomworths, and they lived there for the duration of their lives. The couple had one son, Thomas Jr., and obtained at least two slaves, women named Dinah and Byrah.

Thomas's political allegiances during the tumult of the American Revolution are unknown, but circumstantial evidence suggests he had Loyalist leanings. Indeed, Thomas's lack of participation in rebel politics may have placed him among those the revolutionary legislature singled out in its Confiscation Act of 1778, which named scores of suspected Tories as "treasonous" and subjected their estates to forfeiture.[122] Toward the end of his life, Thomas seems again to have fallen upon hard times. In 1781 his slaves, Dinah and Byrah, were put on the trading block at a marshal's sale, possibly to pay debts Thomas incurred during the war.[123] Thomas died in 1782, and his widow, Sarah, struggled to carry on without him. In 1786 Thomas Jr. died, and Sarah sold the remnants of their property at Midway four years later.[124] Little is known about what happened to the second Mrs. Bosomworth, though it would appear she was still living in Georgia in 1795, after which her name—and that of the entire Bosomworth clan—disappears entirely from the historical record.[125]

Conclusion

Remembering Mary Musgrove

[Mary] pretended to be descended in a maternal line from an Indian King, who held from nature the territories of the Creeks, and Bosomworth now persuaded her to assert her right to them, as superior not only to that of the Trustees, but also to that of the King. Accordingly Mary immediately assumed the title of an independent empress, disavowing all subjection or allegiance to the King of Great Britain.

Alexander Hewatt, 1779

God had placed her there for good, and all her prior movements were but the inner wheels within the circumference of His great designs.... Mary became at once a friend of the colony ... standing as a mediatrix between the pale and the red man. . . . She was the Pocahontas of Georgia.

William Bacon Stevens, 1847

All woman
part swamp rat
half horse . . .
. . . The Creeks say Mary came back as Sherman
just to see what they'd taken away
burned to the ground
and returned to her once more.

Rayna Green, 1981

WHILE MARY'S DEATH elicited no comment from her contemporaries, it is perhaps fitting that the infamous Georgia land case outlived even her. Isaac Levy, still smarting from losing his share of the disputed lands, continued to petition British authorities for a decade following Mary and Thomas's settlement. Now living in Philadelphia, Levy petitioned the Privy Council three times between 1759 and 1767, asking for financial compensation or title to his "moiety" of the islands. After being brushed off on the first three occasions, Levy submitted a final petition in 1768, and the Privy Council agreed to provide a small sum, far below the amount he requested, as compensation for his past troubles. Levy continued prodding the board of trade for another three years, after which he abandoned his case. It is not known if he was ever aware that Mary had passed away.

If nothing else, Levy's continuing protestations are indicative of the wide-ranging impact that Mary's case had on people who knew her, and on those who didn't. Firmly embedded in the collective consciousness of prerevolutionary Georgians, the story of Mary Bosomworth was passed on to later generations, who selectively used bits and pieces of it to create a legendary figure suited to their own needs and ideologies. The Creek Indians, for example, were said to "glory" in her name, recalling that she had "restored peace" between them and the colonists about the time Georgia was founded. While the Creeks viewed her as a peacemaker, most nineteenth-century historians depicted Mary as a traitor to the colony, fixating almost exclusively on her most desperate moments in Savannah in 1749. Still, there were always a few sympathizers who conceded that she had been useful to the Georgia colony in its infancy or imagined her as a symbol of Native beauty and virtue. By the turn of the twentieth century, schoolgirls in Georgia had begun dressing up as Mary Musgrove, and a renewed interest in Georgia's colonial past paved the way for her eventual rehabilitation. In more recent times, Mary has been celebrated as a pathbreaking feminist, a symbol of Native American pride, and as an entrepreneur. To schoolchildren, Mary is perhaps best known as the "Pocahontas of Georgia," reflecting her uncanny ability to be all things to all people.

⚚

What more, then, is to be said about Mary Musgrove? If the past is any indication of the future, then I think it safe to assume that my words on the subject will not be the last. I'm sure that someday novel theoretical insights will enable historians to see the documents in ways I could not, and perhaps new archival discoveries will allow us to fill in some missing details.

Nevertheless, I am hopeful that this book will have some enduring impact on the lore of Mary Musgrove. At the very least, by systematically investigating the original source material I think I've corrected a few errors of fact made by my predecessors. It is also my hope that readers will be able to transcend the narrow question of Mary's cultural orientation: was she "Creek" or was she "English"? The vague assertion that Mary was a "combination" of the two cultures does not rest well with me, and for that reason I have intentionally refrained from employing terms like "Creek-Englishwoman." Rather, I see Mary's cultural orientation as being situational; she wore different masks depending upon the company she kept at various times in her life. Accordingly, I have tried to simply let the story unfold, trusting that a life this contradictory and complex can best be understood in its details.

Mary is difficult to pin down because she was unique for her time and place. Yes, Mary was not alone in claiming both English and Native American heritages, but the circumstances of her life opened windows of opportunity that enabled her to capitalize on the cultural dexterity that she developed first as a young girl and that matured as she did. As a literate Christian, an entrepreneur, and a wife of an Anglican clergyman, Mary was one of a very small number of "mixed blood" Indians anywhere to achieve such a position of prominence among English colonists. Active in diplomacy, trade, war, and politics, Mary was also one of the few women of her generation to engage in affairs dominated by men, so it is little wonder that such an atypical life should be the subject of this and other books.

Atypical though she was, Mary Musgrove and the life she led should be considered interesting not simply for her singularity but also for the general lessons her life teaches about gender and race in the colonial Deep South. If I have any argument to make, it is that Mary Musgrove came of age in a frontier world in which the distinctions between "Indian" and "English" were blurry. Through her work in Indian affairs, Mary attempted to build bridges between Georgia's Indian and European settler communities. Her goal, however, was not simply to advance colonial interests but to serve those of both Indians and colonists by making Georgia in the image of the racially fluid frontier communities of her youth. Ultimately, however, this effort proved to be an uphill battle, as the maturation of the Deep South's plantation system solidified the boundaries between Indian country and the colonies. The maturation of the colonies also amplified the importance of racial and gender hierarchies that had once been less well defined—thereby requiring Mary to engage in various balancing acts in order to avoid (with varying degrees of success) being stigmatized by her colonial peers and Creek relatives alike. Although persons of mixed ancestry flourished in other contexts, the opportunity for social advancement that Mary enjoyed, brief and limited as it was, was closed to subsequent generations of "mixed bloods," and never again would the likes of Mary Musgrove be seen in South Carolina or Georgia.

Finally, I'd like to think that this book exposes Mary as something more than a "culture broker" hand-picked by fate to impart harmony among culturally dissimilar people. That she often did, but I don't think Mary can be fully understood unless we come to grips with the fact that self-interest governed most of her decisions and actions. Sometimes Mary's self-interest harmonized with that of the colonists and the Creek Indians. Often enough, however, it did not, and on these occasions she was forced to choose sides, withhold information, confront authority, succumb to her passions, or to withdraw from the company of others. This is not something to condemn, but rather to sympathize with, as we observe Mary trying to achieve respectability in the grasping, catch-as-catch-can world of the colonial Southeast, where the odds were stacked against her in the first place. That she has posthumously become all things to all people is not surprising; after all, Mary played a delicate game of trying to fit in wherever she needed to while she was living, and the multiple personas she created—Mary Griffin, Mary Musgrove, Mary Mathewes, Mary Bosomworth, Coosaponakeesa—beguile and beckon to us still.

Acknowledgments

I would like to extend my sincere gratitude to the many institutions and people who helped make this book possible. Of the institutions, the National Endowment for the Humanities honored me with a "We the People" summer stipend, which provided valuable financial support while I was writing this manuscript. In addition, the American Philosophical Society honored me with a Phillips Fund Grant for Native American Research, which enabled me to conduct research in South Carolina and Georgia. My employer, St. Olaf College, has also been generous in supporting my work. A Summer Grant for Scholarly Activity enabled me to conduct research in Northern Ireland, which, ironically, led me back to Mary Musgrove. St. Olaf's support of my year-long sabbatical allowed me to begin research on this book, while professional development funds enabled me to acquire many of the documents that went into its making. In addition to these sources of monetary support, I am grateful to staff members of the following libraries: the South Carolina Department of Archives and History; the South Caroliniana Library; the Georgia Historical Society; the Georgia Department of Archives and History; the Hargrett Library at the University of Georgia; the British National Archives; the Scottish National Archives; the Norfolk (UK) Record Office; the William L. Clements Library in Ann Arbor, Michigan; and the Houghton Library at Harvard University. Staff members at these institutions were instrumental in helping me find relevant materials in their collections and were punctual in answering correspondence and fulfilling my requests. In particular, I wish to thank Chuck Lesser of the South Carolina Department of Archives and History for his support and for the warm welcome I received in Columbia. Paul Peucker of the Moravian Archives in Bethlehem, Pennsylvania, deserves credit for helping me locate the eighteenth-century Creek vocabulary featured in this book, while Stephen Freeth of the Guildhall Library in London helped me track down information on Thomas Bosomworth's Yorkshire origins. Most importantly, I am indebted to members of the interlibrary loan staff at St. Olaf College's Rolvaag Library for acquiring many of the materials featured in these pages.

Certain people also played a crucial role in helping me see this book to completion. First, I would like to thank Chad Braley of Southeastern Archaeological Services, who granted me a private viewing of the artifacts found at the Grange Site and read an early draft of this manuscript. John Juricek—adviser, collaborator, and friend—generously gave of his time by reading an entire draft of the manuscript. As always, his impeccable knowledge of the Creek Indians and the southern colonies led to numerous insights and saved me from critical blunders. May he enjoy a long, happy, and well-deserved retirement! I am likewise grateful to Josh Piker, not only for giving me critical feedback on my work, but also for sharing his own research as part of what I expect will continue to be a fruitful and rewarding collaboration. I also would like to extend a very special thanks to Dr. Jack Martin, who provided essential information about Mary's Creek name. Anonymous peer reviewers at the University Press of Florida (you know who you are!) provided valuable critical commentary and helped me to reduce the length of what I hope has become a reader-friendly book. I would also like to thank Meredith Morris-Babb of the University Press of Florida, for believing in me and in my work and for helping me to see this through. I have done my best to address all criticisms, and I acknowledge that any remaining errors are my own. My colleagues in the History Department at St. Olaf College not only have been a source of inspiration but also have provided moral support every step of the way. I am sincerely honored to be included among them. On a personal note, my wife, Mary, and children, Erin and Luke, make life worth living in the first place. Rarely am I at a loss for words, but I love you in ways that words can never say. Finally, this book is dedicated to the memory of my grandmothers, who passed away before it was finished, but whom I know would have been proud.

Notes

Abbreviations

BPRO-S.C.	*Records in the British Public Record Office Relating to South Carolina.* Sainsbury, ed.
CSP.	*Calendar of State Papers.* Sainsbury, et al.
CRG.	The Colonial Records of Georgia
DRIA-S.C.	*Colonial Records of South Carolina: Documents Relating to Indian Affairs.* McDowell, ed.
EAID-S.C.	*Early American Indian Documents.* Vaughan and Rosen, eds.
GDAH.	Georgia Department of Archives and History
GFT.	*Georgia and Florida Treaties.* Juricek, ed.
GHS-C.	Georgia Historical Society: Collections. Vol. 2, 1842.
GT.	*Georgia Treaties.* Juricek, ed.
JCHA-S.C.	Journals of the Commons House of Assembly of South Carolina
JCIT-S.C.	*Journal of the Commissioners of the Indian Trade of South Carolina.* Salley, ed.
RRSG.	*Revolutionary Records of the State of Georgia.* Candler, ed.
Salzburgers.	*Detailed Reports of the Salzburger Emigrants.* Jones, Savelle, and Wilson, eds.
S.C.-CJ.	South Carolina Council Journals
S.C.-CP.	South Carolina Court of Common Pleas-Judgment Rolls
SCDAH.	South Carolina Department of Archives and History
SCMR.	South Carolina. Secretary of State. Recorded Instruments. Miscellaneous Records.
SPG.	Society for the Propagation of the Gospel in Foreign Parts. Letterbooks, Series A, B, C, and Minute book.
WJW.	Works of John Wesley.
WSJ.	Journal of William Stephens. Oct. 20, 1737, to May 1, 1739, Williams, Readex Microprint, Vol. 1; May 2, 1739, to Oct. 4, 1740, Williams, Readex Microprint, Vol. 2; Oct. 5, 1740, to Oct. 28, 1741, CRG-4 (Supplement); Oct. 29, 1741, to July 31, 1743, Coulter, ed. Wormsloe Foundation Publication No. 2; Aug. 1, 1743, through 1745, Coulter, ed. Wormsloe Foundation Publication No. 3.

Introduction: Unearthing Mary Musgrove

1. Savannah Media Center Website, http://www.seda.org/content.php?section=media_center&release=47.

2. *Savannah Morning News Online*, July 26, 2002, July 14, 2004; *Athens (Georgia) Banner-Herald*, June 15, 2005.

3. Baine, "Myths of Mary Musgrove," 428–35; Ingersoll, *To Intermix With Our White Brothers*, 72–73, 87.

4. Fisher, "Mary Musgrove"; Todd, *Mary Musgrove*.

5. Brown, *Creek Mary's Blood*; Statham, *Call the River Home*.

6. Evans, *First Lessons in Georgia History*, 77–80; Coleman, *Colonial Georgia*, 79–88, 152; Davis, *Fledgling Province*, 168.

7. Hewatt, *Historical Account*, vol. 2, 152–165; M'Call, *The History of Georgia*, vol. 1, pp. 148–160; Logan, *History of the Upper Country of South Carolina*, vol. 1, pp. 176–177; Simms, "Queen Mary," 144–56; Coulter, "Mary Musgrove, 'Queen of the Creeks,'" 1–30.

8. Fisher, "Mary Musgrove," 217–53; Sweet, *Negotiating for Georgia*, 166.

9. Martin, *More than Petticoats*, 1–13.

10. Nash, "The Hidden History of Mestizo America," 10–32.

11. Green, "Mary Musgrove," 46.

12. Preston, *The Texture of Contact*, 119.

13. Banner, "Biography as History"; Kessler-Harris, "Why Biography?"

14. Berkin, "Clio's Daughters," 15–23.

Chapter 1. Creek Beginnings

1. Swanton, "Social Organization," 358–61; Adair, *History*, 164.

2. Swanton, "Social Organization," 360–61; Adair, *History*, 161; Swanton, *Indians of the Southeastern United States*, 712–14.

3. Swanton, "Social Organization," 360–62; Swanton, "*Indians of the Southeastern United States*," 562–64.

4. M. Bosomworth, Memorial to A. Heron, Aug. 10, 1747, GT, 140.

5. Hahn, *Invention of the Creek Nation*, 10–47.

6. Chad Braley, Personal Communication, Aug. 2006; Kelly and Willey, Big Sandy #1 Site; Worth, "The Lower Creeks," 281.

7. N. Johnson to the Proprietors, Sept. 17, 1708, BPRO-S.C., vol. 5, pp. 203–10; Charlesworth Glover's Account of the Indian Tribes, SPG-A, vol. 10, p. 92.

8. Bartram, *The Travels of William Bartram*, 357–60.

9. Braley and Pluckhahn, *Archaeological Investigations*, 275–338; Mason, "Ocmulgee Old Fields," 133, 141–81.

10. Crane, *Southern Frontier*, 108–61, 328.

11. Moore, ed., *Nairne's Muskogean Journals*, 60–61.

12. Governor Wrights Meeting with a Small Creek Party Headed by Emistisiguo, Apr. 14, 1774, GFT, 140.

13. Fr. Juan Mercado to Antonio Matheos, n.d. (ca. Nov. 1685). Enclosure in Antonio Matheos to Juan Marquez Cabrera, Nov. 27, 1685, AGI-SD 839, Mary Ross Papers, folder 88, no. 27, 124.

14. Mary Bosomworth, Memorial to Alexander Heron, Aug. 1747, GT, 143.

15. John Griffin, Warrant for Land, Dec. 13, 1695, in Salley, ed., *Warrants for Land in South*

Carolina, 96; Baldwin, *First Settlers of South Carolina*, 107; Will of Susannah Griffen, Mar. 4, 1723, SCMR, Book F, 1727–29, 231.

16. Crane, *Southern Frontier*, 120, 146–50; Sirmans, *Colonial South Carolina*, 93–94.

17. Salley, ed., JCHA-SC, Jan. 22–23, 1703, 19–20.

18. Crane, *Southern Frontier*, 141–50; Sirmans, *Colonial South Carolina*, 89–93.

19. JCHA-SC, Nov. 28, 1707. Green Transcripts, vol. 3, pp. 355–56.

20. Crane, *Southern Frontier*, 92–93; Sirmans, *Colonial South Carolina*, 93–94.

21. Thomas Nairne to Lord Sunderland, Oct. 16, 1708. Nairne Letters.

22. JCHA-SC, Nov. 31, 1708. Green Transcripts, v. 3, 381–83.

23. JCIT-SC, Mar. 22, 1711, 7.

24. Ibid., Nov. 24, 1714, 83.

25. Ibid., Nov. 18, 1713, 66.

26. S.C.-CP, Box 4A, nos. 173–75.

27. Frank, *Creeks and Southerners*, 35–36; Perdue, '*Mixed Blood' Indians*, 23–25.

28. Swanton, "Social Organization," 368–77.

29. Adair, *History*, 176–77.

30. Swanton, "Social Organization," 371–72.

31. John Barnwell to Robert Johnson, (ca. Apr. 1720), BPRO-S.C., vol. 8, p. 1.

32. Frank, *Creeks and Southerners*, 8–9, 21; Perdue, '*Mixed Blood' Indians*, 40; Foster, ed., *Collected Works*, 83.

33. Calvert, *Children in the House*, 19–52.

34. Swanton, "Social Organization," 363–64; Lawson, *New Voyage*, 245.

35. Swanton, *Indians of the Southeastern United States*, 717.

36. Ibid., 716.

37. Adair, *History*, 411; Lawson, *New Voyage*, 195–96; Swanton, *Indians of the Southeastern United States*, 710.

38. Rountree, "Powhatan Indian Women"; Perdue, *Cherokee Women*, 23–25.

39. Hudson, *Southeastern Indians*, 295–97.

40. Ibid, 286.

41. Ibid, 304–5.

42. Swanton, "Social Organization," 549–55; Braley and Pluckhahn, *Archaeological Investigations*, 257–72; Mason, "Ocmulgee Old Fields," 140, 187–219.

43. Hudson, *Southeastern Indians*, 316, 435; Braund, *Deerskins and Duffels*, 26–39; Oatis, *Colonial Complex*, 21, 23, 36; Crane, *Southern Frontier*, 108–37; Braund, "Guardians of Tradition."

44. Hudson, *Southeastern Indians*, 425; Swanton, "Social Organization," 268–470.

45. Swanton, "Social Organization," 367.

46. Hudson, *High Priest of Coosa*, 13–37.

47. Swanton, "Social Organization," 481–83; Hudson, *Southeastern Indians*, 120–83; Swanton, *Myths and Tales*, 8–9, 31–35.

48. Perdue, *Cherokee Women*, 25–26; Chadhuri and Chadhuri, *A Sacred Path*, 44–45; Swanton, *Myths and Tales*, 10–13.

49. Boyd, "Further Considerations," 471.

50. Crane, *Southern Frontier*, 71–107, 162–68; Oatis, *Colonial Complex*, 42–111; Hahn, *Invention of the Creek Nation*, 48–80; Hann, *Apalachee*, 264–317; Boyd, *Here They Once Stood*, 20–95.

51. Boyd, "Further Considerations," 471–72.

52. Crane, *Southern Frontier*, 83; "A Humble Submission, 1705" in Hays, ed., *Indian Treaties*, 1–3.

53. Adair, *History*, 193–94; Swanton, "Social Organization," 410–15; Hudson, *Southeastern Indians*, 320–21.

54. Adair, *History*, 197–99; Swanton, "Social Organization," 415–16.

55. Swanton, "Social Organization," 378–84; Adair, *History*, 110–11, 215–217.

56. Swanton, "Social Organization," 416–17.

57. Quoted in Swanton, "Social Organization," 418–19, 420–25.

58. "Oglethorpe's Treaty with the Lower Creek Indians (1739)," *Georgia Historical Quarterly* 4, no. 1 (Mar. 1920): 12–14.

59. JCIT-SC, June 10, June 12, 1712, 32–34.

60. Ibid., July 14, July 17, Aug. 17, 1713, 60–63.

61. Ramsey, "Something Cloudy in their Looks."

Chapter 2. The Reeducation of Mary Griffin

1. Juricek, *Colonial Georgia and the Creeks*, 19–26; Wright, *The Only Land They Knew*, 236–37; Mary Deloungemare, Will, Oct. 18, 1712, South Caroliniana Library.

2. JCIT-SC, July 10, 1717, 198–99.

3. B. Dennis to the SPG Secretary, Apr. 22, 1714, SPG-A, vol. 9, pp. 266–67; B. Dennis to the SPG Secretary, Mar. 21, 1714/15, SPG-A, vol. 10, p. 83; William T. Bull to the SPG Secretary, Jan. 15, 1715, SPG-A, vol. 10, p. 90.

4. Ace Basin Watershed Project, http://www.fws.gov/acebasin/.

5. Coclanis, *Shadow of a Dream*, 27–47.

6. [Anonymous] "A Gentleman's Account of His Travels, 1733–34," in Merrens, ed., *The Colonial South Carolina Scene*, 118–19.

7. SPG Minute Book, Nov. 18, 1743, f. 228; Gallay, *Indian Slave Trade*, 51–52.

8. Gallay, *Indian Slave Trade*, 51; Proprietors to M. Mathewes, May 10, 1682, and Proprietors Instructions, June 5, 1682, BPRO-S.C., vol. 1, pp. 131, 135, 174.

9. Clowse, *Economic Beginnings*, 123–31; Wood, *Black Majority*, 35–62; Edelson, *Plantation Enterprise*, 53–91.

10. Clowse, *Economic Beginnings*, 132–35, 171–79; Otto, "The Origins of Cattle Ranching in Colonial South Carolina," 117–24.

11. Sirmans, *Colonial South Carolina*, 78.

12. N. Osborne to the SPG Sec., Mar. 1, 1714/15, SPG-A, vol. 10, pp. 92–93.

13. Sirmans, *Colonial South Carolina*, 75–89; Bolton, *Southern Anglicanism*, 22–28.

14. Defoe, "Party Tyranny (1705)," in Salley, ed., *Narratives of Early Carolina*, 219–64.

15. Sirmans, *Colonial South Carolina*, 89; Bolton, *Southern Anglicanism*, 28–29; Dalcho, *Protestant Episcopal Church*, 53–76.

16. Note that Griffin's employer, Thomas Broughton, was Anglican, as was Governor Johnston. Griffin also opposed Thomas Nairne, who was known to be sympathetic to Dissenters.

17. J. Oglethorpe to William Bull, Dec. 29, 1739, in South Carolina Assembly and Council, *Late Expedition against St. Augustine*, 4; John Barnwell to Robert Johnson, ca. Oct. 1719, BPRO-S.C., vol. 8, p. 1; S.C.-CJ, Aug. 3, 1727, CO: 5/429, p. 5; *South Carolina Gazette*, Dec. 23–30, 1732, no. 50.

18. Charles Craven to Matthew Smallwood and John Woodward, Feb. 3, 1717, Mar. 12, 1717, Mar. 18, 1717, SCMR, vol. 18, pp. 7, 15, 17.

19. Carson, Barka, Kelso, Stone, and Upton, "Impermanent Architecture."

20. Wood, *Black Majority*, 105–6.

21. Rath, *How Early America Sounded*, 72–94.

22. Calvert, *Children in the House*, 39–47. Quote on page 47.

23. Merrens and Terry, "Dying in Paradise."

24. Fryer, "Very Promising Children," 104–15.

25. Carr, Menard, and Walsh, *Robert Cole's World*, 71–75.

26. Blackstone, *Commentaries*.

27. Ulrich, *A Midwife's Tale*, 72–101.

28. Ulrich, *Good Wives*, 35–50; Wilson, *Life after Death*; Wulf, *Not all Wives*, chapter 3.

29. Salmon, "Women and Property in South Carolina"; Anzilotti, *In the Affairs of the World*.

30. N. Johnson to the Proprietors, Sept. 17, 1708, BPRO-S.C., vol. 5, p. 203; Greene, ed., *Selling a New World*, 90, 101–3.

31. Haas, "Ablaut and Its Function in Muskogee."

32. Martin and Mauldin, *Dictionary of Creek/Muskogee*, xxi; Haas, "Geminate Consonant Clusters in Muskogee," 61–65.

33. Haas, "Ablaut and Its Function in Muskogee," 142–43.

34. Ibid., 147.

35. Haas, "Classificatory Verbs in Muskogee," 244–46.

36. Edwards, "Foundations of Bilingualism," in Bhatia and Ritchie, eds., *Handbook of Bilingualism*, 7–31.

37. Meisel, "The Bilingual Child," in Bhatia and Ritchie, eds., *Handbook of Bilingualism*, 91–113; Butler and Hakuta, "Bilingualism and Second Language Acquisition," in Bhatia and Ritchie, eds., *Handbook of Bilingualism*, 126–29.

38. Butler and Hakuta, "Bilingualism and Second Language Acquisition," in Bhatia and Ritchie, eds., *Handbook of Bilingualism*, 118.

39. Edwards, "Foundations of Bilingualism," 11.

40. Edwards, "Foundations of Bilingualism," 10.

41. Meisel, "The Bilingual Child," 103–6, 108, 11; Butler and Hakuta, "Bilingualism and Second Language Acquisition," 126–29; Humes-Bartlo, "Variation in Children's Ability to Learn Second Languages," in Hyltenstam and Obler, *Bilingualism across the Lifespan*, 41–54.

42. Letter from Mr. Haig, undated, received in London on July 15, 1715, SPG-A, vol. 9, pp. 81–83.

43. Dalcho, *Protestant Episcopal Church*, 26–96; Bolton, *Southern Anglicanism*, 16–36.

44. Bolton, *Southern Anglicanism*, 102–19.

45. Mr. Hunt to the SPG Secretary, Oct. 5, 1728, and Francis Varnod to the SPG Secretary, Jan. 12, 1733, SPG-A, vol. 20, pp. 128, 342.

46. John Norris to the SPG Secretary, Mar. 20, 1710/11, SPG-A, vol. 6; Norris to the SPG Secretary, Sept. 12, 1712, SPG-A, vol. 8, pp. 87–89; SPG Minute Book, 1709–11, Entries for Jan. 29, 1710, May 7, 1711, fs. 103, 257.

47. Gideon Johnston to John Chamberlaine, May 28, 1712, in Klingberg, ed., *Gideon Johnston*, 108–9.

48. Nathaniel Osborne to the SPG Secretary, Mar. 1, 1714/15, SPG-A, vol. 10, pp. 92–93.

49. Ibid., 93.

50. Church of England, *Book of Common Prayer*.

51. Monaghan, *Learning to Read in Colonial America*, 143–65.

52. Ibid., 84–85.

53. Coote, *The English School-Master*.

54. Monaghan, *Learning to Read in Colonial America*, 87–88.

55. Ibid., 145.

56. B. Dennis to the SPG Secretary, Apr. 22, 1714, SPG-A, vol. 9, pp. 266–67.

57. Lewis, *Church Catechism Explained*.

58. Ibid., title page and v.

59. Dennis to the SPG Secretary, Apr. 22, 1714, SPG-A, vol. 9, pp. 266–67.

60. Coote, *The English School-Master*, 3.

61. Ibid., 48–53.

62. Goody, *The Domestication of the Savage Mind*, 74–111.

63. Monaghan, *Learning to Read in Colonial America*, 143.

64. Lewis, *Church Catechism Explained*, 19.

65. Ibid., 35–37, 39–42, 142.

66. George Rodd Letter, May 8, 1715, CSP, 28: 167.

67. Crane, *Southern Frontier*, 162–86; Oatis, *Colonial Complex*; Ramsey, *Yamasee War*.

68. Piker, "Colonists and Creeks."

69. Gallay, *Formation of a Planter Elite*, 6–14.

70. Nicholas Trott, "An Account of the Invasion of South Carolina by the French & Spaniards," Aug. 24–Sept. 6, 1706, SCHS MS 43/703; JCHA-SC Green Transcripts, Apr. 11, 1707, 149–51; JCIT-SC, May 20, 1714, 75.

71. Hewatt, *Historical Account*, vol. 1, pp. 215–17.

72. N. Osborne to the SPG Secretary, May 28, 1715, SPG-A, vol. 10, pp. 99–100.

73. Crane, *Southern Frontier*, 173; Ramsey, *Yamasee War*, 119–21; Oatis, *Colonial Complex*, 147; [anonymous] to the Proprietors, July 19, 1715, BPRO-S.C., vol. 6, p. 106; S. Eveleigh to the Proprietors, Oct. 7, 1715, and R. Daniell to the Proprietors, Aug. 20, 1715, BPRO-S.C., vol. 6, pp. 118, 129.

74. Oatis, *Colonial Complex*, 128.

75. Bartram, *The Travels of William Bartram*, 314.

Chapter 3. Mary Musgrove: Between Creek Nation and Colleton County

1. Hahn, *Invention of the Creek Nation*, 105; Baine, "Myths of Mary Musgrove," 155; Coulter, "Mary Musgrove, 'Queen of the Creeks,'" 3; Frank, "Mary Musgrove."

2. Thomas and Elizabeth Jones to John Musgrove. Lease and Release, Feb. 4–5, 1716/17. South Carolina, Resister of the Province, Conveyance Book F (unpaginated). SCDAH Microfilm Reel 0756.

3. JCHA-SC, Dec. 11, 1706, p. 22; Journal of C. Glover, BPRO-S.C., vol. 13, p. 90; J. Barnwell to R. Johnson, (undated, ca. Oct. 1719), BPRO-S.C., vol. 8, p. 1; S.C.-CJ, Mar. 8, 1721/22, CO: 5/425, f. 287; Caldwell, "Palachacolas Town."

4. Crane, *Southern Frontier*, 124, 150, 257–59; Oatis, *Colonial Complex*, 103; John Musgrove, Estate Inventory, Mar. 23, 1723/24, SCMR, vol. "C," 281–82; Margaret Musgrove, Deed, Sept. 2, 1733, Colonial Land Grants, vol. 1, p. 168, SCDAH Microfilm ST59.

5. JCHA-SC, Dec. 11, 1706, 22.

6. Baine, "Myths of Mary Musgrove," 433.

7. John Musgrove, Letter of Guardianship to John Herbert, 1726. SCMR, Book E, 34–35; John Musgrove, Letter of Guardianship to Daniel Donovan, July 26, 1728, SCMR, Book F, 117, SCDAH Reel STO502A.

8. John Musgrove, Land Grant for 300 Acres in Craven County, Apr. 9, 1736, Colonial Plat Books, vol. 2, p. 477, SCDAH; Land Grant for 300 and 500 Acres in Craven County, July 5, 1737, Colonial Land Grants (Copy Series), vol. 2, p. 600–601; Captain Robert Austin, in

Trust for the Creditors of John Musgrove, Plat for 935 Acres of Land in Colleton County, Oct. 25, 1736, Colonial Plat Books, vol. 2, p. 165, SCDAH.

9. John Musgrove to John Champneys. Bill of Sale, July 24, 1733. Secretary of State (Main Series), vol. BB, 202–3; John Musgrove to John Herbert. Bill of Sale, 1733, vol. BB, 220.

10. John Musgrove, Plat for 150 Acres on the Great Saluda River, Mar. 27, 1756, Colonial Plat Books (Copy Series), vol. 7, p. 354.

11. Letter of John Barnwell, 1719, BPRO-S.C., vol. 8, p. 1.

12. T. Fitch to President Middleton, Aug. 4, Aug. 24, 1725, S.C.-CJ, CO: 5/429; Egmont Diary, Oct. 9, 1734, VOL. 2, p. 129.

13. Letter of John Barnwell, 1719, BPRO-S.C., vol. 8, p. 1.

14. C. Glover, Journal, BPRO-S.C., vol. 13, pp. 113, 118.

15. John Musgrove, Will, Apr. 29, 1734, Telamon Cuyler Collection, Box 78, Folder 7B, MS 1170, University of Georgia Hargrett Library; Thomas Jones v. Thomas Jones, July 27, 1725, S.C.-CP, Box 17A, Item 48A, SCDAH Reel STO187.

16. John Musgrove v. Alexander Skene, 1718. S.C.-CP, Box 12A, Item 100A; John Musgrove to Daniel Greene, Mar. 13, 1731/2, SCMR, Book H, 251.

17. John Musgrove v. Alexander Skene, 1718. S.C.-CP, Box 12A, Item 100A.

18. John Musgrove, Will, Apr. 29, 1734.

19. Mary Musgrove to John Champneys, Renunciation of Dower, Mar. 3, 1731/2. S.C.-CP, Renunciation of Dower Books, 1726–33, pp. 282–85.

20. Elizabeth Hunt, "Declaration," Aug. 7, 1753. S.C.-CJ, p. 561.

21. JCHA-SC, May 25, 1717, Green Transcripts, vol. 5, pp. 280–83.

22. Mary Bosomworth, Memorial, 1747, GT, 141.

23. Boyd, "Second and Third Expeditions of Lieutenant Diego Peña," 118.

24. SC Assembly to Joseph Boone, Mar. 8, 1718. BPRO-S.C., vol. 7, p. 98.

25. Crane, Southern Frontier, 187–205, 210–14; Oatis, Colonial Complex, 147–49, 266–68; Reese, Most Delightful Country of the Universe, 9–13.

26. Boyd, "Diego Peña's Voyage to Apalachee and Apalachicola," 1–27.

27. GT, 141, 149.

28. Wood, Black Majority, 324.

29. Ramsey, Yamasee War, 159; JCHA-S.C., May 6, 1715, Green Transcripts, vol. 4, f. 196.

30. "Law to Determine Eligibility for Political Participation," July 29, 1717, EAID-SC Laws, 202.

31. Ramsey, Yamasee War, 159–60.

32. Proprietors to the Board of Trade, Mar. 29, 1717, and Proprietors to the Board of Trade, Apr. 24, 1717, BPRO-S.C., vol. 7, pp. 17, 20.

33. South Carolina Census, Jan. 1721. Gov. Francis Nicholson Papers. Harvard University Houghton Library.

34. Gerard Monger to Gov. Nicholson, Sept. 24, 1723. BPRO-S.C., vol. 10, p. 157; Ouletta's Speech, Oct. 25, 1723, BPRO-S.C., vol. 10, p. 175.

35. Thomas and Elizabeth Jones to John Musgrove, Lease and Release, Feb. 4–5, 1716/17. South Carolina–Resister of the Province, Conveyance Book F (unpaginated). SCDAH Microfilm Reel ST 0756.

36. S.C.-CJ, June 18, 1753, Petition of M. Bosomworth, CO: 5/469, p. 501.

37. John Musgrove, Sr., Probate Inventory, Mar. 23, 1723/24, SCMR, vol. "C," pp. 281–82.

38. John McCrady Plat Collection, Plat 6251, SCDAH Microfilm Reel C3191; Gaspar Ackerman to George Logan, Lease and Release, Jan. 1–2, 1768, South Carolina Public

Register, Conveyance Books [Charleston Deeds], vol. III, 1768, pp. 288–93, SCDAH Microfilm Reel ST 0130.

39. Thomas Drayton. Will, June 12, 1716, SCMR, vol. C, pp. 320–22; Margaret Musgrove, Plat for 593 Acres in Colleton County, June 20, 1733, Colonial Plats (Copy Series), vol. 1, p. 281; Margaret Musgrove Grant for 593 Acres in Colleton County, Sept. 22, 1733, Colonial Land Grants, vol. 1, p. 168, SCDAH Microfilm Reel ST59.

40. Bryan Kelley, Grants for 500 Acres of Land in Colleton County, Mar. 19, 1713/4, South Carolina, Register of the Province, Conveyance Book F, [first and second unpaginated sheets], SCDAH Microfilm Reel ST0756; William Singleton [Shingleton], Plat for 822 Acres in Colleton County, Mar. 5, 1731, Colonial Plat Books (copy series), vol. 1, p. 341. Singleton and Kelley, Conveyance Book F (unpaginated).

41. John Hunt to Elizabeth Clark, Bill of Sale, Aug. 1, 1728, SCMR, Book F, 123; Moses Martin to Ephraim Mikle and Joseph Saley, Bill of Sale for Two Slaves, Apr. 5, 1723, SCMR, Book B, 98.

42. Ebenezer Walkutt [Walcott], Estate Inventory, May 1, 1723, SCMR, Book C, 155; John Jackson, Estate Inventory, Dec. 17, 1724, SCMR, Book D, [page numbers illegible, between pp. 107–34.]; Matthew Smallwood, Estate Inventory, Apr. 9, 1728, SCMR, Book F, 116–17; John Edwards, Estate Inventory, Nov. 3, 1726, SCMR, Book E, 406–7.

43. Crane, Southern Frontier, 187–88, 196–99; Oatis, Colonial Complex, 150–55; Sirmans, Colonial South Carolina, 115–37.

44. S.C.-CJ, Feb. 11, 1722/3, CO: 5/425, f. 391.

45. Thomas Dymes v. Thomas Jones, 1720. S.C.-CP, Box 15A, Item 108A; Thomas Dymes v. Thomas Jones, 1721. S.C.-CP Box 17A, Item 15A.

46. Tobias Fitch to President Middleton and the Commons House of Assembly, Aug. 4, 1725, S.C.-CJ, Aug. 24, 1725, CO: 5/429, p. 7, f. 105.

47. Records of the Public Treasurers of South Carolina, Ledger Book A, 1725–30, p. 62.

48. Crane, Southern Frontier, 192.

49. JCHA-SC, Feb. 7, Feb. 14, 1723/4, CO: 5/427, f. 176, 191; S.C.-CJ, Feb. 15, 1723/4, CO: 5/427, p. 79; S.C.-CJ, Sept. 30, 1727, CO: 5/429, p. 21; JCHA-SC, July 15, 1731, Examination of Accounts dating to 13 May, 1729, CO: 5/432, p. 118–19.

50. Otto, "The Origins of Cattle Ranching in Colonial South Carolina, 1670–1715"; Groover and Brooks, "The Catherine Brown Cowpen," 92–110; Crane, Southern Frontier, 91, 120, 184–85.

51. M. Bosomworth, Memorial to A. Heron, Aug. 10, 1747, GT, 141–42.

52. South Carolina Gazette, Apr. 18–23, 1734, no. 12.

53. John Musgrove to Daniel Greene. Bill of Sale, Mar. 13, 1731/2, SCMR, Book H, 251–52.

54. M. Smallwood, Estate Inventory, Apr. 9, 1728, SCMR, Book F, 116–17; John Edwards, Estate Inventory, Nov. 3, 1726, SCMR, Book E, 406–7; John Godfrey, Estate Inventory, Mar. 20, 1731/2, SCMR, Book H, 168–69; John Musgrove, Estate Inventory, Mar. 23, 1723/24, SCMR, Book C, 281–82.

55. Sirmans, Colonial South Carolina, 140.

56. Bentley, "Wealth Distribution in Colonial South Carolina," 82, 85.

57. Otto, "Origins of Cattle Ranching in Colonial South Carolina," 117–24; Anderson, Creatures of Empire, 107–40.

58. Groover and Brooks, "The Catherine Brown Cowpen," 99.

59. Ibid., 109.

60. Shammas, "The Domestic Environment."

61. Charleston County Register of Mesne Conveyances. John McCrady Plat Collection,

Plat 6251; G. Ackerman to G. Logan, Lease and Release, Jan. 1–2, 1768, South Carolina Public Register, Conveyance Books [Charleston Deeds], vol. III, pp. 288-2=93, SCDAH Microfilm Reel ST 0130.

62. Trinkley and Fick, "Rice Cultivation," 11, 16–19.

63. Edelson, *Plantation Enterprise*, 18, 92–125.

64. Meriwether, *Expansion of South Carolina*, 16–20; Crane, *Southern Frontier*, 281–94; Sirmans, *Colonial South Carolina*, 129–68.

65. Meriwether, *Expansion of South Carolina*, 21–22; Sirmans, *Colonial South Carolina*, 171–73.

66. M. Bosomworth, Petition, June 30, 1753, in S.C.-CJ, July 3, 1753, CO: 5/469, f. 132, p. 504.

67. John Champneys, Memorial, June 8, 1732, South Carolina, Memorial Books, vol. 3, p. 179–81. SCDAH Microfilm Reel ST89.

68. S.C.-CJ, CO: 5/469, f. 160, p. 152.

69. Mary Musgrove, Renunciation of Dower, Mar. 3, 1731/2. S.C.-CP, Renunciation of Dower Book, 1726–33, pp. 282–85.

70. Sirmans, *Colonial South Carolina*, 170–71.

71. S.C.-CJ, Mar. 10, 1731/2, CO: 5/434, f. 5.

72. John Musgrove to Daniel Greene, Mar. 13, 1731/2, SCMR, Book H, 251; S.C.-CJ, Aug. 7, 1753, CO: 5/469, f. 160, p. 152.

73. Mary Musgrove to James Glen, June 1, 1752, DRIA-SC, 1750–54, pp. 264–65; Deposition of Samuel Eveleigh, Jan. 3, 1736/7 and Deposition of George Ducat, Jan. 11, 1736/7, JCHA-SC, 1736–39, pp. 153–54; *South Carolina Gazette*, May 27–June 2, 1732, no. 22, and June 3–10, no. 23.

74. R. Johnson to J. Oglethorpe, Sept. 28, 1732, CRG-20, 1; Mr. Quincy to Mr. Gordon, Mar. 3, 1734/5, Egmont Papers, 14200, p. 245.

75. JCHA-SC, Apr. 1, 1731, CO: 5/432, f. 24, p. 46.

76. Mary Musgrove, Petition, S.C.-CJ, June 30, 1753; Mary Bosomworth, Petition, Aug. 7, 1753.

77. S.C.-CJ, Jan. 12, 1733, CO: 5/434, f. 8.

Chapter 4. Mrs. Musgrove of Georgia

1. Coleman, *Colonial Georgia*, 13–54; Davis, *Fledgling Province*, 7–32.

2. *South Carolina Gazette*, Mar. 31, 1733.

3. Journal of Peter Gordon, Feb. 25, 1733, GT, 8; J. Oglethorpe to the Trustees, Aug. 12, 1733, CRG-20, 28; "Mr. Wesley's Account of the Condition of the Forts and Settlements in Georgia," Sept. 1737, Egmont MSS 14203, p. 58.

4. John Wesley, "Account of Georgia," 58.

5. I am indebted to Chad Braley for allowing me access to these artifacts.

6. Southeastern Archaeological Services, "Grange Plantation Feature 7 Species List. Table 1." Photocopies in possession of the author.

7. Baine, "Indian Slavery in Colonial Georgia."

8. John Musgrove to J. Oglethorpe, Jan. 24, 1735, GT, 43; John Musgrove, Will, Apr. 29, 1734.

9. "Talks with the Lower and Upper Creeks: Second Audience," Egmont MSS, 14202, 51; John Musgrove, Will, Apr. 29, 1734.

10. Zellar, *African Creeks*, 3–40. Quote on pg. 34; Snyder, *Slavery in Indian Country*.

11. Breen and Innes, *Myne Owne Ground*, 113.

12. Peter Gordon, "An Account of the First Settling of the Colony of Georgia With a Journal of the First Embarkation, Under the Direction of James Oglethorpe," entry for Feb. 1, 1733, pp. 30–31. Digital Library of Georgia, Southeastern Native American Documents, Document KRCO89.

13. J. Oglethorpe to the Trustees, Sept. 17, 1733, *CRG*-20, 35.

14. J. Oglethorpe to the Trustees, Aug. 12, 1733, *CRG*-20, 27–28.

15. Law to Prevent the Consumption of Alcohol, Jan. 9, 1735, S.C.-Ga. Laws, 369–71.

16. *South Carolina Gazette*, Apr. 18–23, 1734, no. 12; *Salzburger Reports*-1, 67.

17. *Salzburger Reports*-1, 67, 70.

18. Journal of Peter Gordon, 36, 42–46, see http://metis.galib.uga.edu/ssp/cgi-bin/tei-natamer-idx.pl?sessionid=034f2ec5-62cd418583-9864&type=doc&tei2id=KRCo89; "First Conference with the Lower Creeks," May 18–21, 1733, GT, 13; Julie Ann Sweet, "John Musgrove: The First British-Creek Mediator in Georgia," *Native South* 2 (2009): 23–50.

19. Mary Bosomworth to J. Glen, June 1, 1752, DRIA-S.C. (1750–54), 264–65.

20. Mary Bosomworth, "Memorial" to A. Heron, Aug. 1747, GT, 142.

21. Journal of Peter Gordon, 29.

22. Journal of Peter Gordon, GT, 8.

23. Journal of the Earl of Egmont, Aug. 14, Sept. 11, 1734, vol. 1, pp. 61, 67; Salzburger Reports-1, 146.

24. J. Oglethorpe to the Trustees, Aug. 12, 1733, CRG-20, 27.

25. Salzburger Reports-2, 106–7.

26. John Musgrove, Will, Apr. 29, 1734.

27. Mary Musgrove to J. Oglethorpe, July 17, 1734, CRG-20, 63–64.

28. T. Causton to the Trustees, Jan. 16, 1735, GT, 40.

29. H. Verelst to T. Causton, May 15, 1735, CRG-29, 196.

30. I. Chadron to the Trustees, Sept. 20, 1734, S. Eveleigh to J. Oglethorpe, Oct. 19, 1734, J. Musgrove to the Trustees, Jan. 24, 1735, and E. Jenkins to the Trustees, Jan. 20, 1735, CRG-20, 85–88, 184–85, 197–98.

31. Thomas Christie to the Trustees, Aug. 13, 1734, CRG-20, 173.

32. Karlsen, *The Devil in the Shape of a Woman*.

33. Norton, "Gender and Defamation in Seventeenth-Century Maryland."

34. T. Causton to the Trustees, Jan. 16, 1734/5, GT, 40.

35. Causton to the Trustees, Jan. 16, 1734/5, GT, 41; Eveleigh to Oglethorpe, Oct. 19, 1734, CRG-20, 87–88.

36. Causton to the Trustees, Jan. 16, 1735, GT, 41; Samuel Quincy to Peter Gordon, Mar. 3, 1735, CRG-20, 246–47.

37. Egmont Diary-2, 172; Verelst to Causton, May 15, 1735, CRG-29, 54.

38. Causton to the Trustees, Jan. 16, 1735, GT, 41.

39. T. Christie to the Trustees, Dec. 14, 1734, CRG-20, 120–23.

40. H. Verelst to the Bailiffs of Savannah, May 15, 1735, CRG-29, 60.

41. Log of the H.M.S. Aldborough, 1728–34. SCDAH. See especially the entries for May 24 and June 17, 1734.

42. *London Evening Post*, June 18–20, 1734, no. 1027.

43. *London Evening Post*, Aug. 8–10, 1734, no. 1049; *The Grub Street Journal*, Aug. 15, 1734.

44. *London Daily Courant*, Oct. 19, 1734, no. 5786; *London Evening Post*, Oct. 17–19, 1734, no 1079.

45. *London Daily Journal*, Sept. 2, 1734, no. 4239 and Oct. 23, 1734, no. 4295; *Grub Street Journal*, Sept. 12, 1734.

46. *Grub Street Journal*, Aug. 1, 1734; Egmont Diary-2, 118; London Evening Post, Aug. 3–6, 1734, no. 1047; *Grub Street Journal*, Aug. 15, 1734.

47. *Grub Street Journal*, Aug. 15, 1734; *London Daily Journal*, Aug. 14, 1734, no. 4235; *London Daily Journal*, Aug. 15, 1735, no. 4237; *London Daily Journal*, Aug. 21, 1734; *Grub Street Journal*, Aug. 22, 1734.

48. Minutes of the Georgia Trustees, Oct. 16, 1734, CRG-2, 75; John Musgrove, Grant for 500 Acres, Oct. 23, 1734, CRG-32, 186.

49. Egmont Journal, 61.

50. P. Houston to P. Gordon, Mar. 1, 1735, S. Quincy to P. Gordon, Mar. 3, 1735, T. Causton to the Trustees, Mar. 10, 1735, CRG-20, 238, 246–47, 256–58.

51. See the above letters for John Musgrove's apparent reaction.

52. See note 50 above. Also, T. Christie to the Trustees, Mar. 19, 1735, Egmont MSS, 14200, pp. 263–64.

53. T. Causton to the Trustees, Mar. 10, 1735, CRG-20, 256–58.

54. T. Christie to the Trustees, Mar. 19, 1735, Egmont MSS 14200, 263–64.

55. T. Causton to J. Oglethorpe, Mar. 24, 1734/5, CRG-20, 283.

56. T. Causton to the Trustees, Apr. 2, 1735, CRG-20, 306.

57. Egmont Diary-2, 172; H. Verelst to T. Causton, May 15, 1735, CRG-29, 54.

58. Patrick Mackay to T. Causton, Mar. 27, 1735, CRG-20, 290–91; T. Causton to Patrick Mackay, Apr. 10, 1735, CRG-20, 316–18.

59. Lower Creek "Migration Legend" Talk and Thomas Causton to the Trustees, June 20, 1735, GT, 53–58.

60. Elisha Dobree to the Trustees, Jan. 27, 1734/5, Egmont MSS 14200, 209; T. Causton to the Trustees, June 20, 1735, CRG-20, 398–99; E. Dobree to the Trustees, July 9, 1735, CRG-10, 442–43.

61. *Salzburger Reports*-2, 102.

62. T. Causton to the Trustees, July 7, 1735, CRG-20, 439.

63. *Salzburger Reports*-2, 126.

64. T. Causton to the Trustees, July 25, 1735, Egmont MSS 14201, 95; John Musgrove, Will, Apr. 29, 1734.

65. Tyreman, *Oxford Methodists*, 1–24; Tyreman, *Life and Times of John Wesley*, 15–40, 60–69.

66. John Wesley to Rev. John Burton, Oct. 10, 1735, WJW, vol. 25, pp. 439–42.

67. Moore, *A Voyage to Georgia*, 34; WJW, vol. 18, p. 148.

68. WJW, vol. 18, p. 356.

69. Ibid., pp. 36, 150, 359.

70. Ibid., pp. 370, 380, 381, 382.

71. Ibid., p. 380.

72. Talks with the Lower Creeks: "First Audience" and "Second Audience," June 27, July 3, 1736, GT, 68–74; WJW, vol. 18, pp. 397–99.

73. WJW, vol. 18, p. 163.

74. Samuel Quincy to Henry Newman, Jan. 15, 1735, Henry Newman to J. Wesley, June 8, 1736, and Boltzius and Gronau to H. Newman, Apr. 2, 1735, in Jones, ed., *Henry Newman's Salzburger Letterbooks*, 584; *Salzburger Reports*-2, 126.

75. B. Ingham to Sr. John Phillips, Sept. 15, 1736, CRG-21, 223; "Journal of Mr. Ingham,"

Apr. 25, 1736, Egmont MSS 14201, p. 197; WJW, vol. 18, p. 150; J. Wesley to Mr. Vernon, Sept. 11, 1736, and Benjamin Ingham to Sr. John Phillips, Sept. 15, 1736, CRG-21, 220–25.

76. Creek Dictionary, ca. 1758, Moravian Archives, Bethlehem, Pa., Box 3382. Quotation from typed archivist note on separate page (undated).

77. WJW, vol. 18, p. 476; Tyreman, *Oxford Methodists*, 87.

78. *Salzburger Reports*-1, 147; *Salzburger Reports*-2, 126.

79. *Salzburger Reports*-4, 33.

80. Creek Dictionary, ca. 1758; Martin and Mauldin, *A Dictionary of Creek/Muskogee*, 313, 260, 326, 322.

81. Compare, for example, the phonetic Greek "xa xuswa" to the Muskogee "tchuswa" (my child), "Ike" to "Iki" (father), and "xilwa" to "tcilwa" (brother). Creek Dictionary, ca. 1758; Swanton, "Social Organization," 86.

82. Creek Dictionary, ca. 1758.

83. Creek Dictionary, ca. 1758.

84. WJW, vol. 18, p. 426.

85. Collins, "John Wesley's Critical Appropriation of Early German Pietism," 57–92.

86. WJW, vol. 18, p. 439.

87. Ibid., pp. 444, 447, 449.

88. J. Wesley to the Earl of Egmont, Nov. 12, 1736, WJW, vol. 25, p. 486; Egmont Diary, vol. 2, Jan. 22, 1737, 333; WJW, vol. 18, pp. 405, 453.

89. T. Causton to the Trustees, Nov. 26, 1736, CRG-21, 270.

90. WJW, vol. 18, pp. 173, 449.

91. Ibid., pp. 449, 453, 457, 459.

92. Coleman, *Colonial Georgia*, 103, 111, 124–28; Caldwell, "A New Deal on a New Frontier."

93. Egmont Diary, vol. 2, Entry for July 20, 1737, 422–23.

94. Davis, *Fledgling Province*, 214–16.

95. WJW, vol. 18, pp. 449, 453, 467, 470, 473, 504, 527; Gundersen, "Kith and Kin," 90–103.

96. Norton, *Founding Mothers and Fathers*, 203–77.

97. WJW, vol. 18, pp. 470, 473.

98. *Salzburger Reports*-4, 20.

99. Ibid., 34.

100. *Salzburger Reports*-4, 20; WSJ, March 15, 1737, 53.

101. WJW, vol. 18, pp. 490, 498, 500, 504.

102. Ibid., pp. 527, 528, 561.

103. Ibid., p. 561.

104. Davis, *Fledgling Province*, 216.

105. WJW, vol. 18, p. 567.

106. *Salzburger Reports*-4, 208.

Chapter 5. Mary Mathewes, Malcontent

1. WSJ, Aug. 12, 1741, CRG-4 Supplement, 216.

2. Sweet, "Mary Musgrove."

3. I have elected to retain the original spelling of the Mathewes surname, which I base on his signature in a 1741 will.

4. Will of Jacob Mathewes, Jan. 15, 1741, Will no. 163, GDAH.

5. Egmont MSS 14203, 137-L; WSJ, Aug. 13, 1741, CRG-4 (Supplement), 218.

6. J. Musgrove to J. Oglethorpe, Jan. 24, 1735, GT, 44.

7. WSJ, Nov. 19, 1737, 29.

8. WSJ, Jan. 17, Jan. 24, Feb. 22–28, 1738, vol. 1, pp. 87, 92, 121–28.

9. *Gentleman's Magazine* 9 (Jan. 1739): 22–23.

10. WSJ, Sept. 21, 1738, 292.

11. Oglethorpe's Talks, Oct. 13, 1738, GT, 88–89.

12. R. Williams Deposition, Aug. 17, 1753, GT, 90–91; Journal of T. Causton, June 3, 1737, Egmont MSS 14203, 7.

13. R. Williams Deposition, Aug. 17, 1753, and Oglethorpe's Talks, Oct. 13, 1738, GT, 89, 90–91.

14. WSJ, Aug. 13, 1741, CRG-4 (Supplement), 218.

15. Deposition of R. Williams, Aug. 17, 1753, GT, 90.

16. Oglethorpe's Talks, GT 89.

17. T. Jones to H. Verelst, Feb. 23, 1738, CRG-22, part 2, 88; WSJ, June 1, June 28–29, 1738, 209, 231.

18. T. Jones to H. Verelst, Feb. 23, 1738, CRG-22, part 2, 88.

19. Elliot, "Sansavilla Bluff," 5–18.

20. James Mackey and Lachlan Macgillavray, "Map of the Boundary Line between Georgia and the Creek Nation, 1769," George Clinton Papers, Map no. 330. Clements Library.

21. Elliot, "Sansavilla Bluff," 37–42.

22. Ibid., 33–36.

23. Ibid., 55–78.

24. Mary Bosomworth, 1747 Memorial, GT, 143.

25. Jones to H. Verelst, Feb. 23, 1738, CRG-22, part 2, 88; WSJ, Apr. 23, 1739, 466–67; T. Jones to J. Oglethorpe, May 13, 1741, CRG-23, 39.

26. WSJ, June 28–29, 1738, 231; T. Causton, "State of the Colony of Georgia," Feb. 19, 1741, Egmont MSS 14205, 222–23.

27. W. Stephens to H. Verelst, [date misidentified], ca. late Jan. 1742, CRG-23, 220; WSJ, Mar. 2, 1742, 47–48.

28. Hahn, *Invention of the Creek Nation*, 173–78.

29. J. Oglethorpe to the Earl of Egmont, June 13, 1739, Egmont MSS 14204, 1–2; J. Oglethorpe to H. Verelst, June 15, 1739, CRG-30, 154–55.

30. [Lt. Thomas Eyre] "A Ranger's Report," in Mereness, ed., *Travels*, 218–21.

31. Oglethorpe's Second Treaty with the Lower Creeks, 1739, GT, 95–97.

32. Lanning, *Diplomatic History of Georgia*.

33. Ivers, *British Drums*, 87–91.

34. "Ranger's Report," in Mereness, ed., *Travels*, 224.

35. WSJ, Dec. 3, 1739, 206.

36. James Oglethorpe to William Bull, Dec. 29, 1739, in South Carolina Assembly and Council, *Late Expedition against St. Augustine*, 4.

37. Ivers, *British Drums*, 97–104.

38. Great Britain, Auditors of the Imprest, James Oglethorpe's Accounts, 1738–43, AO 1/162/644, frames 55, 73.

39. WSJ, May 2–3, 1740, 361.

40. Ibid., 362–63.

41. WSJ, May 4, 1740, 364.

42. Ibid., June 1, 1740, 391.

43. Ivers, *British Drums*, 96–112.

44. Ibid., 113–24.

45. J. Oglethorpe to Egmont, Jan. 25, 1741, Egmont MSS 14205, 142.

46. Deposition of Thomas Jones, Apr. 9, 1741, in South Carolina Assembly and Council, *Late Expedition against St. Augustine*, 166–71.

47. WSJ, June 29, 1740, 425.

48. WSJ, July 9, 1740, 433; South Carolina Commons House of Assembly, Petition to the King, July 26, 1740, JCHA-S.C., 1739–41, 364–67; W. Stephens, "State of the Province of Georgia," GHS-C, vol. 2, p. 76.

49. John Pye to the Trustees, Oct. 7, 1740, CRG-22, Part 2, 434; WSJ, Oct. 11, 1740, CRG-4 (Supplement), 11.

50. Rev. William Norris to the SPG Secretary, Received Feb. 19, 1742, Egmont MSS 14212, 67–71.

51. Jacob Mathewes, Will, Jan. 15, 1741.

52. Ivers, *British Drums*, 133–50.

53. J. Oglethorpe to M. Mathewes, June 8, 1741, CRG-36, 274; J. Oglethorpe to H. Verelst, Nov. 12, 1741, CRG-23, 131–32; "Ranger's Report," in Mereness, ed., *Travels*, 230; Ivers, *British Drums*, 149; WSJ, Mar. 31, 1742, 58; J. Oglethorpe to J. Mathewes, June 4, 1742, CRG-36, 277; J. Oglethorpe to M. Mathewes, June 20, 1742, CRG-27, 2.

54. Sweet, *William Stephens*.

55. Coleman, *Colonial Georgia*, 89–110; T. Jones to John Lyndes, Sept. 18, 1740, in Lane, ed., *Oglethorpe's Georgia*, 477–78.

56. Affidavit, Oct. 20, 1737, GHS-C, vol. 2, pp. 135–36.

57. Tailfer, Anderson, Douglas, and others. *A True and Historical Narrative*, 28; T. Stephens and R. Everard, "A Brief Account," GHS-C., vol. 2, p. 97.

58. "To the Honorable Trustees for Establishing the Colony of Georgia," Dec. 9, 1738, Egmont MSS 14203, 130–37.

59. Egmont Journal, Jan. 31, 1739, CRG-5, 110; Minutes of the Common Council, Jan. 31, 1739, CRG-2, 263; WSJ, Apr. 23, 1739, 466–67.

60. WSJ, Jan. 14, 1740, 281–83.

61. Ibid., Feb. 22, 1740, 289–92.

62. W. Stephens, "State of the Province of Georgia," Nov. 10, 1740, GHS-C, vol. 2, pp. 69–81. Quote on pg. 76; WSJ, Nov. 4, Nov. 6, Nov. 10, 1740, June 19, 1741, CRG-4 (Supplement), 21–27, 170–71.

63. J. Fallowfield, et al., "Remonstrance," Nov. 22, 1740, Egmont MSS 14205, 165–74; "Humble Petition," Dec. 29, 1740, Egmont MSS 14205, 241–58.

64. T. Jones to H. Verelst, Feb. 23, 1743, CRG-23, 497–501; T. Jones to J. Oglethorpe, Mar. 18, 1741, Egmont MSS 14205, 273; WSJ, Mar. 3 & 4, 1741, CRG-4 (Supplement), 98–99.

65. Elizabeth Fallowfield to Daniel Graham, July 19, 1741, Papers of the Cunninghame Graham Family of Ardoch, National Archives of Scotland.

66. Rev. William Norris to the SPG Secretary, Received Feb. 19, 1742, Egmont MSS 14212, 67–71.

67. WSJ, Apr. 23, Apr. 22, 1741, CRG-4 (Supplement), 128, 130; T. Jones to J. Oglethorpe, Apr. 22, 1741, Egmont MSS 14205, 277–78.

68. WSJ, Dec. 31, 1738, 368; T. Jones to H. Verelst, July 3, 1741, Egmont MSS 14206, 25.

69. *Salzburger Reports-8*, 107.

70. T. Jones to J. Oglethorpe, Mar. 18, 1741, Egmont MSS 14205, 273–74; WSJ, Mar. 13,

June 25, 1741, CRG-4 (Supplement), 104–5, 176–77; T. Jones to J. Oglethorpe, Apr. 22, 1741, Egmont MSS 14205, 277–78; T. Jones to H. Verelst, July 3, 1741, Egmont MSS 14206, 25.

71. Egmont MSS 14205, 279–81.

72. W. Stephens to H. Verelst, June 24, 1741, CRG-23, 70.

73. WSJ, June 11, June 19, 1741, CRG-4 (Supplement), 163, 170–71.

74. T. Jones to the Trustees, Oct. 23, 1741, CRG-23, 126.

75. Henry Care, *English Liberties*, 128.

76. WSJ, July 9, 1741, CRG-4 (Supplement), 185.

77. Deposition of Kennedy O'Brien, July 9, 1741, GHS-C, vol. 2, pp. 125–26.

78. WSJ, July 10, 1741, CRG-4 (Supplement), 190.

79. Unsigned to James Oglethorpe, July 29, 1741, CRG-23, 77–79.

80. Depositions of Richard Everard, John Gardner, and John Pye, July 14, July 24, 1741, GHS-C, vol. 2, pp. 124–27, 130, 144–45.

81. WSJ, entries for Aug. 8, 10, 12, 13, 15, CRG-4 (Supplement), 213–20; H. Verelst to J. Oglethorpe, Dec. 14, 1741, Egmont MSS 14212, 48–49; *Salzburger Reports-8*, 333.

82. T. Jones to J. Oglethorpe, June 16, 1741, Egmont MSS 14206, 17–21.

83. Unsigned to James Oglethorpe, July 29, 1741, CRG-23, 77–79.

84. WSJ, Aug. 13, 1741, CRG-4 (Supplement), 217.

85. Ibid., 218–19.

86. WSJ, Oct. 7, 1741, CRG-4 (Supplement), 256–58.

87. WSJ, Oct. 14, 1741, CRG-4 (Supplement), 263; "Commission to Thomas Stephens," Oct. 7, 1741, "Committee of Correspondence," and "Instructions for Stephens," Oct. 27, 1741, GHS-C, vol. 2, pp. 153–55.

88. W. Stephens to H. Verelst, Nov. 14, 1741, CRG-23, 134; President and Assistants, Nov. 5, 1741, CRG-6, 7.

89. H. Verelst to W. Stephens, Dec. 14, 1741, CRG-30, 225–26; Minutes of the Common Council, Feb. 4, 1742, CRG-2, 387; H. Verelst to Oglethorpe, Feb. 16, 1742, CRG-30, 234; Egmont Journal, Feb. 18, 1742, CRG-5, 590.

90. H. Verelst to J. Oglethorpe, Feb. 16, 1742, CRG-30, 234.

91. J. Mathewes to W. Stephens, Jan. 22, 1742, Egmont MSS 14206, 68; WSJ, Jan. 23, 1742, 34; W. Stephens to H. Verelst, ca. Jan. 1742, CRG-23, 218; Egmont Journal, June 1, 1742, CRG-5, 621.

92. T. Jones to W. Stephens, Mar. 26, 1742, Egmont MSS 14206, 97.

93. T. Jones to H. Verelst, May 6, 1742, CRG-23, 319–29; WSJ, May 21, 1742, 83.

94. John Fallowfield to the Trustees, July 27, 1742, Egmont MSS 14206, 131; WSJ, May 18–29, 1742, 81–83; T. Jones to H. Verelst, Feb. 23, 1743, CRG-23, 498–515.

95. "Representation of the Grand Jury, May 20, 1742, GHS-C, vol. 2, pp. 142–43.

96. J. Oglethorpe to J. Mathewes, May 13, 1742, CRG-36, 275.

97. J. Fallowfield to the Trustees, July 27, 1742, Egmont MSS 14206, 131.

98. WSJ, June 5–6, 1742, 89–90.

99. WSJ, June 7, 1742, 91.

100. J. Fallowfield to the Trustees, July 27, 1742, Egmont MSS 14206, 131.

101. WSJ, June 25, 1742, 98.

102. James Oglethorpe to Mary Mathewes, June 20, 1742, CRG-27, 2.

103. Ivers, *British Drums*, 151–73.

104. WSJ, July 8–11, 1742, 106–8; President and Assistants, July 10, July 18, 1742, CRG-6, 38–41; Joseph Avery to the Trustees, Oct. 27, 1742, CRG-23, 409.

105. J. Oglethorpe to M. Mathewes, July 14, July 20, Aug. 16, 1742, CRG-27, 3–4.

106. W. Stephens to H. Verelst, Dec. 14, 1742, CRG-23, 473; Trustees' Journal, May 19, 1746, CRG-1, 487.

107. *South Carolina Gazette*, Dec. 13, 1742; John Dobell to the Trustees, Nov. 30, 1742, CRG-23, 437; WSJ, Nov. 25, 1742, 142.

108. M. Bosomworth, "Memorial to Alexander Heron," Aug. 1747.

109. "Interview with Smilly, an Indian," Apr. 12, 1743, and "Intelligence from Talgier and Wyawney," Apr. 22, 1743, CRG-36, 121–23.

110. Plan and List of Inhabitants at Frederica, attributed to Thomas Jones, June 1, 1743. Eyre Family Papers, Fellowes of Shotesham Collection, Norfolk Record Office, FEL 1052, M/F RO 405/8.

111. J. Oglethorpe to the Trustees, Dec. 29, 1739, CRG-22, Part 2, 290–91; WSJ, Sept. 12, 1743, 16.

112. "Plan and List of Inhabitants at Frederica," 1743.

113. J. Oglethorpe to M. Mathewes, Aug. 16, 1742, CRG-27, 4.

114. M. Bosomworth, "Memorial to A. Heron," Aug. 1747, GT, 143.

115. WSJ, July 29, 1743, 233.

116. WSJ, July 31, Aug. 25, 1743, 233, 8.

117. W. Horton to M. Mathewes, Dec. 17, 1743, Feb. 19, 1744, CRG-27, 5–6.

118. W. Horton to M. Mathewes, Mar. 20, 1744, CRG-27, 6.

119. WSJ, May 17, 1744, 103.

120. Ibid., June 23, 1744, 116.

Chapter 6. Mary Bosomworth

1. Wood, *Slavery in Colonial Georgia*, 74–109.

2. Bishop of London, Ordination Papers, Guildhall Library, MS 10326/4.

3. T. Bosomworth to James Vernon, Mar. 22, 1743, CRG-24, 7–11.

4. Lewis, *Topographical Dictionary of England*, 561–64; 602–5.

5. Yorkshire Dialect Society at www.yorkshiredialect.com; Gutch, ed., *County Folk-lore*, 428–32.

6. Parkinson, *Yorkshire Legends and Traditions*, 79–94.

7. Gutch, *County Folk-lore*, 104.

8. "The Yorkshire Man in London," in Indledw, *Ballads and Songs of Yorkshire*, 294–96; Carey, *The Honest Yorkshire-Man*.

9. Bishop of London, Ordination Papers, Guildhall Library, MS 10326/4.

10. H. Verelst to W. Stephens, Aug. 4, 1741, CRG-30, 190–91; T. Bosomworth to J. Vernon, Mar. 22, 1743, CRG-24, 7–11.

11. Monaghan, *Learning to Read and Write in Colonial America*, 291–92; H. Verelst to W. Stephens, Sept. 17, 1741, CRG-30, 196.

12. T. Bosomworth to J. Vernon, Mar. 22, 1743, CRG-24, 7–11; Verelst to Stephens, Aug. 7, Sept. 17, 1741, CRG-30, 190–91, 196; WSJ, Dec. 3, 1741, 14.

13. John Terry to Harman Verelst, [n.d.] ca. Dec. 1741, CRG-23, and John Terry to the Trustees, June 17, 1742, CRG-23, 359–71.

14. T. Bosomworth to the Trustees, Mar. 20, 1742, W. Stephens to H. Verelst, Mar. 20, 1742, and W. Stephens to H. Verelst, May 4, 1742, CRG-23, 253–62, 262–69, 317; WSJ, Apr. 7, May 28, June 12, 1742, 61, 86, 92–93; Egmont Journal, June 9, 1742, CRG-5, 630; H. Verelst to J. Dobell, and H. Verelst to T. Bosomworth, Aug. 2, 1742, CRG-30, 253–54.

15. T. Bosomworth to the Trustees, Mar. 10, 1742, CRG-23, 231–50; WSJ, Mar. 11, 1742, 50.

16. T. Bosomworth to J. Vernon, Mar. 22, 1743, CRG-24, 8. For "thrasonical Diotropheses," see Thomas Bosomworth to the Trustees, March 10, 1742, CRG-23, p. 238.

17. WSJ, May 16, 23, 30, June 6, 1742, 79–80, 84, 87, 90.

18. Ibid., July 16, 1742, 109.

19. C. Orton, Will, July 26, 1742, GDAH; WSJ, Aug. 13–15, 1742, 120–21.

20. WSJ, Aug. 13, Nov. 12, Nov. 29, 1742, 120, 137, 148; J. Terry to H. Verelst, Nov. 1, 1742, CRG-23, 417; J. Oglethorpe to the Duke of Newcastle, Nov. 26, 1742, CRG-35, 544.

21. Minutes of the Common Council, Nov. 3, 1742, Egmont MSS 14213, 48–49.

22. T. Bosomworth to J. Vernon, Mar. 22, 1743, CRG-24, 7–11; H. Verelst to W. Stephens, Apr. 26, 1743, B. Martyn to W. Stephens, May 10, 1743, H. Verelst to J. Dobell, May 20, 1743, Trustees to J. Oglethorpe, May 20, 1743, Egmont 14213, 104, 132, 143, 157; Bishop of London Register, Guildhall MS 9534/3, f. 280–81; Fulham Papers, vol. 42, p. 30.

23. B. Martyn to T. Bosomworth, July 4, 1743, CRG-33, 258–60.

24. WSJ, Oct. 26, 1743, Jan. 1, Jan. 29, and Feb. 21, 1744, 31, 56, 65, 74; W. Stephens to H. Verelst, Jan. 20, 1744, CRG-24, 208; T. Bosomworth to S.P.G. Sec. Bearcroft, Feb. 10, 1744, SPG-B, vol. 12, p. 676 (doc. 131); T. Bosomworth to the Trustees, Feb. 10, 1744, CRG-24, 217–18; Trustees' Journal, May 24, 1744, CRG-1, 454–55.

25. WSJ, Feb. 25, Feb. 26, Mar. 6, Mar. 11, Mar. 18, Mar. 25, Mar. 28, Apr. 1, Apr. 2, 1744, 75, 77–80, 82, 86–88; WSJ, Mar. 12, 1744, 80.

26. T. Bosomworth to the Trustees, May 7, 1744, CRG-24, 234–39; WSJ, May 17, May 27, May 29, June 3, June 5–10, June 22–23, 1744, 103, 107–9, 111, 115–16; W. Horton to M. Mathewes, June 13, 1744, CRG-27, 6; T. Bosomworth to Sec. Bearcroft, June 24, 1744, SPG-B, vol. 12, p. 680; Johann Driesler to Francke, Jan. 24, 1745, in Jones, trans., "'In Frederica the Oysters Grow on Trees,'" 885–903.

27. WSJ, July 21, 1744, 127.

28. Ibid., Sept. 24, 1743, 21.

29. T. Bosomworth to the SPG, Sept. 3, 1745, SPG-B, vol. 12, p. 682.

30. WSJ, Aug. 20, 1744, 136.

31. Trustees' Journal, Sept. 6, Sept. 9, 1743, CRG-1, 424–26; H. Verelst to W. Stephens, Sept. 14, 1743, CRG-30, 314–15.

32. WSJ, Apr. 21, 1744, 95; Trustees to W. Stephens, [date?], CRG-30, 339.

33. WSJ, Aug. 3, Aug. 17, Sept. 5, Oct. 8, Nov. 24, Dec. 1, 1744, Jan. 29–30, 1745, 131, 136, 143, 154, 170, 174, 191–92.

34. Ibid., Sept. 12, 1744, 145.

35. J. Oglethorpe to T. Bosomworth, Feb. 16, 1745, CRG-27, 8.

36. President and Assistants, June 14–15, CRG-6, 135–36; W. Stephens to the Trustees, Aug. 31, 1745, CRG-27, 413–14.

37. T. Bosomworth to Sec. Bearcroft, Sept. 3, Oct. 12, 1745, SPG-B, vol. 12, pp. 682, 686; T. Bosomworth to H. Verelst, Oct. 12, 1745, CRG-24, 428–29.

38. Trustees' Journal, May 19, 1746, CRG-1, 486.

39. T. Bosomworth, "Statement of the Case of Mary Bosomworth," 1759, CRG-28, 256–60; J. Oglethorpe to W. Horton, Nov. 13, 1745, and J. Oglethorpe to M. Bosomworth, July 16, 1746, CRG-27, 9–10; J. Oglethorpe to T. Bosomworth, July 16, 1746, CRG-36, 292–93.

40. Trustees' Journal, May 19, 1746, CRG-1, 486.

41. W. Horton to M. Bosomworth, Nov. 18, 1745, CRG-27, 9.

42. W. Horton to M. Bosomworth, Dec. 17, 1743, and W. Horton to T. Bosomworth, Oct. 8, 1744, CRG-27, 8, 270; W. Horton to M. Bosomworth, Mar. 1746, GT, 122–23.

43. Kimber, *Itinerant Observations*, 33.

44. B. Martyn to W. Stephens, July 17, 1747, CRG-31, 79.

45. T. Bosomworth, "Narrative," CRG-27, 162–63; W. Stephens to M. Bosomworth, CRG-36, 304–5.

46. Chigelly's Talk to W. Horton, Dec. 5, 1746, GT, 132–34.

47. W. Horton to M. Bosomworth, Mar. 1746, GT, 122–23; W. Horton to T. Bosomworth, Mar. 30, 1746, CRG-27, 10.

48. Chigelly's Talk to W. Horton, Dec. 5, 1746, GT, 132–34; W. Horton to M. Bosomworth, Nov. 11, 1746, CRG-27, 267–68.

49. S.C.-CJ, Nov. 1–3, 1746, CO: 5/455, 174–79.

50. George Galphin's Report, ca. Nov. 1746, GT, 130–31.

51. W. Horton to T. Bosomworth, Nov. 13, 1746, GT, 132.

52. Chigelly's Talk to W. Horton, Dec. 5, 1746, GT, 132–34.

53. W. Horton to M. Bosomworth, Oct. 14, Oct. 16, 1746, GT, 129–30.

54. President and Assistants, Jan. 8, 1747, CRG-6, 173.

55. W. Horton to T. Bosomworth, Feb. 23, 1747, and W. Horton to M. Bosomworth, Mar. 10, 1747, GT, 135.

56. President and Assistants, Mar. 25, 1747, CRG-6, 175–76.

57. Memorial of Mary Bosomworth to A. Heron, Aug. 10, 1747, GT, 140–46.

58. R. Kent to W. Horton, Apr. 25, 1747, GT, 136; S.C.-CJ, June 6, 1747, CO: 5/455, 12–14.

59. W. Horton to T. Bosomworth, May 19, 1747, W. Horton to M. Bosomworth, May 31, 1747, W. Horton to M. Bosomworth, July 20, 1747, Deposition of William Grey, [date?], CRG-27, 10–15, 232.

60. A. Bosomworth, "Memorial," May 31, 1749, GT, 139–40; Affidavit of Indian Traders, Aug. 18, 1747, SCMR, vol. GG, 241–42.

61. W. Horton to T. Bosomworth, July 6, 1747, GT, 137.

62. A. Heron to M. Bosomworth, July 20, 1747, T. Bosomworth, "Narrative," A. Heron to M. Bosomworth, Aug. 31, 1747, CRG-27, 15, 190.

63. A. Heron to Andrew Stone, Sept. 8, 1747, GT, 146–47.

64. A. Heron to T. Bosomworth, Nov. 22, 1747, and "Declaration of the Creek Indians Recognizing Malatchi as their Natural Prince," Dec. 17, 1747, GT, 148, 155–56; A. Heron to A. Stone, Dec. 8, 1747, and Officers at Frederica, "Statement on Mary," Dec. 17, 1747, CRG-27, 16–18.

65. A. Heron to M. Bosomworth, Aug. 31, 1747, CRG-27, 15; Malatchi's Speech to A. Heron, Dec. 7, 1747, GT, 148–52.

66. Swanton, "Social Organization," 81.

67. "A Friend" to William Stephens, Jan. 1, 1748, CRG-25, 243.

68. Affidavit of Indian Traders, Aug. 18, 1747, SCMR, vol. GG, 241–42; Deposition of Noble Jones, Jan. 7, 1748, GT, 161–62.

69. "Declaration of the Creek Indians" and Deed from Malatchi to the Bosomworths for 3 Coastal Islands, Dec. 17, 1747, GT, 155–58; Officers at Frederica "Statement on Mary," Dec. 17, 1747, CRG-27, 17–18.

70. Noble Jones Deposition, Jan. 7, 1748, CRG-27, 194–95; President and Assistants, Jan. 9, 1748, CRG-6, 205; W. Stephens to B. Martyn, Jan. 12, 1748, CRG-25, 265–67.

Chapter 7. Coosaponakeesa

I am deeply indebted in this chapter to Dr. Jack Martin, who translated the word "Coosaponakeesa" for me. The name is a compound of three separate Muskogee words—Coosa

"Coosa" + ponaka "language" + eesa "holder, bearer"—and its meaning makes it highly unlikely that Mary acquired the name as an infant. Jack Martin, Personal Communication, February 20, 2012.

1. T. Bosomworth, "Narrative," CRG-27, 157–58.

2. Petition of T. Bosomworth, Dec. 31, 1748, and T. Bosomworth to the President and Assistants, Jan. 2, 1749, CRG-27, 193–94.

3. Heron's Indian Accounts, Sept. 27, 1748, CRG-36, 359–60; Alexander Heron to John Burton, Oct. 26, 1748, CRG-27, 260–61.

4. Minutes of the South Carolina Council, July 1749, and Instructions to Abraham Bosomworth, July 12, 1749, CRG-27, 203–5; H. Verelst to Patrick Graham, Aug. 24, 1749, CRG-31, 158–60.

5. T. Bosomworth, "Narrative," CRG-27, 159; President and Assistants, July 24, 1749, CRG-6, 252–54; M. Bosomworth to W. Stephens, July 27, 1749, GT, 173–74.

6. S.C.-CJ, Sept 4, 1749, CO: 5/4???, 157.

7. President and Assistants to B. Martyn, July 25, 1749, CRG-25, 407–8.

8. President and Assistants, July 24–27, Aug. 7–8, 1749, CRG-6, 252–58; W. Stephens to H. Verelst, July 25, 1749, CRG-25, 407–8; M. Bosomworth to W. Stephens, July 27, 1749, GT, 173–74.

9. President and Assistants, Aug. 9–10, 1749, CRG-6, 259–60; T. Bosomworth, "Narrative," CRG-27, 167.

10. President and Assistants, Aug. 11–12, 1749, CRG-6, 260–68.

11. Lower Creek Recognition of Mary Bosomworth as Princess, Aug. 12, 1749, GT, 179–80.

12. President and Assistants, Aug. 17–19, 1749, CRG-6, 270–80.

13. T. Bosomworth, "Narrative," CRG-27, 181, 191; Trustees' Journal, May 19, 1746, CRG-1, 486; Mary Bosomworth, Memorial to A. Heron, Aug. 10, 1747, GT, 142–43; Statement of Mary Bosomworth's Accounts, 1743–46, CRG-27, 231–36; H. Verelst to W. Stephens, July 26, 1746, CRG-31, 44–45; Memorial of Coosaponakeesa, 1755, CRG-27, 69; T. Bosomworth to the President and Assistants, Aug. 21, 1749, CRG-27, 227–28.

14. T. Bosomworth to the Assistants, Aug. 21, 1749, CRG-27, 227.

15. Muldrew, *The Economy of Obligation*, 148–95.

16. *Oxford English Dictionary*, "insolent," def. no. 2.

17. Brooks, *Captives & Cousins*, 1–40; Shoemaker, "An Alliance between Men"; Shoemaker, *A Strange Likeness*, 105–124. For a contrary perspective, see Fur, *A Nation of Women*.

18. T. Bosomworth, "Narrative," CRG-27, 184.

19. Ibid., 173–74.

20. T. Bosomworth, "Narrative," CRG-27, 179; President and Assistants, Aug. 22, 1749, CRG-6, 283.

21. Swanton, "Social Organization," 301–304; Perdue, *Cherokee Women*, 28, 36–39.

22. Malatchi's Speech to Alexander Heron, Dec. 7, 1747, GT, 152.

23. T. Bosomworth to the President and Assistants, Aug. 21, 1749, CRG-27, 227–28; President and Assistants, Aug. 22, 1749, CRG-6, 284–85.

24. T. Bosomworth to F. Hobzendorf, Bond, Dec. 8, 1749, S.C.-CP Box 32A, No. 5A.

25. President and Assistants, Dec. 20, 1749, CRG-6, 302.

26. T. Bosomworth, "Narrative," and Statement by George Galphin, Dec. 20, 1755, CRG-27, 169, 183–84, 225–26.

27. President and Assistants, Sept. 7, 1749, July 25, 1750, CRG-6, 289, 328.

28. Ibid., Sept. 7–8, Nov. 16, Nov. 18, 1749, CRG-6, 289, 295–96, 423.

29. W. Stephens to B. Martyn, July 19, 1750, CRG-26, 26; G. Galphin to J. Glen, S.C.-CJ,

Sept. 5, 1750, CO: 5/462, f. 173; Interview with Brown, McGillavray, and Clark, Sept. S.C.-CJ, Sept. 5, 1750, CO: 5/462, f. 181–82; Deposition of A. Bosomworth, Oct. 2, 1750, CRG-27, 18; President and Assistants, Oct. 4, 1750, CRG-6, 341–42; G. Galphin to William Pinckney, Nov. 3, 1750, DRIA-S.C., 4–5.

30. President and Assistants, Sept. 15, 1750, CRG-6, 331–32; Confirmation of Mary as Creek Princess, Confirmation Deed for the Yamacraw Tract, Confirmation Deed for the Three Coastal Islands, Aug. 2, 1750, and Galphin to the President and Assistants, Nov. 4, 1750, GT, 205–14.

31. President and Assistants to B. Martyn, July 25, Sept. 8, 1749, CRG-25, 408–23; B. Martyn to the President and Assistants, Nov. 25, 1749, Jan. 7, Jan. 9, 1750, CRG-31, 164, 178–79; B. Martyn to Richard Neville Aldworth, Jan. 10, 1750, CRG-31, 182–83.

32. Trustees' Journal, June 26, July 13, 1750, CRG-1, 547, 548.

33. B. Martyn to Henry Parker, July 16, 1750, CRG-31, 191–95.

34. Deposition of Jacob Ford, Sept. [n.d.], CRG-27, 52.

35. Granger, *Savannah River Plantations*, 172–73; Beckenmeyer, *Abstracts of Georgia Colonial Conveyance Book C-1, 1750–1761*, 16–17, 21–23.

36. Petition of Thomas, Mary, and Adam Bosomworth to the President and Assistants, Mar. 1, 1751, CRG-27, 289; Parker, Habersham, and N. Jones to B. Martyn, Mar. 5, 1751, CRG-27, 286–87; President and Assistants to B. Martyn, Mar. 8, 1751, CRG-26, 175.

37. Trustees' Journal, May 18, 1751, CRG-1, 557.

38. G. Galphin to the President and Assistants, Nov. 4, 1750, GT, 213–14.

39. "Instructions to Patrick Graham," Apr. 21, 1751, GT, 214–15.

40. Graham's Talk to the Upper and Lower Creeks, May 28, 1751, GT, 215–18; Graham's "Deed" of May 28, 1751, GT, 219–21.

41. Graham's Talk to the Upper and Lower Creeks, May 28, 1751, GT, 218.

42. B. Martyn to the President and Assistants, July 10, 1751, CRG-31, 231.

43. B. Martyn to the President and Assistants, Jan. 23, 1752, CRG-31, 260.

44. S.C.-CJ, Nov. 12, 1751, Jan. 2, 1752, CO: 5/464, f. 193, p. 383 and f. 261, pp. 520–21; S.C.-CJ, Nov. 25, 1751, CO: 5/467, f. 225, p. 447; S.C.-CJ, Mar. 31, Apr. 1–3, Apr. 6, Apr. 16, 1752, CO: 5/467, pp. 113–30, 149.

45. S.C.-CJ, Apr. 5, Apr. 28, 1752, CO: 5/467, p. 128, 165–74.

46. S.C.-CJ, Apr. 28, 1752, CO: 5/467, f. 34–88, pp. 165–74.

47. S.C.-CJ, Apr. 28, 1752, CO: 5/467, f. 34–88, pp. 165–74; S.C.-CJ, Apr. 29, 1752, CO: 5/466, f. 84, p. 165.

48. JCHA-S.C., May 1, 1752, CO: 5/466, f. 86, p. 169.

49. S.C.-CJ, May 7, May 15, 1752, CO: 5/467, fs. 108, 119, pp. 212, 234; S.C.-CJ, May 8, 1752, CO: 5/465, f. 107, p. 70.

50. S.C.-CJ, May 25, 1752, CO: 5/467, f. 124, p. 245.

51. Cooper & McCord, *Statutes*, vol. 3, pp. 763–70.

52. S.C.-CJ, May 26, 1752, CO: 5/467, p. 257.

53. G. Galphin to J. Glen, Jan. 28, 1752, DRIA-1, 268; J. Mackintosh to T. Bosomworth, Mar. 9, 1752, "Memorial of the Darien Inhabitants to the SPG [ca. Mar. 1752]," "Testimony of the Freeholders and Inhabitants of the Southern Part of Georgia," Mar. 11, 1752, and "Memorial of the Southern Inhabitants of Georgia," Apr. 18, 1752, CRG-27, 47–51, 223–24, 258–60.

54. Hobzendorf v. Bosomworth, 1752, S.C.-CP, Box 32A, no. 5A.

55. S.C.-CJ, May 27, 1752, CO: 5/467, p. 259.

56. M. Bosomworth to J. Glen, June 1, 1752, DRIA-1, 264–65.

57. S.C.-CJ, June 2, June 4, June 11, 1752, CO: 5/467, pp. 260, 269, 273.

58. S.C.-CJ, June 16, 1752, CO: 5/467, p. 289; S.C.-CJ, June 24, 1752, CO: 5/467, f. 147, p. 290; "Commission to Thomas Bosomworth," July 2, 1752, DRIA-1, 267–68.

59. S.C.-CJ, June 24, 1752, CO: 5/467, f. 147, p. 290.

60. Thomas and Mary Bosomworth to James Glen, July 3, 1752, DRIA-1, 268; "Bosomworth Journal," DRIA-1, 269.

61. "Bosomworth Journal," DRIA-1, 269–95.

62. "Upper Creek Repudiation of the Graham Deed," GT, 224–25.

63. "Bosomworth Journal," DRIA-1, 296.

64. "Bosomworth Journal," DRIA-1, 319; S.C.-CJ, Oct. 31, 1752, CO: 5/467, f. 236, p. 465.

65. "Bosomworth Journal," DRIA-1, 297–326.

66. "Bosomworth Journal," DRIA-1, 322; J. Glen to the Chiefs of the Creek Indian Nation, and J. Glen to T. Bosomworth, Nov. 15, 1752, S.C.-CJ CO: 5/468, fs. 4–5, pp. 5–7.

Chapter 8. "Your Memorialist"

I am deeply indebted to Joshua Piker for allowing me to see a draft of his book manuscript before its publication. Josh Piker, "The Deaths of Acorn Whistler: Telling Stories on the Colonial American Frontier," Section 4, pp. 9, 13.

1. "Bosomworth Journal," DRIA-1, 326.

2. S.C.-CJ, Jan. 12, 1753, CO: 5/468, p. 164.

3. DRIA-1, 326–43.

4. Memorial of Thomas Bosomworth, Apr. 13, 1753, S.C.-CJ, CO: 5/469, f. 72, p. 385–86; JCHA-S.C., Feb. 9, 1753, CO: 5/466, f. 165, p. 39.

5. JCHA-S.C., Feb. 24, 1753, CO: 5/466, fs. 171, pp. 50–54.

6. S.C.-CJ, Feb. 28, 1753, CO: 5/469, p. 286.

7. Memorial of T. Bosomworth, S.C.-CJ, Apr. 13, 1753, CO: 5/469, f. 72, p. 385.

8. S.C.-CJ, Apr. 17–18, 1753, CO: 5/465, f. 171–72, pp. 52–53; JCHA-S.C., Apr. 18, 1753, CO: 5/466, f. 193, p. 93.

9. Memorial of T. Bosomworth, S.C.-CJ, Apr. 19, 1753, CO: 5/469, f. 80, p. 401.

10. S.C.-CJ, Apr. 19, 1753, CO: 5/465, fs. 174–175, pp. 58, 60; JCHA-S.C., Apr. 19, 1753, CO: 5/466, f. 195, p. 97.

11. James Glen to Mary Bosomworth, Mar. 16, 1753, CRG-27, 21.

12. James Glen to Thomas Bosomworth, May 8, 1753, CRG-27, 21–22.

13. T. Bosomworth to J. Glen, May 23, 1753, CRG-27, 22–23; S.C.-CJ, May 28, 1753, CO: 5/469, f. 87, p. 414.

14. New York Mercury, Aug. 6, Aug. 13, 1753; The Boston Weekly News-Letter, Aug. 9, 1753; The Pennsylvania Gazette, Aug. 23, 1753.

15. See Malatchi's speech of May 31, 1753, DRIA-1, 396–97.

16. DRIA-1, 397–401.

17. See Malatchi's Speech of June 1, 1753 DRIA-1, 404–406.

18. Ibid., 408–14.

19. James Glen to the Board of Trade, July 30, 1753, BPRO-S.C., vol. 25, pp. 337–39.

20. GT, 158, 208–10, 226.

21. GT, 89, 161.

22. S.C.-CJ, July 3, 1753, CO: 5/469, f. 132, p. 504.

23. "Elizabeth Hunt Voucher," S.C.-CJ, Aug. 7, 1753, CO: 5/469, f. 161, p. 567.

24. S.C.-CJ, Aug. 7, 1753, CO: 5/469, f. 160, p. 152.

25. S.C.-CJ, Aug. 8, 1753, CO: 5/469, f. 168, p. 577. Mary Bosomworth, Grant of 230 Acres

in Colleton County, and Mary Bosomworth, Grant of 280 Acres in Colleton County, Royal Grants, vol. 5, pp. 158–59, SCDAH, microfilm ST 61.

26. Memorial of Thomas Bosomworth, Aug. 24, 1753, S.C.-CJ, Aug. 24, 1753, CO: 5/469, f. 174, p. 590; S.C.-CJ, Aug. 24, 1753, CO: 5/465, f. 180, p. 70; S.C.-CJ, Aug. 25, 1753, CO: 5/465, f. 175, and f. 181, p. 72.

27. T. Bosomworth to J. Glen, Sept. 3, 1753, S.C.-CJ, Sept. 5, 1753, CO: 5/469, f. 187, p. 616.

28. S.C.-CJ, Oct. 2, 1753, CO: 5/469, p. 632.

29. Assistants to Benjamin Martyn, July 28, 1752, GT, 222–23.

30. Wood and Bullard, eds., *Journal of a Visit to the Georgia Islands*, 19.

31. James Glen, "Writ of Protection for Thomas Bosomworth," July 9, 1753, Jan. 8, 1754, SCMR, vol. GG, 498–99.

32. Thomas Bosomworth v. Joseph Glover, 1754. S.C.-CP, Box 37A, no. 85A.

33. Thomas Bosomworth v. Jacob Motte, 1754, S.C.-CP, Box 40A, no. 161A.

34. Schwartz, *Daily Life in Johnson's London*, 4–5; Noorthouck, *New History of London*.

35. Picard, *Dr. Johnson's London*, 48.

36. Noorthouck, *New History of London*, Chapter 21; *Gentleman's Magazine* 24 (Apr. 1755): 148.

37. Schwartz, *Daily Life*, 3–30; Picard, *Dr. Johnson's London*, 42–43, 88–100.

38. *Gentleman's Magazine* 24 (Dec. 1754): 569.

39. *Public Advertiser* (London), no. 6209, Sept. 23, 1754; *Public Advertiser*, Oct. 15, 1754; *London Magazine*, June 1754, 271–75; *Gentleman's Magazine* 24 (Oct. 1754): 482; *Gentleman's Magazine* 24 (Nov. 1754): 530; *Gentleman's Magazine* 24 (Dec. 1754): 588.

40. *Public Advertiser*, no. 6254, Nov. 11, 1754; *Gentleman's Magazine* 24 (Dec. 1754): 578; *Gentleman's Magazine* 25 (June 1755): 282.

41. *Gentleman's Magazine* 24 (Dec. 1754): 569; *Gentleman's Magazine* 25 (Jan. 1755): 8.

42. *Gentleman's Magazine* 25 (Mar. 1755): 131.

43. *Gentleman's Magazine* 23 (Sept. 1753): 423–26.

44. *Public Advertiser*, no. 6202, Sept. 19, 1754; *Public Advertiser*, no. 6222, Oct. 8, 1754.

45. Harben, *A Dictionary of London*, 1918; Croot, ed., *History of the County of Middlesex*, vol. 12; Noorthouck, *New History of London* (1773).

46. Friedenwald, "Isaac Levy's Claim to Property in Georgia," 57–64.

47. W. Horton to H. Verelst, Apr. 18, 1741, CRG-23, 10; WSJ, Oct. 12, 1741, CRG-4, 262.

48. T. and M. Bosomworth, Articles of Agreement with Isaac Levy, Oct. 14, 1754, CRG-28-1, 94–98; Corry, "New Light on the Bosomworth Claims," 222–23.

49. T. Bosomworth, "Usefull Hints," ca. Oct. 1754, GT, 236–39.

50. Memorial of Coosaponakeesa, Nov. 26, 1754, GT, 234–36.

51. GT, 228.

52. Memorial of Coosaponakeesa, Nov. 26, 1754, GT, 234–36.

53. JCTP, vol. 10, Nov. 26, Nov. 28, 1754, 78–79.

54. JCTP, vol. 10, Dec. 6, Dec. 10, 1754, 82, 83–85.

55. Greiert, "The Earl of Halifax," 212–62; Clayton, "The Duke of Newcastle."

56. "State of the Case Relative to the Lands Reserved by the Creek Indians in Georgia and of the Claims and Pretensions of the Bosomworths with Respect [to] Such," [n.d. ca. 1756], Shelburne Papers, vol. 49, p. 5. Clements Library.

57. JCTP, vol. 10, Dec. 12, 1754, 83–85.

58. JCTP, vol. 10, Jan. 21, 1755, 103–4.

59. Petition of Thomas Bosomworth, Feb. 24, 1755, CRG-27, 228–30.

60. Stephen Theodore Jenssen, "Oath Concerning Papers of Thomas Bosomworth," Apr.

19, 1755, CRG-27, 46; JCTP, Entry for Apr. 24, 1755, vol. 10, p. 139; Thomas Bosomworth's Memorial, Apr. 24, 1755, CRG-27, 44–46.

61. Anonymous, *The Humours of Rag-Fair.*

62. "Mr. Joseph Levy to Mr. Thomas Bosomworth," ca. May–July 1755, Peter Force Transcripts, Series 7A, Item 11, "Bosomworth Controversy," p. 53.

63. Appleton, "Richard Partridge."

64. Memorial of Coosaponakeesa, June 30, 1755, CRG-27, 67–70.

65. See CO: 5/709, p. 29.

66. Governor and Council Journals, Oct. 3 and Oct. 10, 1755, CRG-7, 269, 272.

67. Governor and Council Journals, Oct. 17, 1755, CRG-7, 275; JCTP, Dec. 12, 1754, and Jan. 21, 1755, vol. 10, pp. 83–85, 103–4.

68. Jonathan Copp to T. Bosomworth, Dec. 29, 1755, and Deposition of Jonathan Copp, ca. Dec. 1755, CRG-27, 221–22, 226–27.

69. Statements by George Galphin, Dec. 20, 1755, Joseph Wright, Dec. 22, 1755, and Lachlan McGillavray, Dec. 22, 1755, CRG-27, 217–18, 225–26.

70. William Little's Talks at Augusta, Dec. 15–18, 1755, CRG-27, 213–17.

71. T. Bosomworth, "Narrative," Apr. 10, 1756, CRG-27, 154–93.

72. Ibid., 169–70.

73. Examination of John Kennard, July 15, 1756, CRG-27, 275–81.

74. Samuel Marcer to Gov. John Reynolds, Sept. 6, 1756, CRG-27, 271–74.

75. James Habersham to Gov. John Reynolds, Aug. 16, 1756, and Noble Jones to Gov. John Reynolds, Aug. 21, 1756, in CRG-27, 283–84, 286.

76. William Spencer to Gov. John Reynolds, Aug. 31, 1756, CRG-27, 282.

77. T. Bosomworth to Gov. John Reynolds, Sept. 6, 1756, CRG-27, 271–74.

78. Gov. John Reynolds to the Board of Trade, Sept. 25, 1756, CRG-27, 153–54.

79. Board of Trade to the King, July 29, 1756, GT, 241–43; JCTP, Aug. 4, 1756, vol. 10, p. 256.

80. "Henry Ellis," *New Georgia Encyclopedia*; JCTP, Oct. 8, 1756, vol. 10, p. 259.

81. Journal of the Commons House (Ga.), Jan. 18, 1757, CRG-13, 115–17.

82. Journal of the Commons House (Ga.), Jan. 19, 1757, CRG-13, 117.

83. Journal of the Commons House (Ga.), Jan. 22, 1757, CRG-13, 124.

84. Journal of the Council (Ga.), Feb. 9, 1757, CRG-16, 175–78.

85. T. Bosomworth to I. Levy, Feb. 21, 1757, Force Transcripts, 7A, Item 11, 102.

86. Patrick Graham, Will, May 17, 1755, Colonial Wills, RG-49-1-2, GDAH.

87. Memorial of Pickering Robinson, July 7, 1760, CRG-28-1, 278–79; Isaac Levy to William Russell, Feb. 16, 1758, Peter Force Transcripts, 7A, Item 11.

88. Henry Ellis to the Board of Trade, Mar. 11, 1757, May 5, 1757, CRG-28-1, 2–27.

89. May 5, 1757, letter to the Board of Trade. See above fn. 163.

90. Henry Ellis to the Board of Trade, Oct. 22, 1757, CRG-21-1, 75.

91. Henry Ellis to the Board of Trade, Dec. 7, 1757, CRG-27, 89–91.

92. H. Ellis, Instructions to Joseph Wright, Aug. 25, 1757, GT, 258.

93. T. Bosomworth to H. Ellis, Oct. 31, 1757, CRG-28-1, 91–94.

94. Governor Ellis's Meeting with the Creeks, Nov. 3, 1757, GT, 264–68.

95. H. Ellis's Treaty with the Creeks, Nov. 3, 1757, GT, 270–72.

96. H. Ellis to the Board of Trade, Nov. 25, 1757, GT, 273; H. Ellis to the Board of Trade, Dec. 7, 1757, CRG-27, 89–91.

97. Ellis to the Board of Trade, Dec. 7, 1757, CRG-27, 89–91; "Law to Regulate Purchase of Land from Indians," Feb. 15, 1758, CRG-18, 247–49.

98. Journal of the Governor and Council, July 21, 1759, CRG-8, 42.

99. Journal of the Governor and Council, July 23, 1759, CRG-8, 85–86.

100. Journal of the Governor and Council, July 23, 1759, CRG-8, 85–86; H. Ellis to Thomas and Mary Bosomworth, Indenture, Apr. 19, 1760, CRG-28-1, 274–78; H. Ellis to the Board of Trade, June 27, 1760, CRG-28-1, 253–56; PCJ, Feb. 2, 1749, in Grant and Munroe, eds., *Acts of the Privy Council*, vol. 4, p. 316.

101. Southeastern Native American Documents (SENA), Document KRC042; Journal of the Governor and Council, Oct. 15, 1759, CRG-8, 171; B. Martyn, Memorial of Nov. 12, 1759, CRG-28-1, 217–20; I. Levy to the Privy Council, Dec. 15, 1759, SENA, Document KRC041.

102. T. Bosomworth to I. Levy, Jan. 1756; T. Bosomworth to I. Levy, Feb. 21, 1757, Force Transcripts, 7A, Item 11, p. 102.

103. H. Ellis to the Board of Trade, June 27, 1760, CRG-28-1, 253–56.

104. H. Ellis to Thomas and Mary Bosomworth, Indenture, Apr. 18, 1760, and Auction of Ossabaw and Sapelo Islands, Apr. 18, 1760, CRG-28-1, 274–77.

105. H. Ellis to the Board of Trade, July 26, 1759, CRG-28-1, 210–14.

106. Journal of the Governor and Council (Ga.), Oct. 10–11, 1759, CRG-8, 160–67, 168–70.

107. Governor Ellis's War Appeal to the Creeks, Feb. 9, 1760, GT, 310–12.

108. Journal of the Governor and Council (Ga.), Apr. 14, Apr. 17, Apr. 28, 1760, GT, 313–16.

109. Journal of the Governor and Council (Ga.), CRG-8, 319–23.

110. Journal of the Governor and Council (Ga.), CRG-8, 323; Jenkins, *Button Gwinnett*, 41.

111. Fisher, "Mary Musgrove," 503–4; Walker, ed., *Abstracts of Colonial Georgia Book J, 1755–1762*, 181–84.

112. Haws, ed., *Letterbook of Thomas Raspberry*; The James Habersham Papers, GHS, MS 337; The Joseph Clay & Company Papers, 1772–1776, GHS, MS 153; The Read-Mossman Ledger, 1765–1766, GHS, MS 1635.

113. White, *Historical Collections of Georgia*, 31.

114. Survey of St. Catherine's Island, Jan. 22, 1760, GDAH.

115. H. Ellis to the Board of Trade, Dec. 7, 1757, CRG-27, 89–91; Wood and Bullard, eds., *Journal of a Visit to the Georgia Islands*, 19.

116. *Georgia Gazette*, Sept 17, 1766; Jenkins, *Button Gwinnett*, 35–36.

117. Gaspar Ackerman to George Logan, Lease and Release, Jan. 25 & 26, 1768, in Langley, *South Carolina Deed Abstracts*, vol. 4, p. 9; *Georgia Gazette*, Sept. 5–Oct. 24, 1765, nos. 128–34; Fisher, "Mary Musgrove," 516.

118. A. Bosomworth v. E. Weyman, S.C.-CP, Box 49, no. 163A; Susannah Bosomworth to Mary Cooper, SC Public Register, Conveyance Book V-2, 591–93.

119. *Georgia Gazette*, no. 104, Mar. 28, 1765, p. 2; Adam Bosomworth, Will, July 29, 1757, GDAH.

120. Fisher, "Mary Musgrove," 518–19; Stacy, *Records of the Midway Congregational Church*, 158.

121. St. John Parish Petition, July 2, 1771, SPG-C, Box 8, Document 80.

122. RRSG, vol. 1, p. 329.

123. *Royal Georgia Gazette*, no. 148, Dec. 27, 1781, 2.

124. Fisher, "Mary Musgrove," 525; *Georgia Gazette*, Jan. 21, 1790, 2.

125. *Georgia Gazette*, no. 655, Aug. 13, 1795, 3.

Bibliography

Primary Sources

Archival Materials

Georgia Department of Archives and History, Atlanta, Ga.
Colonial Records of Georgia, Vols. 33–39.
Colonial Will Books A-AA.
Colonial Wills (Unbound).
Mary Leticia Ross Papers.
St. Catherine's Island Survey, 1760.

Georgia Historical Society, Savannah, Ga.
James Habersham Papers, MS 337.
Joseph Clay and Company Papers, 1772–76, MS 153.
Read-Mossman Ledger, 1765–66, MS 1635.

Guildhall Library, London.
Bishop of London Papers. Register of Ordinations. Ms 9535/3.
Bishop of London Papers. Ordination Papers. Ms 10326/74.

Hargrett Rare Book and Manuscript Library, University of Georgia, Athens.
Telamon Cuyler Collection. John Percival (First Earl of Egmont) Papers, 1732–43 (14 vols.).

Houghton Library, Harvard University, Cambridge, Mass.
Sir Francis Nicholson Papers.

Huntington Library, San Marino, Calif.
Letters of Thomas Nairne.

Lambeth Palace, London.
Fulham Papers: Papers of the Archbishop of London, American and Colonial Papers (42 vols.).

Society for the Propagation of the Gospel in Foreign Parts. Series A: Letterbooks, 1702–37
(26 vols.); Series B: Letterbooks, 1701–86 (25 vols.); Series C: Original Papers, 1701–86
(15 boxes); Minute Books, 1701–50 (5 vols.).

National Archives, Kew, Great Britain.
Colonial Office. Series 5. Original correspondence. Sessional papers, South Carolina Council and Commons House of Assembly, 1721–55. CO 5/425–71.
Auditors of the Imprest. James Oglethorpe, General and Commander in Chief of His Majesty's Forces in South Carolina and Georgia. AO 1/162/441.

Norfolk Record Office. Norwich, UK.
Fellowes of Shotesham Papers.

National Archives of Scotland, Edinburgh.
Papers of the Cunningham-Grahame Family of Ardoch.
Papers of the Clerk of Penicuik Family.
Papers of the Maule Family, Earls of Dalhousie.

South Carolina Department of Archives and History, Columbia.
Court of Common Pleas, Judgment Rolls, 1703–90.
Commons House of Assembly Journals, John Green Transcripts and Original Manuscripts,
ca. 1710–20 (microfilm reel AD40).
Great Britain, Naval Department, Records of the H.M.S. Aldborough, 1728–34. John Mc-
Cready Plat Collection (microfilm, 18 rolls).
Public Register, Conveyance Books [Charleston County Office of Mesne Conveyances].
Register of the Province, Conveyance Books, 1673–1719 (11 vols.).
Secretary of State, Recorded Instruments, Colonial Land Grants (copy series), 1675–1788
(63 vols.).
Secretary of State, Recorded Instruments, Miscellaneous Records (Proprietary Series),
1671–1725 (12 vols.).
Secretary of State, Recorded Instruments, Miscellaneous Records (Interregnum Series),
1721–33 (9 vols.).
Secretary of State, Recorded Instruments, Miscellaneous Records (Main Series), 1732–1981
(158 vols.).
State Treasurer, Ledgers of the Public Treasurer, 1725–76 (3 vols.).
Surveyor General's Office, Colonial Plat Books, 1731–75 (26 vols.).

South Carolina Historical Society, Charleston.
Letter of Nicholas Trott, 1706. SCHS MS 43/703.

South Caroliniana Library, Columbia, S.C.
Will of Mary Deloungemare, 1712.

William L. Clements Library, Ann Arbor, Mich.
Earl of Shelburne Papers.
Sir William Clinton Map Collection.

Adair, James. *History of the American Indians*. Edited with an introduction by Kathryn E. Holland Braund. Tuscaloosa: University of Alabama Press, 2005.

Anonymous. "The Humours of Rag-Fair, or the Countryman's Description of their Trades and Callings." London: [1760?].

Barcia, Andres Gonzales de. *Chronological History of the Continent of Florida*. Translated by Anthony Kerrigan. Gainesville: University of Florida Press, 1951.

Bartram, William. *The Travels of William Bartram*. Edited by Mark Van Doren. New York: Dover, 1928.

Beckenmeyer, Francis H. *Abstracts of Georgia Colonial Conveyance Book C-1, 1750–1761*. Atlanta: R. J. Taylor Foundation, 1975.

Blackstone, William. *Commentaries on the Laws of England*. (1765–69). Lonang Library, www.lonang.com/exlibris/blackstone/bla-115.htm.

Boyd, Mark F. *Here They Once Stood: The Tragic End of the Apalachee Missions*. Gainesville: University Press of Florida, 1999.

Candler, Allen D., ed. *The Colonial Records of the State of Georgia*. Vols. 1–19, 21–26. Atlanta: C. P. Byrd, 1904–16.

———. *The Revolutionary Records of the State of Georgia*. Vol. 1. Atlanta: Franklin-Turner Company, 1908.

Care, Henry. *English Liberties*. London: Benjamin Harris, 1700.

Carey, Henry. *The Honest Yorkshire-Man, a Ballad Farce*. Glasgow: 1730.

Cheves, Langdon. *The Shaftesbury Papers*. Charleston: The South Carolina Historical Society, 2000.

Church of England. *The Book of Common Prayer and Administration of the Sacraments and Other Rites*. London: Charles Bill, 1700.

Coleman, Kenneth, and Milton Ready, eds. *The Colonial Records of the State of Georgia*. Vols. 20, 27–32 to date. Athens: University of Georgia Press, 1976–89.

Cooper, Thomas, and David McCord. *The Statutes at Large of South Carolina*. 10 vols. Columbia, S.C.: A. S. Johnston, 1836–41.

Coote, Edmund. *The English School-Master*. London: R. Roberts for the Company of Stationers, 1700.

Coulter, E. Merton., ed. *The Journal of Peter Gordon, 1732–1735*. Wormsloe Foundation Publication No. 6. Athens: University of Georgia Press, 1963.

———. *The Journal of William Stephens, 1741–1743*. Wormsloe Foundation Publication No. 2. Athens: University of Georgia Press, 1958.

———. *The Journal of William Stephens, 1743–1745*. Wormsloe Foundation Publication No. 3. Athens: University of Georgia Press, 1959.

Defoe, Daniel. "Party Tyranny." In *Narratives of Early Carolina, 1650–1707*, edited by A. S. Salley, 219–264. New York: Charles Scribner's Sons, 1911.

Digital Library of Georgia. *Southeastern Native American Documents* online. http://metis.galib.uga.edu/ssp/cgi-bin/ftaccess.cgi?galileo_server=andromeda.galib.usg.edu&galileo_server_port=80&galileo_server_id=8&instcode=publ&instname=Guest&helpuserid=&style=&_id=103cd4e9-88d7224351-5549&dbs=ZLNA.

Foster, H. Thomas II, ed. *The Collected Works of Benjamin Hawkins, 1796–1810*. Tuscaloosa: University of Alabama Press, 2003.

Georgia Historical Society. *Collections*. Vol. 2. Boston: Freeman and Bolles, 1842.

Godwyn, Morgan. *The Negro's & Indians Advocate, Suing for their Admission into the Church: or, A Persuasive to the Instructing and Baptizing of the Negro's and Indians in our Plantations.* London: 1685.

Grant, W. L., and James Munroe, eds. *Acts of the Privy Council of England-Colonial Series.* Vol. 4. Burlington, Ontario: Tanner Ritchie Publishing, 2005.

Greene, Jack P., ed. *Selling a New World: Two Colonial South Carolina Promotional Pamphlets.* Columbia: University of South Carolina Press, 1989.

Gutch, Eliza, ed. *County Folk-Lore.* Vol. 2, *Examples of Printed Folk-Lore Concerning the North Riding of Yorkshire, York and the Ainsty.* Printed abstracts no. 4. London: David Nutt, 1901.

Harben, Henry A. *A Dictionary of London,* 1918, British History Online, http://www.british-history.ac.uk/report.aspx?compid=63124#s3.

Haws, Lila M., ed. *The Letter Book of Thomas Raspberry.* Georgia Historical Society. *Collections.* Vol. 13. Savannah, Ga.: N.p., 1959.

Hays, Mrs. J. E., ed. *Indian Treaties, Cessions of Land in Georgia, 1705–1837.* W.P.A. Project No. 7158. Atlanta, Ga.: 1941.

Hvidt, Kristian, ed. *Von Reck's Voyage: Drawings and Journal of Philip Georg Friedrich von Reck.* Savannah, Ga.: Beehive Press, 1980.

Jones, George Fenwick, trans. "'In Frederica the Oysters Grow on Trees': A 1745 Letter from Its Lutheran Pastor, Johann Ulrich Driesler." *Georgia Historical Quarterly* 79 (Winter 1995): 885–903.

———, trans. and ed. *Henry Newman's Salzburger Letterbooks.* Athens: University of Georgia Press, 1966.

Jones, George F., Ron Savelle, and Renate Wilson, eds. *Detailed Reports on the Salzburger Emigrants Who Settled in America . . . Edited by Samuel Urlsperger.* Translated by Hermann J. Lacher. 9 vols. Athens: University of Georgia Press, 1968–88.

Juricek, John T., ed. *Early American Indian Documents: Treaties and Laws, 1607–1789.* Vol. 11, *Georgia Treaties, 1733–1763.* Frederick, Md.: University Publications of America, 1989.

———. *Early American Indian Documents: Treaties and Laws, 1607–1789.* Vol. 12, *Georgia and Florida Treaties, 1763–1776.* Bethesda, Md.: University Publications of America, 2002.

Klingberg, Frank J. *The Carolina Chronicle of Dr. Francis Le Jau, 1706–1717.* University of California Publications in History, vol. 53. Berkeley: University of California Press, 1956.

———. *The Papers of Commissary Gideon Johnston, 1707–1716.* University of California Publications in History, vol. 35. Berkeley: University of California Press, 1946.

Kimber, Edward. *Itinerant Observations in America.* Edited by Kevin J. Hayes. Cranbury, N.J.: Associated University Presses, Inc., 1998.

Lane, Mills. *General Oglethorpe's Georgia: Colonial Letters, 1733–1743.* 2 vols. Savannah, Ga.: Beehive Press, 1975.

Langley, Clara A. *South Carolina Deed Abstracts, 1719–1772.* 4 vols. Easley, S.C.: Southern Historical Press, 1983.

Lawson, John. *A New Voyage to Carolina.* Chapel Hill: University of North Carolina Press, 1967.

Lewis, John. *The Church Catechism Explained, By Way of Question and Answer; and Confirmed by Scripture Proofs.* New York: Hugh Gaine, 1765.

Martyn, Benjamin. *Account Shewing the Progress of the Colony of Georgia in America from its First Establishment.* London: 1741.

McDowell, W. L., ed. *Colonial Records of South Carolina: Documents Relating to Indian Affairs, 1750–1754.* Columbia, S.C.: State Printing Office, 1958.

———. *Colonial Records of South Carolina: Documents Relating to Indian Affairs, 1754–1764.* Columbia, S.C.: State Printing Office, 1970.

———. *Colonial Records of South Carolina: Journal of the Commissioners of the Indian Trade, September 20, 1710–August 29, 1718.* Columbia, S.C.: State Printing Office, 1955.

Mereness, Newton D., ed. *Travels in the American Colonies.* 1916. New York: Antiquarian Press, 1961.

Merrens, H. Roy., ed. *The Colonial South Carolina Scene: Contemporary Views, 1697–1774.* Columbia: University of South Carolina Press, 1977.

Moore, Alexander, ed. *Nairne's Muskogean Journals: The 1708 Expedition to the Mississippi River.* Oxford: University Press of Mississippi, 1988.

Moore, Francis. *A Voyage to Georgia, begun the Year 1735.* London: Jacob Robinson, 1744.

Noorthouck, John. *A New History of London; Including Westminster and Southwark.* London, 1773. British History Online, http://www.british-history.ac.uk/report.aspx?compid=46738.

Parkinson, Rev. Thomas. *Yorkshire Legends and Traditions, as Told by Her Chroniclers, Her Poets, and Her Journalists.* 2nd series. London: Elliot Stock, 1889.

Percival, John, First Earl of Egmont. *Diary of the First Earl of Egmont.* 3 vols. Great Britain Historical Manuscripts Commission. London: H. M. Stationer's Office, 1923.

Library of Congress. Manuscript Division. Peter Force Library. Peter Force Transcripts. Series 7A, Item 11.

Reese, Trevor, ed. *The Most Delightful Country of the Universe: Promotional Literature of the Colony of Georgia, 1717–1734.* Savannah, Ga.: Beehive Press, 1972.

Sainsbury, Noel J., James Fortescue, Cecil Hedlam, and A. P. Newton, eds. *Great Britain Public Record Office, Calendar of State Papers, Colonial Series: America and the West Indies.* 38 vols. London: 1860–1919.

———. *Records in the British Public Record Office Relating to South Carolina, 1663–1782.* 38 vols. London: 1860–1919.

Salley, A. S. "The Creek Indian Tribes in 1725: Charlesworth Glover's Account of the Indian Tribes of March 15, 1725." *South Carolina Historical and Genealogical Magazine* 32, no. 2 (April 1931): 241–42.

———. *Journal of the Commissioners of the Indian Trade of South Carolina,* September 20, 1710–April 12, 1715. Columbia, S.C.: State Co., 1926.

———. *Journal of the South Carolina Commons House of Assembly, 1736–1739.* Columbia: State Printing Office, 1947.

———. *Narratives of Early Carolina, 1650–1707.* New York: Charles Scribner's Sons, 1911.

———. *Warrants for Lands in South Carolina, 1672–1711.* Vol. 3, *1692–1711.* Columbia: Historical Commission of South Carolina, 1915.

———, ed. *Journal of the South Carolina Commons House of Assembly, 1692–1726.* 16 vols. Columbia: State Printing Office, 1907–45.

South Carolina Assembly and Council. *Appendix to the Report of the Committee of Both Houses of Assembly of the Province of South Carolina, appointed to Enquire into the Causes of the Disappointment of Success, in the Late Expedition against St. Augustine.* London: J. Roberts, 1743.

Stacy, James. *History and Published Records of the Midway Congregational Church, Liberty County, Georgia.* Spartanburg, S.C.: Reprint Co., 1979.

Stephens, William. *A Journal of the Proceedings in Georgia.* 2 vols. Readex Microprint, 1966.

Stewart, John. Letter to William Dunlop, April 27, 1690. *South Carolina Genealogy Society Magazine* 32, no. 1 (January 1930): 30.

Tailfer, Patrick, Hugh Anderson, David Douglas, and others. *A True and Historical Narrative of the Colony of Georgia In America, From the first Settlement thereof until this present period.* Charles Town, S.C.: Peter Timothy, 1741.

Vaughan, Alden T., and Deborah A. Rosen, eds. *Early American Indian Documents: Treaties and Laws, 1607–1789.* Vol. 16, *Carolina and Georgia Laws, 1733–1763.* Frederick, Md.: University Publications of America, 1989.

Walker, George F., ed. *Abstracts of Colonial Georgia Book J, 1755–1762.* Atlanta, Ga.: R. J. Taylor Foundation, 1978.

Ward, W. Reginald, and Richard P. Heitzenrater, eds. *The Works of John Wesley.* Vol. 18, *Journal and Diaries 1 (1735–38).* Nashville, Tenn.: Abingdon Press, 1984.

White, George. *Historical Collections of Georgia.* New York: Pudney and Russell, 1855.

Wood, Virginia Steele, and Mary R. Bullard, eds. *Journal of a Visit to the Georgia Islands of St. Catherines, Green, Ossabaw, Sapelo, St. Simons, Jekyll, and Cumberland, with Comments on the Florida Islands of Amelia, Talbot, and St. George, in 1753.* [Travels of Jonathan Bryan (1708–1788).] N.p.: Mercer University Press in association with Georgia Historical Society, 1996.

Secondary Sources

ACE Basin Watershed Project. http://www.fws.gov/acebasin.

Anderson, Virginia de John. *Creatures of Empire: How Domestic Animals Transformed Early America.* Oxford, UK: Oxford University Press, 2002.

Anzilotti, Cara. *In the Affairs of the World: Women, Patriarchy, and Power in Colonial South Carolina.* Westport, Conn.: Greenwood Press, 2002.

Appleton, Marguerite. "Richard Partridge: Colonial Agent." *The New England Quarterly* 5, no. 2 (April 1932): 293–309.

Baine, Rodney M. "Notes and Documents: Indian Slavery in Colonial Georgia." *Georgia Historical Quarterly* 79, no. 2 (1995): 418–24.

———. "Notes and Documents: Myths of Mary Musgrove." *Georgia Historical Quarterly* 76, no. 2 (1992): 428–35.

Baldwin, Agnes L. *First Settlers of South Carolina, 1670–1700.* Easley, S.C.: Southern Historical Press, 1985.

Banner, Louis. "Biography as History." *American Historical Review* 114, no. 3 (June 2009): 579–86.

Bentley, William G. "Wealth Distribution in Colonial South Carolina." PhD diss., Georgia State University, 1977. ProQuest (AAT 7727359).

Berkin, Carol. "Clio's Daughters: Southern Colonial Women and their Historians." In *The Devil's Lane: Sex and Race in the Early South*, edited by Catherine Clinton and Michele Gillespie, 15–24. New York and London: Oxford University Press, 1997.

Bhatia, Tej K., and William C. Ritchie, eds. *The Handbook of Bilingualism.* Malden, Mass.: Blackwell, 2004.

Blakeborough, Richard. *Wit, Character, Folklore, and Customs of the North Riding of Yorkshire.* 1898. Menston, Yorkshire: Scholar Press, 1973.

Bolton, S. Charles. *Southern Anglicanism: The Church of England in Colonial South Carolina.* Westport, Conn.: Greenwood Press, 1982.

Boyd, Mark F. "Diego Peña's Expedition to Apalachee and Apalachicolo in 1716." *Florida Historical Quarterly* 28 (1949): 1–27.

———. "Documents Describing the Second and Third Expeditions of Lieutenant Diego

Peña to Apalache and Apalachicola in 1718 and 1718." *Florida Historical Quarterly* 31, no. 1 (July 1952): 109–39.

———. "Further Consideration of the Apalachee Missions." *The Americas* 9, no. 4 (April 1953): 459–79.

Braley, Chad O., and Thomas Pluckhahn. *Archaeological Investigations of the Tarver (9JO6) and Little Tarver (9JO198) Sites, Jones County, Georgia.* Athens, Ga.: Southeastern Archaeological Consultants, Inc., 1997.

Braund, Kathryn. *Deerskins and Duffels: The Creek Indian Trade with Anglo-America.* Lincoln: University of Nebraska Press, 1993.

———. "Guardians of Tradition and Handmaidens of Change: Women's Roles in Creek Economic and Social Life during the Eighteenth Century." *American Indian Quarterly* 14, no. 3 (Summer 1990): 239–58.

Breen, T. H., and Stephen Innes. *Myne Owne Ground: Race & Freedom on Virginia's Eastern Shore, 1640–1676.* Oxford: Oxford University Press, 1980.

Brooks, James F. *Captives & Cousins: Slavery, Kinship, and Community in the Southwest Borderlands.* Chapel Hill: University of North Carolina Press, 2001.

Brown, Dee. *Creek Mary's Blood: A Novel.* New York: Holt, Rinehart, and Winston, 1980.

Butler, Yuko G., and Kenji Hakuta, "Bilingualism and Second Language Acquisition." In *The Handbook of Bilingualism,* edited by Tej K. Bhatia and William C. Ritchie, 114–43. Malden, Mass.: Blackwell, 2004.

Caldwell, Joseph. "Palachacolas Town, Hampton County, South Carolina." *Journal of the Washington Academy of Sciences* 38, no. 10 (October 15, 1948): 321–24.

Caldwell, Lee Ann. "A New Deal on a New Frontier: European Women Colonists and Trustee Policy, 1733–1752." *Journal of the Georgia Association of Historians* 16 (1995): 106–26.

Calvert, Karin. *Children in the House: The Material Culture of Early Childhood, 1600–1900.* Boston: Northeastern University Press, 1992.

Carr, Lois, Russell Menard, and Lorena Walsh. *Robert Cole's World: Agriculture and Society in Early Maryland.* Chapel Hill: University of North Carolina Press, 1991.

Carson, Cary, Norman F. Barka, William M. Kelso, Garry Wheeler Stone, and Dell Upton. "Impermanent Architecture in the Southern American Colonies." *Winterthur Portfolio* 16, no. 2/3 (Summer-Autumn 1981): 135–96.

Cashin, Edward J. *Governor Henry Ellis and the Transformation of British North America.* Athens: University of Georgia Press, 1994.

Chadhuri, Jean, and Joyotpaul Chadhuri. *A Sacred Path: The Way of the Muscogee Creeks.* Los Angeles: University of California–Los Angeles Press, 2001.

Chirhart, Ann S., and Betty Wood, eds. *Georgia Women: Their Lives and Times.* Vol. 1. Athens: University of Georgia Press, 2009.

Clayton, T. R. "The Duke of Newcastle, the Earl of Halifax, and the American Origins of the Seven Years' War." *The Historical Journal* 24, no. 3 (September 1981): 571–603.

Clinton, Catherine, and Michele Gillespie, eds. *The Devil's Lane: Sex and Race in the Early South.* New York and London: Oxford University Press, 1997.

Clowse, Converse. *Economic Beginnings in Colonial South Carolina, 1670–1730.* Columbia: University of South Carolina Press, 1971.

Coclanis, Peter. *The Shadow of a Dream: Economic Life and Death in the South Carolina Low Country, 1670–1920.* Oxford, UK: Oxford University Press, 1989.

Coleman, Kenneth. *Colonial Georgia: A History.* New York: Charles Scribner's Sons, 1976.

Collins, Kenneth. "John Wesley's Critical Appropriation of Early German Pietism." *Wesleyan Theological Journal* 27 (1992): 57–92.

Coulter, E. Merton. "Mary Musgrove, 'Queen of the Creeks': A Chapter of Early Georgia Troubles." *Georgia Historical Quarterly* 11, no. 1 (March 1927): 1–30.

Crane, Verner W. *The Southern Frontier, 1670–1732.* 1929. Tuscaloosa: University of Alabama Press, 2004.

Croot, Patricia E. C., ed. *History of the County of Middlesex*, vol. 12 (2004), British History Online, http://www.british-history.ac.uk/report.aspx?compid=28728&strquery=moravians.

Cumming, W. P. *The Southeast in Early Maps.* 3rd ed. Edited by Louis Devorsey. Chapel Hill: University of North Carolina Press, 1999.

Dalcho, Frederick. *An Historical Account of the Protestant Episcopal Church in South Carolina.* 1820. New York: Arno Press, 1972.

Davis, Harold E. *The Fledgling Province: Social and Cultural Life in Colonial Georgia, 1733–1776.* Chapel Hill: University of North Carolina Press, 1976.

Edelson, S. Max. *Plantation Enterprise in Colonial South Carolina.* Cambridge, Mass.: Harvard University Press, 2006.

Edwards, John. "Foundations of Bilingualism." In *The Handbook of Bilingualism*, edited by Tej K. Bhatia and William C. Ritchie, 7–31. Malden, Mass.: Blackwell, 2004.

Elliott, Daniel T. *Sansavilla Bluff: Survey at the Crossroads of the Colonial Georgia Frontier.* LAMAR Institute Publication Series no. 63. American Battlefield Protection Program, grant no. GA-2255-03-010. Box Springs, Ga.: 2005.

Ettinger, Amos Anschbach. *James Edward Oglethorpe: Imperial Idealist.* Oxford, UK: Clarendon Press, 1936.

Eustace, Nicole. *Passion is the Gale: Emotion, Power, and the Coming of the American Revolution.* Chapel Hill: University of North Carolina Press, 2008.

Evans, Lawton B. *First Lessons in Georgia History.* New York: American Book Company, 1913.

Fisher, Doris Behrman. "Mary Musgrove: Creek Englishwoman." PhD diss., Emory University, 1990. ProQuest (AAT 9027908).

Frank, Andrew K. *Creeks and Southerners: Biculturalism on the Early American Frontier.* Lincoln: University of Nebraska Press, 2005.

———. "Mary Musgrove." *New Georgia Encyclopedia Online.* http://www.georgiaencyclopedia.org/nge/Article.jsp?id=h-688.

Friedenwald, Herbert. "Isaac Levy's Claim to Property in Georgia." Publications of the American Jewish Historical Society no. 9. Baltimore, Md.: Lord Baltimore Press, 1901.

Fryer, Darcy. "'Improved' and 'Very Promising Children': Growing Up Rich in Eighteenth-Century South Carolina." In *Children in Colonial America*, edited by James Marten, 104–15. New York: New York University Press, 2007.

Fur, Gunlong. *A Nation of Women: Gender and Colonial Encounters among the Delaware Indians.* Philadelphia: University of Pennsylvania Press, 2009.

Gallay, Alan. *The Formation of a Planter Elite: Jonathan Bryan and the Southern Colonial Frontier.* Athens: University of Georgia Press, 1989.

———. *The Indian Slave Trade: The Rise of the English Empire in the American South, 1670–1717.* New Haven, Conn.: Yale University Press, 2002.

Georgia Women of Achievement. Web site. http://www.georgiawomen.org.

Gillespie, Michele. "The Sexual Politics of Race and Gender: Mary Musgrove and the Georgia Trustees." In *The Devil's Lane: Sex and Race in the Early South*, edited by Catherine Clinton and Michele Gillespie, 187–202. New York: Oxford University Press, 1997.

Goody, Jack. *The Domestication of the Savage Mind.* Cambridge, UK: Cambridge University Press, 1977.

Gould, Stephen Jay. *The Mismeasure of Man.* New York: W. W. Norton, 1996.

Granger, Mary. *Savannah River Plantations.* Savannah Writers' Project. Savannah: Georgia Historical Society, 1947.

Green, Michael. "Mary Musgrove: Creating a New World." In *Sifters: Native American Women's Lives,* edited by Theda Perdue, 29–47. New York: Oxford University Press, 2001.

———. *The Politics of Indian Removal: Creek Government and Society in Crisis.* Lincoln: University of Nebraska Press, 1982.

Green, Rayna D. "Three Poems." *Frontiers: A Journal of Women Studies* 6, no. 3 (Autumn 1981): 39–41.

Greiert, Steven G. "The Earl of Halifax and British Colonial Policy: 1748–56." PhD diss., Duke University, 1976. ProQuest (AAT 7701070).

Groover, Mark D., and Richard D. Brooks. "The Catherine Brown Cowpen and Thomas Howell Site: Material Characteristics of Cattle Raisers in the South Carolina Backcountry." *Southeastern Archaeology* 22, no. 1 (2003): 92–111.

Gundersen, Joan. "Kith and Kin: Women's Networks in Colonial Virginia." In *The Devil's Lane: Sex and Race in the Early South,* edited by Catherine Clinton and Michele Gillespie, 90–108. New York and London: Oxford University Press, 1997.

Haan, Richard L. "'The Trade Do's Not Flourish as Formerly': The Ecological Origins of the Yamasee War of 1715." *Ethnohistory* 28, no. 4 (Fall 1982): 341–57.

Haas, Mary R. "Ablaut and Its Function in Muskogee." *Language* 16, no. 2 (April–June 1940): 141–50.

———. "Classificatory Verbs in Muskogee." *International Journal of American Linguistics* 14, no. 4 (October 1948): 244–46.

———. "Dialects of the Muskogee Language." *International Journal of Linguistics* 11, no. 2 (April 1945): 69–74.

———. "Geminate Consonant Clusters in Muskogee." *Language* 14, no. 1 (January–March, 1938): 61–65.

Hagedorn, Nancy L. "'A Friend to go between Them': The Interpreter as Cultural Broker during Anglo-Iroquois Councils, 1740–70." *Ethnohistory* 35, no. 1 (Winter 1988): 60–80.

Hahn, Steven C. *The Invention of the Creek Nation, 1670–1763.* Lincoln: University of Nebraska Press, 2004.

Hann, John. *Apalachee: The Land Between the Rivers.* Gainesville: University Presses of Florida, 1988.

Hewatt, Alexander S. *An Historical Account of the Rise and Progress of the Colonies of South Carolina and Georgia.* 2 vols. London: Alexander Donaldson, 1779.

Hodes, Martha, ed. *Sex, Love, Race: Crossing Boundaries in North American History.* New York: New York University Press, 1999.

Hoffman, Ronald, Mechal Sobel, and Fredrika J. Teute, eds. *Through a Glass Darkly: Reflections on Personal Identity in Early America.* Chapel Hill: University of North Carolina Press, 1997.

Hudson, Charles M. *Conversations with the High Priest of Coosa.* Chapel Hill: University of North Carolina Press, 2003.

———. *The Southeastern Indians.* Knoxville: University of Tennessee Press, 1976.

Hudson, Sarah Pulley. "Imagining Mary Musgrove: 'Georgia's Creek Indian Princess' and Southern Identity." In *Feminist Interventions in Early American Studies,* edited by Mary C. Carruth, 112–25. Tuscaloosa: University of Alabama Press, 2006.

Humes-Bartlo, Margaret. "Variation in Children's Ability to Learn Second Languages." In *Bilingualism Across the Lifespan: Aspects of Acquisition, Maturity, and Loss,* edited by Kenneth Hyltenstam and Loraine K. Obler, 41–54. Cambridge, UK: Cambridge University Press, 1989.

Hyltenstam, Kenneth, and Loraine K. Obler, eds. *Bilingualism Across the Lifespan: Aspects of Acquisition, Maturity, and Loss.* Cambridge, UK: Cambridge University Press, 1989.

Ingledew, Christopher. *The Ballads and Songs of Yorkshire.* London: Bell and Daldy, 1860.

Ingersoll, Thomas. *To Intermix With Our White Brothers: Indian Mixed Bloods in the United States from the Earliest Times to the Indian Removals.* Albuquerque: University of New Mexico Press, 2005.

Ivers, Larry E. *British Drums on the Southern Frontier: The Military Colonization of Georgia, 1733–1749.* Chapel Hill: University of North Carolina Press, 1974.

Jenkins, Charles Francis. *Button Gwinnett: Signer of the Declaration of Independence.* 1926. Spartanburg, S.C.: Reprint Company, 1974.

Juricek, John T. *Colonial Georgia and the Creeks, 1733–1763.* Gainesville: University Press of Florida, 2010.

Karlsen, Carol. *The Devil in the Shape of a Woman: Witchcraft in Colonial New England.* New York: W. W. Norton, 1987.

Kessler-Harris, Alice. "Why Biography?" *American Historical Review* 114, no. 3 (June 2009): 625–30.

Klingberg, Frank J. "The Mystery of the Lost Yamassee Prince." *South Carolina Historical Magazine* 63 (1962): 18–32.

Lankford, George. "Red and White: Some Reflections on Southeastern Symbolism." *Southern Folklore* 50 (1993): 54–80.

Lanning, John Tate. *A Diplomatic History of Georgia: A Study of the Epoch of Jenkins' Ear.* Chapel Hill: University of North Carolina Press, 1936.

Lewis, Samuel. *A Topographical Dictionary of England.* 7th ed. London: 1848.

Logan, John H. *A History of the Upper Country of South Carolina.* Charleston, S.C.: S.G. Courtenay and Co., 1859.

M'Call, Hugh. *The History of Georgia, Containing Brief Sketches of the Most Remarkable Events up to the Present Day.* Vol. 1. Savannah, Ga.: Seymour and Williams, 1811.

Malcomson, Scott L. *One Drop of Blood: The American Misadventure of Race.* New York: Farrar, Straus and Giroux, 2000.

Marten, James, and Philip Greven, eds. *Children in Colonial America.* New York: New York University Press, 2006.

Martin, Jack, and Margaret M. Mauldin. *A Dictionary of Creek/Muskogee, with Notes on the Florida and Oklahoma Seminole Dialects of Creek.* Lincoln: University of Nebraska Press, 2000.

Martin, Sarah H. *More than Petticoats: Remarkable Georgia Women.* Guilford, Conn.: Two Dot Press, 2003.

Mason, Carol. "Archaeology of Ocmulgee Old Fields, Macon, Georgia." PhD diss., University of Michigan, 1963. ProQuest (AAT 6400857).

McEwan, Bonnie G., ed. *Indians of the Greater Southeast: Historical Archaeology and Ethnohistory.* Gainesville: University Press of Florida, 2000.

Meisel, Jürgen M. "The Bilingual Child." In *The Handbook of Bilingualism,* edited by Tej K. Bhatia and William C. Ritchie, 91–113. Malden, Mass.: Blackwell, 2004.

Meriwether, Robert. *The Expansion of South Carolina, 1729–1765.* Philadelphia: Porcupine Press, 1974.

Merrens, H. Roy, and George D. Terry. "Dying in Paradise: Malaria, Mortality, and the Perceptual Environment in Colonial South Carolina." The Journal of Southern History 50, no. 4 (November 1984): 533–550.

Monaghan, Jennifer L. *Learning to Read and Write in Colonial America.* Amherst: University of Massachusetts Press, 2005.

Morris, Michael. "Emerging Gender Roles for Southeastern Indian Women: The Mary Musgrove Story Reconsidered." *Georgia Historical Quarterly* 89, no. 1 (Spring 2005): 1–16.

———. "The Peculiar Case Of Mary Musgrove Matthews Bosomworth: Colonial Georgia's Forgotten Leader, 1733–1759." *International Social Science Review* 71, nos. 1–2 (1996): 14–23.

Muldrew, Craig. *The Economy of Obligation: The Culture of Credit and Social Relations in Early Modern England.* New York: St. Martin's, 1998.

Nash, Gary. "The Hidden History of Mestizo America." In *Sex, Love, Race: Crossing Boundaries in North American History,* edited by Martha Hodes, 10–32. New York: New York University Press, 1999.

New Georgia Encyclopedia. Web site. http://www.georgiaencyclopedia.org.

Norton, Mary Beth. *Founding Mothers and Fathers: Gendered Power and the Forming of American Society.* New York: Vintage, 1997.

———. "Gender and Defamation in Seventeenth-Century Maryland." *WMQ* 44, no. 1 (January 1987): 4–39.

Oatis, Steven J. *A Colonial Complex: South Carolina's Frontiers in the Era of the Yamasee War, 1680–1730.* Lincoln: University of Nebraska Press, 2005.

Otto, John S. "The Origins of Cattle Ranching in Colonial South Carolina, 1670–1715." *South Carolina Historical Magazine* 87, no. 2 (April 1986): 117–24.

Parkinson, Thomas. *Yorkshire Legends and Traditions.* New York: Arno, 1977.

Pennington, Edgar L. "The South Carolina Indian War of 1715, as Seen by the Clergymen." *SCHGM* 32, no. 4 (October 1931): 256–57.

Perdue, Theda. *Cherokee Women: Gender and Culture Change, 1700–1835.* Lincoln: University of Nebraska Press, 1998.

———. *"Mixed Blood" Indians: Racial Construction in the Early South.* Athens: University of Georgia Press, 2003.

———, ed. *Sifters: Native American Women's Lives.* Oxford: Oxford University Press, 2001.

Picard, Liza. *Dr. Johnson's London.* New York: St. Martin's, 2000.

Piker, Joshua. "Colonists and Creeks: Rethinking the Pre-Revolutionary Southern Backcountry." *Journal of Southern History* 70, no. 3 (August 2004): 503–40.

Preston, David L. *The Texture of Contact: European and Indian Settler Communities on the Frontiers of Iroquoia, 1667–1783.* Lincoln: University of Nebraska Press, 2009.

Ramsey, William L. "'Something Cloudy in their Looks': The Origins of the Yamasee War Reconsidered." *Journal of American History* 90, no. 1 (June 2003): 44–75.

———. *The Yamasee War: A Study of Culture, Economy, and Conflict in the Colonial South.* Lincoln: University of Nebraska Press, 2007.

Rath, Richard C. *How Early America Sounded.* Ithaca, N.Y.: Cornell University Press, 2003.

Robinson, W. Stitt. *James Glen: From Scottish Provost to Royal Governor of South Carolina.* Westport, Conn.: Greenwood Press, 1996.

Roper, L. H. *Conceiving Carolina: Proprietors, Planters, and Plots, 1662–1729.* New York: Palgrave Macmillan, 2004.

Rountree, Helen. "Powhatan Indian Women: The People Captain John Smith Barely Saw." *Ethnohistory* 45, no. 1 (Winter 1998): 1–29.

Salmon, Marylynn. "Women and Property in South Carolina: The Evidence from Marriage Settlements, 1730 to 1830." *William and Mary Quarterly* 39, no. 4 (October 1982): 655–85.

Savannah Media Center. Web site. http://www.seda.org/content.php?section=media_center&release=47.

Schwartz, Richard B. *Daily Life in Johnson's London.* Madison: University of Wisconsin Press, 1983.

Shammas, Carol. "The Domestic Environment in Early-Modern England and America." *Journal of Social History* 14, no. 1 (Autumn 1980): 3–24.

Sherman, Richard P. *Robert Johnson: Proprietary and Royal Governor of South Carolina.* Columbia: University of South Carolina Press, 1966.

Shoemaker, Nancy. "An Alliance between Men: Gender Metaphors in Eighteenth-Century Indian Diplomacy East of the Mississippi." *Ethnohistory* 46, no. 2 (Spring 1999): 239–63.

———. *A Strange Likeness: Becoming Red and White in Eighteenth-Century Colonial America.* Oxford, UK: Oxford University Press, 2004.

Simms, William Gilmore. "'Queen Mary': An Authentic Passage from the Early History of Georgia." *The United States Magazine and Democratic Review* 10, no. 44 (February 1842): 144–156.

Sirmans, M. Eugene. *Colonial South Carolina: A Political History, 1663–1763.* Chapel Hill: University of North Carolina Press, 1966.

Smits, David D. "'Abominable Mixture': Toward the Repudiation of Anglo-Indian Intermarriage in Seventeenth-Century Virginia." *Virginia Magazine of History and Biography* 95, no. 2 (April 1987): 157–92.

Snell, William R. "Indian Slavery in Colonial South Carolina, 1671–1795." PhD diss., University of Alabama, 1972. ProQuest (AAT 7319561).

Snyder, Christina. *Slavery in Indian Country: The Changing Face of Captivity in Early America.* Cambridge, Mass.: Harvard University Press, 2010.

Statham, Frances P. *Call the River Home.* New York: Fawcett Columbine, 1991.

Swanton, John R. Early History of the Creek Indians and their Neighbors. U.S. Bureau of American Ethnography Bulletin, no. 103. Washington, D.C.: Government Printing Office, 1922.

———. *Indian Tribes of the Southeastern United States.* U.S. Bureau of American Ethnology Bulletin, no. 137. Washington, D.C.: Government Printing Office, 1946.

———. *Myths and Tales of the Southeastern Indians.* Norman: University of Oklahoma Press, 1995.

———. "Social Organization and Social Usages of the Creek Confederacy." *42nd Annual Report of the Bureau of American Ethnology.* Washington, D.C.: Government Printing Office, 1928.

Sweet, Julie Ann. "John Musgrove: The First British-Creek Mediator in Georgia." *Native South* 2 (2009): 23–50.

———. "Mary Musgrove: Maligned Mediator or Mischievous Malefactor." In *Georgia Women: Their Lives and Times*, vol. 1, edited by Ann Short Chirhart and Betty Wood, 11–32. Athens: University of Georgia Press, 2009.

———. *Negotiating for Georgia: British-Creek Relations in the Trustee Era, 1733–1752.* Athens: University of Georgia Press, 2005.

———. *William Stephens: Georgia's Forgotten Founder.* Baton Rouge: Louisiana State University Press, 2010.

Szasz, Margaret C. *Indian Education in the American Colonies, 1607–1783.* Albuquerque: University of New Mexico Press, 1988.

Terry, George D. "'Champaign Country': A Social History of an Eighteenth Century Low-country Parish in South Carolina, St. Johns Berkeley County." PhD diss., University of South Carolina, 1981. ProQuest (AAT 8123442).

Todd, Helen. *Mary Musgrove: Georgia Indian Princess.* Chicago: Adams Press, 1981.

Trinkley, Michael, and Sarah Fick. "Rice Cultivation, Processing, and Marketing in the Eighteenth Century." Liberty Hall Research Series no. 62. Chicora Foundation: 2003.

Tyreman, Rev. Luke. *The Life and Times of John Wesley.* London: Hodder and Stoughton, 1876.

———. *The Oxford Methodists.* New York: Harper and Brothers, 1873.

Ulrich, Laurel Thatcher. *Good Wives: Image and Reality in the Lives of Women in Northern New England, 1650–1750.* New York: Vintage Books, 1991.

———. *A Midwife's Tale: The Life of Martha Ballard, Based on Her Diary, 1785–1812.* New York: Vintage Books, 1990.

United States Department of Interior, Southeastern Archaeological Center, Jacksonville, Fla. "Stratigraphic Survey Volume for the Big Sandy #1 Site." Survey notes by A. R. Kelly and G. Willey, ca. 1939. SEAC accession no. 244.

Van Kirk, Sylvia. *Many Tender Ties: Women in Fur-Trade Society, 1670–1870.* Norman: University of Oklahoma Press, 1983.

Wilson, Lisa. *Life after Death: Widows in Pennsylvania, 1750–1850.* Philadelphia: Temple University Press, 1992.

Wood, Betty. *Slavery in Colonial Georgia, 1733–1775.* Athens: University of Georgia Press, 1984.

Wood, Peter. *Black Majority: Negroes in South Carolina from 1670 through the Stono Rebellion.* New York: W. W. Norton, 1996.

Worth, John. "The Lower Creeks." In *Indians of the Greater Southeast: Historical Archaeology and Ethnohistory,* edited by Bonnie G. McEwan, 265–98. Gainesville: University Press of Florida, 2000.

Wright, J. Leitch. *The Only Land They Knew.* New York: Free Press, 1981.

Wulf, Karin. *Not All Wives: Women of Colonial Philadelphia.* Ithaca, N.Y.: Cornell University Press, 2000.

Zellar, Gary. *African Creeks: Estelvste and the Creek Nation.* Norman: University of Oklahoma Press, 2007.

Index

Africans, 38, 43, 64. *See also* Slaves

Agriculture, 33–34, 119, 139. *See also* Corn/ Maize; Rice

Alcoholism/alcohol abuse. *See* Drunkenness

Ambition/social status, 5, 57–58, 66, 73–74, 170, 182

Anglicans, 34–35, 68; education conforming to, 46–49; rise in South Carolina, 43; Wesley critical of, 108–9. *See also* Bosomworth, Thomas

Apalachee, 25–26

Archeological finds, 1–8, 84, 119; illustrations of, 143–48

Atasi King, 200

Atkin, Edmund, 228–29

Baptism, 36, 45, 47; Jones infant's, 110–11; Mary's, 31, 49, 106–7; of Mary's niece and nephews, 126–27, 130–31; Watson's mock, 95

Baptists, 34

Baronial grants, 77–78

"Bastard" children, 60, 131–32, 139, 218

Bellarmine jar, 84–85, 144

Bible, 37, 43, 45–46, 104

Biculturalism: Georgia rejecting, 151; "Indian John" Musgrove and, 60; Mary's, 7, 32, 35–54, 56–57, 170, 204, 234; multicultural enclaves and 83, 65, 118

Bilingualism, 40–43, 65–66, 85

Bosomworth, Abraham, 168, 171, 176, 181, 185, 230–31

Bosomworth, Adam, 152, 178–79, 210, 221–22; and Elizabeth, 231

Bosomworth, Mary, 55, 149–235

Bosomworth, Thomas, 55, 149–58; as Anglican priest, 153–55, 176, 178, 221, 231; chronic debt of, 149, 161; early years of, 151–53; "entitlement" of, 154–55; legal skills of, 184; lengthy 1756 narrative of, 221; reasons for marrying, 158; returning to England, 156, 160–61; second wife and son of, 231; as soldier, 155–56

Bosomworth controversy, 115, 174, 219; Malatchi's role in, 164, 172, 180, 207–8

Bosomworth couple: almost undone by Georgia, 188; long-planned England trip of, 176–77, 187, 190–91, 210; "Savannah incident" and, 174–89, 227; self-interest of, 200–201, 235; twilight of, 229–31

Branding marks, 61, 72

Brims, 14, 18, 124, 163, 171, 201, 206, 214

Catechism, 46–49

Cattle ranching, 34, 56, 59, 66–68, 71–74, 83–84; on St. Catherine's Island, 164, 230

Causton, Thomas, 96–97, 100–101, 109–10, 158, 165

Charles Town, 15, 63, 77, 106, 205; applying to be agents in, 175; deerskins important to, 23; Indian trade in, 16–17; Indians sold in, 25; refugees in, 51, 54; Thomas lying low in, 185; worried about Spain, 120–21

Cherokees, 175, 189, 201, 228–29

STEVEN C. HAHN is associate professor of history at St. Olaf College and author of *The Invention of the Creek Nation, 1670–1763.*

10, 11, 12, 13 SEPTEMBRE 1910

Le Millénaire de Cluny

SOUVENIRS RELIGIEUX ET LITTÉRAIRES

Discours de S. E. le Card. Luçon
de NN. SS. Gauthey
Béguinot
du Vauroux
Villard
Baudrillart
du R. P. Dom Cabrol
de MM. René Bazin
E. Babelon
Imbart de la Tour

PARIS

P. LETHIELLEUX, LIBRAIRE-ÉDITEUR

10, RUE CASSETTE, 10

LE

MILLÉNAIRE DE CLUNY

10, 11, 12 septembre 1910

LE MILLÉNAIRE

DE

CLUNY

10, 11, 12 SEPTEMBRE 1910

SOUVENIRS RELIGIEUX ET LITTÉRAIRES

PARIS

P. LETHIELLEUX, LIBRAIRE-ÉDITEUR

10, RUE CASSETTE, 10

Le présent ouvrage est publié par les soins de SA GRANDEUR MGR VILLARD, évêque d'Autun, Chalon et Macon.

LETTRE PASTORALE

MONSEIGNEUR L'ÉVÊQUE D'AUTUN, CHALON ET MACON

ANNONÇANT

LES FÊTES RELIGIEUSES CÉLÉBRÉES

A L'OCCASION

Du millénaire de la fondation de l'abbaye de Cluny

(910-1910)

———— ❧ ————

Autun, le 29 août 1910, en la fête de la
Décollation de saint Jean-Baptiste.

NOS TRÈS CHERS FRÈRES,

Le Millénaire de la fondation de l'Abbaye de Cluny va
se célébrer solennellement les 10, 11 et 12 septembre.
C'est un événement diocésain et national qui réunira
dans l'admiration reconnaissante le clergé, les lettrés de
France et les habitants du Mâconnais. Son Éminence le
Cardinal Luçon, archevêque de Reims, qui a bien voulu
nous promettre sa présence, se verra entouré d'Archevêques et d'Évêques, en même temps que d'Abbés de monastères bénédictins qui viendront à nous de la terre
d'exil.

C'est le zélé pasteur de l'antique église clunisienne de
Notre-Dame, dont l'esprit vit des souvenirs bénédictins,
qui nous a rappelé la date mémorable du 11 septembre
910, jour où fut signée la charte de fondation du monas-

tère par Guillaume le Pieux, duc d'Aquitaine, en son palais de Bourges, à la demande de Bernon, Abbé de Baume, et d'Hugues, Abbé de Saint-Martin d'Autun. Aussitôt nous avons annoncé aux fidèles notre projet d'en solenniser le Millénaire. Bien vite l'Académie de Mâcon et par elle l'Institut de France, ainsi que la ville de Cluny, adoptèrent cette idée qu'elles firent leur, et chacun dans sa sphère a rivalisé pour en assurer le succès.

A la Religion revenait cette initiative : sa mission n'est-elle pas de relier la terre au ciel, en unissant, par la prière, les générations successives? Ne doit-elle pas garder de l'oubli les gloires de ses grands hommes, de ses saints, afin de tirer de leur vie des exemples, de leurs œuvres des leçons, de leur sainteté une protection? L'éloignement ne fait qu'accroître leur prestige; ainsi mille ans écoulés mettent encore plus en relief la lignée d'Abbés tels que Bernon, saint Odon, saint Odilon, saint Hugues, saint Mayeul ou Pierre le Vénérable. L'histoire, la littérature, l'art et la sociologie trouveront des voix éloquentes pour exprimer les services rendus par les Bénédictins à la science et à l'humanité. A nous, il importe de faire revivre leur foi, leurs vertus monastiques et leur piété. Ils ont créé nos traditions chrétiennes; « au siècle de fer et de plomb », ils ont défriché les âmes par leur indomptable énergie, plus encore que nos forêts, à la sueur de leur front. Par eux, Cluny a rayonné sur deux mille abbayes et jusque sur le trône pontifical. Quatre papes, saint Grégoire VII, le bienheureux Urbain II, Pascal II et Calixte II, en sont sortis pour monter sur le trône de saint Pierre. Pionniers de la civilisation, nos moines ont été les héros de l'indépendance de l'Église catholique.

Aussi bien, convenait-il que nous demandions au Souverain Pontife de daigner consacrer cet anniversaire séculaire par sa suprème et paternelle bénédiction. Son Éminence le Cardinal Secrétaire d'État nous transmet la réponse dont Sa Sainteté nous a honoré. Sa lettre est datée du 25 août, fête de saint Louis, roi de France, coïncidence frappante, en cette occasion où la visite du saint roi à Cluny doit être rappelée d'une manière éclatante. Écoutons la lecture de ces deux documents :

Du Vatican, le 25 août 1910.

MONSEIGNEUR,

C'est avec une toute particulière satisfaction que Sa Sainteté a appris, par votre récente lettre, que vous allez prochainement célébrer, par des fêtes solennelles, le Millénaire de la fondation de l'Abbaye bénédictine de Cluny, en votre diocèse.

Il m'est bien agréable de transmettre aujourd'hui, à Votre Grandeur, la Lettre Autographe que le Saint-Père a daigné vous adresser, en cette mémorable circonstance; et par laquelle Il vous accorde les différentes faveurs que vous vouliez bien solliciter à cette occasion.

Je suis heureux d'unir mes sentiments et mes vœux personnels à ceux du Saint-Père, et je vous prie d'agréer, Monseigneur, l'assurance de mon entier dévouement en Notre-Seigneur.

R. Card. MERRY DEL VAL.

A notre Vénérable Frère Raymond VILLARD,
évêque d'Autun, PIE X, PAPE [1]

Vénérable Frère, Salut et Bénédiction apostolique.

L'annonce qui Nous a été faite des solennités que l'on prépare pour fêter le Millénaire de la fondation du monastère de

---

1. Venerabili Fratri Raymundo VILLARD, Episcopo Augustodunensium,
PIUS PAPA X

Venerabilis Frater, salutem et Apostolicam benedictionem.

Quod significatum est Nobis, istic apparari solemnia elabentis decimi

8 LE MILLÉNAIRE DE CLUNY.

la Famille Bénédictine à Cluny nous a été particulièrement
agréable.

Il est juste, en effet, et il ne sera pas sans utilité de rappeler le souvenir de cet Ordre ancien, surtout à ces villes auxquelles il a procuré tant d'avantages et tant de gloire. De plus,
ces fêtes commémoratives, que l'affluence des habitants de la
cité et des étrangers, rivalisant pour ainsi dire de piété et de
respect, rendra plus magnifiques encore, seront pour les
populations une preuve de l'indignité des efforts qui sont faits
pour susciter la haine contre ceux que le peuple chrétien a
coutume de regarder, non seulement comme des amis, mais
comme des pères.

Nous avons donc lieu de rendre grâces à Dieu de ce qu'il a
permis que les enfants de saint Benoît soient réconfortés par
ce nouveau témoignage de reconnaissance qui les encouragera
et leur donnera des forces pour entreprendre de plus grandes

saeculi a coenobio Benedictinae Familiae Cluniaci condito, admodum pla-
cuit. Æquum est enim, nec fructu vacuum, antiqui ordinis renovare
memoriam, praesertim in iis civitatibus, quibus ille tantum attulit utilita-
tis et gloriae. Eadem praeterea commemoratio, quam et civium et advena-
rum frequentia, quasi quodam pietatis et obsequii certamine nobiliorem
efficiet, documento erit gentibus, indigno conatu in eos invidiam conflari,
quos christianus populus parentum loco, nedum amicorum, habere con-
suevit. Est igitur cur Deo gratias agamus, quod siverit Benedictinos
alumnos novo memoris animi testimonio recreari, quo erecti queant ad
majora etiam capessenda redintegrare vires, pergantque invicto animo
errores profligare, de religione ac de omni humanitate optime, sicut ante,
mereri, suique nominis famam serae posteritati commendare. Haec ex
animo vota concipimus; haec certa fiducia, Deo juvante, ominamur. Inte-
rim ut gaudio vestro significatio aliqua nostrae voluntatis accedat, liben-
ter concedimus, primum ut qui statis in triduum supplicationibus aderunt
plenissimam peccatorum indulgentiam lucrentur, quae applicari queat,
per modum suffragii, etiam piis animis in igne piaculari detentis; deinde
ut sacrorum antistites iisdem diebus, missa ritu pontificali absoluta, Nostro Nomine populo benedicant; denique ut per idem tempus divinum per-
solvatur officium de sanctis Odilone et Mayeul, abbatibus Cluniacensibus.
Ut autem omnia rite prospereque succedant, divinae auspicem gratiae ac
singularis nostrae benevolentiae testem Apostolicam benedictionem tibi,
Venerabilis Frater, religiosis Benedictinae Familiae sodalibus ac fideli
populo tuae curae commisso peramanter impertimus.

Datum Romae apud S. Petrum die XXII mensis Sextilis anno MDCCCCX,
pontificatus Nostri octavo.

PIUS PP. X.

choses; pour continuer à combattre les erreurs avec un invi
cible courage; à bien mériter, comme ils l'ont fait dans l
passé, de la religion et de l'humanité entière; et pour tran
mettre à la postérité la plus reculée la gloire de leur nom
Voilà les vœux que Nous formons du fond de Notre cœur; voil
ce qui se réalisera, Dieu aidant, Nous en avons l'espoir certai

Et maintenant, pour ajouter un témoignage de Notre bien
veillance, qui augmentera votre joie, Nous accordons volon
tiers :

1° Que ceux qui assisteront au Triduum de prières gagnen
une Indulgence très plénière de leurs péchés, applicable pa
mode de suffrage aux pieuses âmes détenues dans les flamme
du Purgatoire;

2° Qu'à l'issue de la messe célébrée pontificalement pendan
ce même Triduum, les Évêques bénissent le peuple en Notr
nom;

3° Enfin, que pendant ce même temps soit célébré l'offic
des saints Odilon et Mayeul, abbés de Cluny.

Et pour le succès de ces pieux exercices et leur bon accom
plissement, comme gage de la grâce divine et comme preuv
de Notre spéciale bienveillance, à vous, Vénérable Frère, au.
Religieux membres de la Famille Bénédictine et au peupl
fidèle confié à votre sollicitude, Nous accordons très affec
tueusement la Bénédiction apostolique.

Donné à Rome, auprès de Saint-Pierre, le 22 du moi.
d'août 1910.

De Notre pontificat l'an huitième.   PIE X, PAPE.

Le Saint-Père veut donc que le souvenir des Bénédictins, d'il y a dix siècles, serve encore aux catholiques
contemporains, afin de leur inspirer reconnaissance et
vénération envers ceux qu'ils appellent justement « des
amis et des pères ». Aux sources antiques du dévouement, les religieux d'aujourd'hui puiseront la force de
rivaliser avec leurs aînés, puisque les « moines et les
chênes sont éternels [1] ». Mais aussi, grâce à la bénédic-

1. Lacordaire.

tion et à la bonté du Pape, la charité du monastère s'exercera encore. Jadis, il nourrissait dix-sept mille pauvres chaque année, et saint Odilon, pitoyable aux défunts, fonda la fête des Trépassés. Vous n'avez pas oublié, nos très chers Frères, les solennités organisées par notre pieux et vénéré Cardinal Perraud, lors du neuvième centenaire de cette institution. Aujourd'hui, usant des suffrages et des mérites des saints bénédictins clunisiens, les pèlerins du Millénaire pourront soulager les âmes en souffrance au Purgatoire en leur obtenant pleine indulgence. Puissiez-vous, nos chers diocésains, profiter nombreux de ces avantages spirituels !

Puissiez-vous aussi accompagner Son Éminence et Nosseigneurs les Évêques qui couronneront leur visite à Cluny par un pèlerinage à Paray-le-Monial, le mardi 13 septembre ! Nous ne saurions oublier que saint Hugues a bâti la Basilique de Paray, et que la terre chérie entre toutes du Cœur de Jésus était un prieuré dépendant de l'Abbaye clunisienne. Nous convions donc Messieurs les Curés, principalement ceux de la région charollaise, à grouper le plus possible de leurs paroissiens pour ce dernier rendez-vous où s'achèveront nos fêtes bénédictines.

Dignement célébrées, qu'elles renouvellent notre alliance diocésaine avec la Famille de saint Benoît ! Que de la patrie du ciel, jouissant éternellement de la Paix divine dont ils ont fait leur devise ici-bas, *Pax*, ses fils protègent sans cesse les quatre-vingts églises qu'ils ont construites à l'entour de Cluny ! Au dire de Raoul Glaber, le moine chroniqueur, « elles couvraient notre pays d'une blanche robe ». Avec les ans, elle a noirci, mais debout sont encore ces ex-voto d'un passé de foi et de prière que nous voudrons toujours sauver des ruines du temps et de l'impiété.

Agréez, nos très chers Frères, l'assurance de notre paternel dévouement en Notre-Seigneur.

† Henri-Raymond,

Évêque d'Autun, Chalon et Mâcon.

bruyère ou bien, çà et là, des fleurs artificielles tranchent sur la teinte sombre de la verdure.

Une même sobriété et la même distinction ont présidé à l'ornementation des églises.

A Saint-Marcel, que nous rencontrons d'abord, des guirlandes de buis courent, en élégants festons, le long des murs de la nef; d'espace en espace, se font suite des écussons, surmontés de faisceaux de drapeaux, avec les armes ou les devises des abbés ou des personnages les plus célèbres de Cluny. L'autel est élégamment orné et couvert d'une très belle nappe, brodée aux armes de l'abbaye.

Notre-Dame, ce bijou de style gothique bourguignon, n'a pas à souffrir, comme il arrive trop souvent, d'une accumulation d'oriflammes et de tentures. M. l'abbé Lauvernier eut l'ingénieuse idée d'écrire, en raccourci, sur les murs de son église, l'histoire de Cluny. La voûte, en effet, est enserrée entre les armes du Souverain Pontife, seul suzerain de l'abbaye, et celles des évêques d'Autun, ses chefs spirituels d'aujourd'hui. Au-dessus de l'autel, figurent les armes des grands abbés Bernon, Odon, Mayeul, Odilon, Hugues, Pierre le Vénérable; dans le chœur, s'inscrivent les écussons de ses évêques.

Une inscription gravée sous l'horloge rappelle les deux dates 910-1910, et que le monastère fut un foyer pour la « science, les arts, la civilisation et la religion ». Dans la grande nef, voici les noms des papes issus de Cluny. Entre les colonnes et les chapiteaux, des draperies rouges, dessinant les arceaux gothiques, portent en lettres d'or les vocables des nombreuses filiales de l'abbaye; et, dans les basses nefs, sont placées les armes de ses cardinaux et principaux abbés.

L'église Notre-Dame n'a qu'un défaut : elle est trop étroite pour contenir la foule qui vient assister chaque matin aux grand'messes pontificales, et, chaque soir, entendre les magistrales conférences de NN. SS. Gauthey, du Vauroux et Baudrillart. Pour évoluer à l'aise, il eût fallu le vaisseau immense de l'église élevée par saint Hugues. Quelle majesté, alors, eussent revêtue nos cérémonies !....

Mais trêve de mélancolie. Nous sommes venus moins pour pleurer sur des ruines que pour célébrer la mémoire d'un glorieux passé.

CONGRÈS DU MILLÉNAIRE

SÉANCE SOLENNELLE D'OUVERTURE

Le congrès archéologique et historique du Millénaire s'ouvrit, le samedi 10 septembre, à neuf heures, dans un ancien dortoir du premier étage de l'abbaye où s'entassait le flot des assistants.

M. Virey, président de l'Académie de Mâcon, présidait, ayant à ses côtés : Mgr Villard, évêque d'Autun; MM. René Bazin, délégué de l'Académie française, qui avait revêtu l'habit vert; Babelon, délégué de l'Académie des inscriptions, également en académicien; Imbart de la Tour, délégué de l'Académie des sciences morales; Bernier, de l'Académie des beaux-arts; Héron de Villefosse, de Lasteyrie, Édouard Aynard, dom Cabrol, dom Besse, Picot, Cagnat, Châtelain, de Franqueville; abbé Thédenat; Duréault, secrétaire perpétuel de l'Académie de Mâcon, et le bureau.

NN. SS. Dubillard, Seton, Gauthey, Lobbedey, Manier, Baudrillart, avaient pris place au premier rang des assistants, ainsi qu'un certain nombre d'abbés.

M. Virey ouvre le congrès par un remarquable discours

que nous regrettons de ne pouvoir publier intégralement.

Il évoque la grande image de Cluny, capitale intellectuelle du moyen âge, délicieuse oasis de lumière et de paix. Il rappelle les noms de ses saints : de Hugues, constructeur de cette splendide église qui n'avait de supérieure en majesté que Saint-Pierre de Rome ; de Pierre le Vénérable, âme charmante, esprit libéral et cultivé. « Plus tard, dit l'orateur, Cluny ne sera plus qu'un corps sans âme ; une proie entre les mains des puissants du jour, mais le corps subsistait.... »

Après un hommage rendu à la mémoire de Léopold Delisle, qui devait présider le congrès, M. Virey conclut en remerciant les membres de l'Institut de leur bienveillant et dévoué concours.

M. René Bazin prend ensuite la parole. Voici son magnifique discours :

DISCOURS DE M. RENÉ BAZIN

AU NOM DE L'ACADÉMIE FRANÇAISE

MESSIEURS DE L'ACADÉMIE DE MACON,

Le centenaire d'une institution nous semble déjà digne de commémoration et d'étonnement. Que faut-il dire d'un millénaire ? Je crois que les lecteurs de journaux, c'est-à-dire la plupart des hommes civilisés, n'ont pas appris sans un peu d'effarement que vous aviez invité le monde savant à célébrer l'anniversaire d'un événement qui se passa en 910, sous le règne de Charles le Simple, au commencement de la féodalité. A cette invitation, l'Académie française s'est empressée de répondre. En l'acceptant, elle a voulu honorer le magnifique souvenir dont vous êtes les gardiens, et témoigner sa gratitude à ce grand Ordre de Cluny, ou, comme on disait, à cette église de Cluny, qui a eu, dans la France du moyen âge, la plénitude de la mission civilisatrice : apôtre de l'Évangile et de la paix, gardienne de toute science, fondatrice de toutes œuvres de charité, initiatrice de progrès littéraire et de progrès agricole, créatrice d'un art qu'elle propagea à travers toute l'Europe. Peut-être aussi l'Académie, qui est chargée de défendre la langue française contre les barbares sans cesse renaissants, a-t-elle voulu remercier l'Ordre bénédictin pour tant de mots français qu'il a préservés dans leur source latine, qu'il a préparés et créés, par ses historiens, ses orateurs et ses poètes. Elle m'a délégué pour la représenter près de vous. J'en suis heureux; mais je le serais plus encore si je n'avais pas le sentiment de tout ce qui me manque pour parler dignement de Cluny. Sur un tel sujet, il eût fallu entendre cet homme illustre que vous aviez nommé président d'honneur de votre congrès, M. Léopold Delisle, qui savait tout le moyen âge, qui était la science, la simplicité, la bonté même, et qui vous a écrit une lettre si émouvante la veille de sa mort. Vous vous rappelez en quels termes il donnait sa démission de l'étude des textes. « Dans ces dernières semaines, disait-il, mes infirmités de vieillesse ont pris un caractère tel, que je dois renoncer aux occupations qui ont fait le charme de ma vie. Je ne puis plus décemment garder le titre que vous avez eu l'insigne bonté de me faire donner.... » Et, comme carte de visite, il tenait à vous envoyer le cliché d'un document que saint Mayeul avait fait écrire par l'un de ses moines, à la fin du xᵉ siècle. Je me plais à croire que nous avons tous maintenu à la présidence d'honneur M. Léopold Delisle, malgré sa lettre

CLUNY. — 2.

et malgré la mort, que c'est toujours sous son patronage que le congrès vient de s'ouvrir.

Messieurs, après vous avoir apporté le salut de l'Académie et n'étant pas de ceux qui, comme vous, peuvent approfondir une époque et résoudre un problème d'histoire, je vous dirai simplement quelques-unes des réflexions qui me sont venues en lisant ou en relisant les annales de Cluny. Je n'oublie pas que le règlement du congrès porte qu'aucune lecture ne devra dépasser un quart d'heure. Je m'y soumets. Et, n'ayant qu'un quart d'heure pour parler de mille années, je vous demande de m'excuser si je suis incomplet.

L'histoire de Cluny est d'abord une très belle histoire religieuse, principalement dans ses trois premiers siècles. De saints personnages l'ont fondée. Des neuf premiers abbés de Cluny, cinq ont été déclarés saints ou bienheureux et un autre vénérable, ce qui fait ressembler ces origines au paradis. Leur autorité, le progrès de leur œuvre sont faits de leur perfection à tous et du génie de quelques-uns. Bernon, Odon, Mayeul, Hugues, Odilon, la plupart de leurs successeurs ont, du catholicisme, le sens le plus droit, et montrent le plus entier dévouement envers la Papauté, d'où vient à l'Église sa plus grande assurance d'universalité. Ils sont d'infatigables pèlerins de Rome, où ils cherchent l'enseignement, la justice, le conseil de Pierre le porte-clefs. Notre ami à jamais regretté Ferdinand Brunetière a observé, dans une de ses conférences, à propos des grandes congrégations religieuses : « Elles sont, dans le catholicisme, l'instrument même, si je puis dire, de la catholicité.... Elles nous apparaissent comme chargées d'entretenir, dans le corps de l'Église, la circulation de l'Unité... Elles font équilibre aux tendances particula-

ristes des clergés nationaux. » Cluny est en relations
étroites et affectueuses avec la Papauté. Il donne à la
chrétienté Grégoire VII, Urbain II, Pascal II, Calixte II.
Plus souvent il donne au pape des serviteurs, des amis
qu'on appelle aux heures difficiles, comme fait Grégoire VII
écrivant à saint Hugues : « Il nous semble que la flamme
de votre affection s'en va décroissant, puisque nous ne
pouvons pas obtenir de vous la consolation si souvent
réclamée de votre visite. Nous invitons maintenant, du
plus profond de notre cœur, votre amitié à venir nous
visiter, le plus promptement possible, au milieu des
grandes difficultés dans lesquelles nous nous trouvons ».
Sans doute, il y eut des jours de relâchement, et même de
désunion — comment n'en pas rencontrer dans mille
années? — il y eut des ingratitudes de la part de Cluny,
et des défaillances. Mais le mot de fidélité peut cependant
exprimer le rôle de Cluny dans l'histoire religieuse, et sa
gloire la plus certaine.

Par cette fidélité qui maintenait la pureté de la foi,
Cluny servait déjà la France. Il la servait encore autrement. Ces abbés qui gouvernaient l'Ordre étaient des
Français, nés en Bourgogne, en Auvergne, dans le Maine,
en Aquitaine, en Provence. On peut dire qu'ils régnèrent
bientôt sur deux mille monastères, soumis à la règle et
aux directions de Cluny. Or, c'était la culture latine et
déjà l'esprit de France qu'ils répandaient à travers le
monde, en Espagne, en Italie, en Allemagne, en Pologne.
Autour d'eux et dès le commencement, ils avaient fondé
la ville de Cluny, là où il n'y avait qu'un chenil et un
rendez-vous de chasse des comtes d'Auvergne ; puis, de
proche en proche, civilisant la Bourgogne, ils avaient
édifié des clochers blancs, abattu des forêts, labouré des
champs, planté des vignes, et fait de la Bourgogne un

pays prospère, mieux défriché, mieux muni et mieux bâti
que les autres. Enveloppés d'abbayes et de paroisses,
leurs enfants, ils étaient des voyageurs intrépides, ces
abbés de la grande abbaye, et, quand ils ne pouvaient se
mettre en route, ils écrivaient. Déjà, Pierre le Vénérable,
au xii° siècle, se plaint d'un mal que nous croyons d'hier
et qui n'a fait que se généraliser : du poids de la correspondance. « J'ai pour amis, dit-il, presque tous les prêtres
de l'Église latine. Nous ne sommes pas des ermites à
Cluny : de l'Orient, de l'Occident, nous recevons des mes-
sages auxquels nous ne suffisons pas à répondre. » Ces
hautes figures nous sont à peu près connues. Mais une
multitude de religieux à jamais inconnus les entouraient.
Ils venaient de tous les duchés, comtés et baronnies, de
toutes les noblesses et de tous les servages; ils se ren-
contraient dans l'égalité du cloître, douce aux uns, difficile aux autres, glorieuse à tous. On les voit, dans le désordre du monde, former une société organisée, policée
et juste. Que d'âmes victorieuses dans ces monastères,
que d'ardeurs disciplinées, que de désirs du bien, que de
fraternités candides, que de prières soutenues par l'étude
et interrompues par le labeur, que de rêves aussi, tandis
que le soir tombait dans le silence de la belle ruche! Ils
songèrent à nous comme nous songeons à nos neveux. Il
n'y avait point de lieux au dehors où l'on entendît comme
chez eux sonner l'*Alleluia*. Ils obéissaient, ils avaient la
paix relative ici-bas, ils s'aimaient. Par eux aussi s'explique l'attrait, la puissance conquérante de la vie monastique au milieu des invasions et des guerres; par eux, fils
de la France, en terre de France, se formait l'idéal d'une
civilisation supérieure.

Cluny devait donc être et fut, en effet, une grande
école d'art et d'artistes. Assurément, la fin première de

l'Ordre n'était point celle-là. Il cherchait avant toute chose
à faire des saints. Mais comme la perfection ordonne de
cultiver toute force noble, saint Benoît, en écrivant sa
règle, avait prévu, dès le vi^e siècle, qu'il aurait des
artistes parmi ses fils spirituels, et qu'il y aurait des ateliers d'art dans les monastères de l'Ordre. Il n'avait imposé à leur liberté qu'une seule condition, la plus difficile,
l'humilité. Mais elle fut respectée. A Cluny comme au
Mont Cassin, nous savons qu'il y eut, à côté des frères
exclusivement adonnés à la psalmodie, à la méditation de
l'Évangile et au défrichement des forêts, d'autres frères
qui furent calligraphes et enlumineurs, des frères sta-
tuaires, des frères mosaïstes, des frères orfèvres qui cise-
laient l'or et l'argent pour les ostensoirs, les ciboires, les
calices, les reliquaires, des frères reliieurs, des frères mu-
siciens. Plusieurs de leurs œuvres et de leurs chefs-
d'œuvre ont survécu aux révolutions et sont conservés
dans nos bibliothèques et nos musées. Mais les noms des
artistes ont été, dès l'origine, destinés à périr. Ces artistes
ne demandaient ni le salaire de l'argent, ni celui de la
gloire. Et il en fut ainsi des plus grands parmi eux, des
maîtres de l'art le plus complet et le plus éloquent : l'architecture. Les architectes, — je crois qu'on disait alors
les cimenteurs de Cluny, — ont construit des milliers
d'églises, de cloîtres, de salles capitulaires ; ils ont créé
un style, et aujourd'hui encore, bien souvent, en France,
en Espagne, en Angleterre, en Terre Sainte, même en
Italie, si l'on demande quelle fut l'origine de tel monument
fameux, qui l'a dessiné, qui l'a bâti et orné, le guide est
obligé de répondre : Cluny, l'abbaye bourguignonne. La
personne est ignorée. Tout l'honneur revient à la source
magnifique, à la famille française de l'Ordre bénédictin.

A cette triple beauté morale que je viens d'indiquer,

correspondait la beauté de l'édifice matériel. Les images
et les descriptions anciennes donnent bien la certitude
qu'ici fut bâtie une des merveilles de l'architecture religieuse. L'abbaye était un royaume ordonné, d'une ampleur
qui oblige à un effort nos imaginations. Rien ne donne une
plus grande idée de cette ville monastique, que le récit de
la réception de 1245. En cette année-là, comme chacun le
sait, l'abbaye de Cluny put héberger en même temps, avec
toute leur suite, le Pape Innocent IV qui n'avait pas moins
de douze cardinaux avec lui, le roi saint Louis, la reine,
la mère du roi, sa sœur, son frère, l'empereur de Constantinople, d'autres princes moins importants, et cependant
les chroniques ajoutent : « Malgré ces innombrables hôtes,
jamais les moines ne se dérangèrent de leur dortoir, de
leur réfectoire, de leur chapitre, de leur infirmerie, de
leur cuisine, de leur cellier, ni d'aucuns des lieux réputés
conventuels. »

Dans une histoire étendue comme celle de Cluny, chacun choisit ses haltes : les miennes furent nombreuses. Je
ne puis vous les dire toutes ni les mettre selon l'ordre de
mes préférences. Est-ce la fondation même, et cette charte
où l'on voit le comte d'Auvergne, chasseur bien passionné
et dès lors bien méritant, renoncer à sa meute des bois et
des prés, abandonner par amour de Dieu, pour l'expiation
de ses fautes, une contrée giboyeuse, et invoquer non
sans grandeur, lui seigneur du xᵉ siècle, la loi fraternelle
et dire : « Puisque, comme chrétiens, nous sommes tous
unis par les liens de la foi et de la charité, que cette donation soit encore faite pour les fidèles des temps passés,
présents et futurs.... Nous ordonnons que ce monastère
soit à jamais un refuge pour les pauvres, qui, sortant du
siècle, n'apportent en religion que leur bonne volonté. »

Est-ce la visite d'Innocent IV ou celle d'Urbain II qui

le précéda d'un siècle et demi, et ce voyage alors jusqu'au
prieuré du Montet où le Pape, l'abbé saint Hugues et le
sire de Bourbon, Archambaud V, s'arrêtèrent devant la
tombe d'Archambaud IV mort excommunié, et où le Pape,
au chant du *Miserere*, touchant de sa baguette la pierre
tombale, déclara, au nom de l'autorité de saint Pierre,
que le défunt, qui s'était repenti, « était réintégré dans la
communauté des fidèles » ?

Est-ce la correspondance entre saint Bernard et Pierre
le Vénérable, entre deux âmes qui veulent le même bien,
la parfaite régularité monastique, et qui le poursuivent,
l'un par la fermeté, l'autre par la persuasion, méthodes
différentes qui se partagent les hommes, les triomphes et
les temps ?

Est-ce encore l'épisode d'Abélard à Cluny? J'avoue m'y
être arrêté. Il est si plein de sujets de réflexions, et si moderne ! Ce n'est pas à la première invitation de Pierre le
Vénérable, lui offrant asile, que se rendit ce conférencier
magnifique et malheureux. Il fallut de nouvelles aventures
et de nouvelles leçons avant que le vieil homme de lettres
écoutât la voix du grand abbé qui lui répétait : « Rempli
de compassion, mon cher fils, pour les fatigues que tu te
donnes dans l'étude des lettres profanes et pour le lourd
fardeau des connaissances humaines sous lequel tu
succombes, je gémis de te voir consumer la vie dans un
labeur inutile et sans soulagement. » Et il l'invitait à connaître la paix du cloître. Longtemps après, le vœu fut
exaucé. Avec sa politesse achevée, son respect, sa pitié
tendre, Pierre le Vénérable vint à bout de l'orgueil d'Abélard, et un jour il put écrire à Héloïse une lettre étonnante
et charmante, où il racontait la mort de maître Pierre et
les deux années de repentir, d'effacement et d'édification
qui l'avaient précédée. « Je ne me rappelle pas, disait-il,

avoir jamais vu quelqu'un dont l'extérieur et les manières annonçassent autant d'humilité. » Ce qui prouve qu'il ne faut désespérer de personne.

Est-ce la règle de saint Benoît, si vivace aujourd'hui encore, après quatorze cents ans, qu'on peut la croire immortelle?

Est-ce la charité de l'abbaye, qui répandait ses largesses sur toute la chrétienté, et qui, à Cluny même, prenait à sa charge, chaque année, 17,000 journées de pauvres, pèlerins ou voyageurs, auxquels il était donné une livre de pain, de la viande, du poisson et une pièce d'argent?

Est-ce la liturgie, les coutumes particulières, et, par exemple, le bel honneur rendu, en considération du sacrement futur, au froment destiné à devenir hostie, et qui était élu grain à grain, parmi le blé de semence, moulu par une meule drapée d'un voile blanc, puis, réduit en farine, pétri au chant des psaumes, était cuit dans le four qu'on chauffait ce jour-là avec un bois choisi?

Oui, tous ces moments ou ces documents de l'histoire de Cluny — et combien d'autres! — sont dignes d'attention et d'admiration. Il n'est pas jusqu'à la mort de cette branche de l'Ordre bénédictin qui n'induise en beaucoup de réflexions ceux tout au moins qui, le long des routes, cherchent les paysages. Elle vint par bien des causes, les unes intérieures, les autres du dehors. L'esprit de sainteté, sans disparaître, s'affaiblit. Il avait triomphé de la barbarie, d'une multitude de vices et de violences, et vaincu la forêt, le marais et les bêtes sauvages. Il soutint moins longtemps l'épreuve de la richesse. Elle fut une cause de corruption que personne ne dénoncera en termes plus véhéments que ne firent plusieurs abbés et plusieurs saints. A cause de ses grands revenus, dont une notable part était cependant toujours dépensée en aumônes, Cluny tentait en même temps la rapacité du fisc royal. L'abbaye perdit la nomination de ses abbés. Elle tomba en commende. Le pouvoir civil usurpa sur elle, autant qu'il fut possible, et jusqu'à ce que, toutes les autorités distinctes ou subordonnées étant absorbées, toutes les libertés aussi, la royauté mourût de sa puissance même. La Révolution ne fit qu'achever une mort commencée. L'Ordre de Cluny était bien déchu. Cependant, il restait l'ensemble magnifique et intact de l'édifice matériel, et des œuvres de charité parmi lesquelles un collège où étaient élevés les enfants de la ville. Quelques années plus tard, vous savez que tout cela était saccagé. La France, couverte de ruines, n'en avait point qui fussent plus affreuses, ni plus irréparables que celles-ci. On se demande comment une province, comment les bourgs voisins, comment la ville attenante, qui devaient l'existence, ou la prospérité, ou leur meilleure gloire à l'abbaye de Cluny, ont pu laisser périr un tel souvenir et une telle richesse. Heureusement, il est avéré aujourd'hui que les Clunisois n'ont pas seulement repoussé par la force la première bande d'incendiaires, à laquelle ils firent trois cents prisonniers, et dont ils pendirent quelques-uns en 1789, mais que, dans la suite, et jusque sous le Consulat, les habitants signèrent d'inutiles mémoires et pétitions, pour sauver l'abbaye. Nos regrets n'en sont pas diminués. Mais il est prouvé que la Bourgogne ne fut pas tout à fait ingrate, et c'est bien quelque chose.

Elle se montre aujourd'hui reconnaissante. Elle convie le monde savant à payer avec elle une dette que rien n'a prescrit. Et nous devons la remercier, en la personne des organisateurs de ce Congrès, de l'initiative toute noble qu'elle a prise, et de l'hospitalité que nous recevons d'elle.

Tandis que les applaudissements de l'assemblée saluent
les dernières phrases de M. René Bazin, les cloches son-
nent l'office. Les prélats prennent congé. « Il faut, dit
Mgr Villard, que le clergé donne l'exemple de l'exactitude,
dans ces murs tout parfumés encore de l'obéissance des
vieux moines à leurs austères règlements. »

Et Sa Grandeur annonce qu'un service sera célébré
lundi, à l'église Notre-Dame, pour le repos de l'âme de
Léopold Delisle, le grand savant chrétien, qui s'intéressa
tant au congrès du Millénaire qu'il devait présider et
qui écrivit, à ce sujet, la veille de sa mort, comme vient
de le rappeler avec émotion M. Virey, sa dernière lettre à
l'Académie de Mâcon. Puis la séance continue.

DISCOURS DE M. E. BABELON

AU NOM DE L'ACADÉMIE DES INSCRIPTIONS ET BELLES-LETTRES

MESSIEURS,

L'Académie des inscriptions et belles-lettres devait répondre avec un empressement tout particulier à l'invitation qui lui fut adressée par l'Académie de Mâcon, de se
faire représenter à ces fêtes solennelles du Millénaire de
l'abbaye de Cluny. Nul d'entre vous n'ignore qu'après la
suppression des Institutions monastiques par la Révolution, lorsque enfin l'ordre fut rétabli dans notre pays par
la main ferme du Premier Consul, l'Académie des inscriptions et belles-lettres assuma la lourde tâche de repren-
dre et de continuer plusieurs des grands travaux d'érudition entrepris sous l'ancien Régime par les moines Bénédictins de la congrégation de Saint-Maur et demeurés
inachevés : la collection monumentale des *Historiens de*

CLUNY EN FÊTE [1]

Quelle animation, depuis quelques jours, dans la tranquille petite cité clunisienne ! La soirée et la nuit qui précèdent les solennités se sont passées dans la fièvre des derniers préparatifs. Et quand, dès la première heure, le matin du samedi 10 septembre, la foule des étrangers envahit les rues triomphalement décorées, tous les regards sont charmés par le bon goût, l'harmonie, la sobriété, l'élégance et l'unité intelligente qui présidèrent à toute l'ornementation.

Dans la rue principale, qui va de la gare à la sortie de la ville vers le nord-ouest, des mâts enrubannés de buis sont plantés, portant des écussons aux armes clunisiennes, et des arceaux gothiques forment une voûte pittoresque de feuillage. Parfois, — comme aux environs de l'église Saint-Marcel, — les arcatures dessinent des silhouettes de porches médiévaux de style flamboyant. On dirait des débris de cloîtres ensertis dans un réseau de lierre. En d'autres rues, les pylônes et les guirlandes sont tressés en

[1]. Les différents récits, qu'on va lire, encadrant les discours prononcés à l'occasion du millénaire, ne sont que la reproduction ou le développement des articles publiés par M. l'abbé A. Trouillet, directeur de la *Semaine religieuse d'Autun*, dans les numéros du 17 et du 24 septembre 1910.

France, l'*Histoire littéraire de la France*; le recueil des *Historiens des Croisades*; le *Gallia Christiana*. La congrégation de Saint-Maur, dont une section de l'Institut de France s'est ainsi constituée l'héritière scientifique, n'était qu'un rameau — tardivement détaché — de la grande famille monacale dont Cluny fut la souche originaire; et voilà pourquoi l'Académie est heureuse de l'occasion que vous lui offrez, de rappeler les origines lointaines des travaux qu'elle poursuit aujourd'hui, et de rendre, en même temps, à ces Bénédictins du XVIIIᵉ siècle dont l'érudition était devenue proverbiale, l'hommage qui est dû à de vénérables et illustres précurseurs.

C'est dans cet esprit que le savant qui était, hier encore, le doyen de notre Compagnie, Léopold Delisle, s'était fait un devoir d'accepter la présidence d'honneur de ce Congrès d'histoire et d'archéologie clunisiennes que vous avez eu la bonne pensée d'organiser. Aucun savant n'a mérité mieux que lui ce beau titre de Bénédictin laïque, que l'opinion publique se plaisait à lui décerner. Ses importants travaux sur les Archives de Cluny, dont il avait, avec sa perspicacité habituelle, distingué l'exceptionnel intérêt pour l'histoire de notre moyen âge français, l'avaient désigné à votre choix : il avait répondu cordialement à votre appel et sa dernière pensée scientifique a été pour votre Congrès. Vous avez communiqué à la presse cette lettre si touchante qu'il écrivait à votre président, quelques heures avant d'expirer, pour s'excuser sur son grand âge de ne pouvoir venir occuper la place insigne que vous aviez voulu lui réserver; en même temps, comme témoignage de sympathie et d'encouragement, il vous envoyait un mémoire — le dernier qu'il ait rédigé — destiné au Recueil de vos travaux. Cet octogénaire vénéré, dont la lucidité et la vigueur intellectuelle provoquaient l'admiration, a travaillé ainsi jusqu'à la dernière heure. Est-il une carrière de savant mieux remplie que la sienne? Est-il une fin plus sereine et plus enviable? Elle ressemble par plus d'un côté à celle des plus illustres Bénédictins dont il suivait les traces dans l'érudition, Mabillon, Montfaucon, Bouquet, Ruinart, Vaissette, Calmet, d'Achery, Plancher et d'autres, qui s'en sont allés, eux aussi, après avoir fourni, dans la paix, une longue carrière d'un labeur intellectuel opiniâtre et fécond, — demeurés toute leur vie sourds aux bruits du dehors et aux vaines agitations de la ville.

Vous m'excuserez, Messieurs, si j'ai donné au début de ce discours de fête quelque chose de l'allure d'une oraison funèbre. Mais je suis sûr d'avoir répondu à vos propres sentiments en évoquant la mémoire du savant illustre et bon, dont le génie tutélaire va planer encore sur les travaux du Congrès, et qui a personnifié avec le plus d'éclat dans notre génération la tradition des études bénédictines.

Au surplus, cette fête du Millénaire de Cluny n'a-t-elle pas, par elle-même, quelque chose d'une commémoration funèbre? Nous sommes venus pour visiter et célébrer des ruines, et pour honorer les vestiges d'un monde disparu. Ici, s'élevait une basilique altière, rivale de Saint-Pierre de Rome, qui fut la merveille de l'art roman, et le prototype d'un genre architectural qui s'est propagé dans tout le monde médiéval : elle a été mise à l'encan, la pioche du démolisseur inconscient en a fait crouler les voûtes et les tours, et un chemin passe à présent sur les dalles de la nef. A l'ombre de cette cathédrale s'abritait un merveilleux trésor d'objets d'art amassés un à un dans le cours des âges, châsses, reliquaires, objets du culte, ornements sacerdotaux d'une incomparable magnificence,

et puis, l'une des plus riches et des plus anciennes bibliothèques qui fût au monde : trésor sacré, manuscrits précieux, livres d'étude, tout a été livré au pillage, brisé,
lacéré, brûlé dans des feux de joie autour desquels la
populace — moins excusable que les soldats d'Omar, s'il
est vrai qu'ils aient brûlé la bibliothèque d'Alexandrie —
a dansé pendant plusieurs jours des rondes sinistres.

Vous n'ignorez point les circonstances qui ont sauvé
quelques épaves de cette bibliothèque, ainsi que les
Archives, dédaignées ou oubliées par les fanatiques de la
destruction. L'ensemble des chartes et registres du monastère de Cluny a pu être qualifié, sans hyperbole, de pro-
digieuse richesse historique, par l'érudit archiviste chargé
de leur publication par le ministre de l'Instruction publique, et ces termes mêmes ne font qu'accroître nos regrets
de l'irrémédiable perte de la Bibliothèque et du Trésor.

C'est que l'œuvre intellectuelle et artistique des moines
de Cluny avait été immense, en rapport avec le merveilleux développement de leur Association, la puissance et
les richesses de leur abbaye. Il appartient à d'autres que
moi de caractériser la prépondérance religieuse et politique, la splendeur rayonnante de Cluny, l'action sociale
et civilisatrice exercée durant les siècles de la féodalité
par cette immense et agissante confédération, le rôle
historique de l'abbé, chef suprême de ces légions de
moines qui peuplaient jusqu'à deux mille monastères,
prieurés, chapelles ou ermitages disséminés dans toute la
chrétienté et sur lesquels il régnait à la fois en père et
en souverain : c'étaient, entre autres, Baume, Moissac,
Saint-Martial, Uzerches, Figeac, Paray, Montierneuf
Saint-Germain d'Auxerre, Saint-Bertin, Saint-Jean-d'An-
gély, Vézelay, pour ne citer que les plus beaux fleurons
de la couronne monacale de la France féodale, qui furent

fondés par des Clunisiens ou qui s'étaient soumis à l'obédience de Cluny.

Ces moines qui, aux rudes temps de la décadence carolingienne, s'en allaient, douze par douze, fonder jusque
dans les contrées les plus lointaines des filiales de leur
grande abbaye, me rappellent les Grecs du vii° siècle
avant notre ère, qui, poussés seulement par l'intérêt com-
mercial, partaient des bords de la mer Égée, sur leurs
frêles esquifs, pour aller, parfois à l'aventure, installer
sur les côtes des pays barbares des colonies qui devinrent
les foyers de la civilisation hellénique dans tout l'Orient.
Mus par un sentiment plus noble, l'inspiration chrétienne,
les disciples de saint Benoît furent de même les premiers
champions de la civilisation médiévale dans l'occident de
l'Europe.

Dans cette société féodale dont les deux bras agissants
furent le moine et le chevalier, le moine, par l'ascendant
de la religion, du savoir et de la vertu, réussit à s'imposer au chevalier dont les mœurs étaient demeurées farouches et souvent barbares. C'est ainsi que, du ix° au
xii° siècle, ils furent les agents essentiels de la culture
morale et matérielle, ces grands abbés de Cluny, les
Aimard, les Odon, les Mayeul, les Odilon, les Hugues,
qui intervenaient pour imposer un terme aux guerres
féodales, arrêter le glaive d'un meurtrier ou la torche
incendiaire des pillards ; qui ouvraient l'inviolable asile
de leur église, leurs hospices et leurs greniers à ceux que
persécutait le bras séculier et à la foule des malades et
des indigents.

Qu'on ne s'y trompe point et ne nous laissons pas illu-
sionner par nos préjugés modernes : ces puissants abbés
de Cluny, qui traitaient avec les rois, marchaient à la
tête de la civilisation lorsqu'ils se firent, sans défaillance,

les auxiliaires de la Papauté dans ses luttes contre les abus du pouvoir féodal ou contre le relâchement des mœurs de l'Église. Ils furent des hommes de progrès par les œuvres d'art que créèrent leurs architectes, leurs sculpteurs, leurs peintres, leurs orfèvres, leurs verriers, leurs enlumineurs. Ils furent des hommes de progrès encore lorsqu'ils fondèrent ces grandes écoles monastiques où les lettrés se pressaient pour étudier toute science divine et humaine, ou ces écoles plus humbles fréquentées par les enfants du peuple. Cluny fournit au monde médiéval non seulement des papes, des rois, des cardinaux, des évêques en grand nombre, mais des écrivains théologiens, chroniqueurs, poètes, sermonnaires, épistoliers, comme Raoul Glaber, Orderic Vital, Ulger, Udalric, Abélard, Pierre le Vénérable, dont les œuvres attestent que le cloître fut, pendant de longs siècles, le seul asile des lettres.

Mais il est un autre côté de l'activité des moines qui, au point de vue spécial où j'entends me placer, doit suffire à leur assurer, aussi longtemps que l'humanité vivra, la reconnaissance de tout homme qui pense et réfléchit. C'est qu'ils se sont transmis de siècle en siècle, pour nous le léguer, l'inestimable trésor de la littérature antique, le conservant précieusement comme les Vestales gardaient le feu sacré. Les moines du moyen âge sont le trait d'union intellectuel, l'antiquité et l'esprit moderne. Ils ont empêché que dans l'évolution normale de l'esprit humain, il ne se produisît soudain une rupture complète, une effroyable solution de continuité qui eût rejeté la civilisation dans l'abîme et l'eût fait rétrograder pour un nombre incalculable de siècles. L'antiquité serait à peu près oubliée ou méconnue; sous la poussée de la barbarie germanique, elle eût sombré dans un désastre général bien autrement funeste que celui qui anéantit l'effort intellectuel des grandes civilisations de l'Égypte et des empires asiatiques. Privés du trésor littéraire des Grecs et des Romains, le principal fondement de notre culture moderne nous eût manqué : qui oserait apprécier les conséquences qu'eût entraînées pour l'humanité tout entière une semblable catastrophe ?

Déjà, au ıv⁰ siècle, saint Jérôme indique la copie des manuscrits comme l'une des occupations les plus convenables et les plus utiles de l'état monastique ; elle est aussi recommandée par Cassiodore au vıı⁰ siècle. Copier un manuscrit profane ou sacré, d'après la règle de saint Benoît, est aussi méritoire qu'ensemencer un champ ; donner un manuscrit à la bibliothèque d'un couvent, c'est faire œuvre pie. De là, ces écoles de copistes, d'ornemanistes, de miniaturistes, qui existaient dans tous les monastères et sur lesquelles nous voudrions posséder des renseignements plus circonstanciés. A Saint-Benoît-sur-Loire, il y avait cinq mille écoliers, et chacun d'eux, d'après la règle du xı⁰ siècle, était tenu de copier au moins deux volumes par an. On raconte qu'ils tenaient entre eux, parfois, comme une façon de stimuler mutuellement leur zèle, jusqu'aux propos les plus naïfs, disant, par exemple, que chaque lettre écrite ou enluminée pouvait effacer un péché.

L'atelier de Cluny, la maison mère, était plus actif encore : on y transcrivait, outre l'Écriture Sainte et les Pères de l'Église, tout ce qui restait de la littérature profane, Aristote et Tite-Live, Ovide et Virgile, Cicéron, Horace, Térence, Juvénal, Galien et cinquante autres. Les catalogues de la bibliothèque de l'abbaye, rédigés aux xıı⁰ et xııı⁰ siècles, qui nous sont parvenus, mentionnent près d'un millier d'auteurs sacrés et profanes dont les copies se répandirent au loin dans les écoles aux mains des maîtres et des étudiants.

Des érudits contemporains ont essayé de reconstituer la vie intérieure du *Scriptorium* monacal d'où sont sorties ces merveilles de calligraphie, d'enluminures, de reliure, qui sont aujourd'hui le plus précieux ornement de nos bibliothèques et que les amateurs se disputent à des prix inouïs, mais bien justifiés. Représentez-vous au travail les humbles clercs, dans les hautes salles voûtées qui ouvraient sur le cloître, groupés généralement par douze et penchés sur les feuillets de vélin préparés dans d'autres ateliers, dans le silence qui était de règle, sous la direction d'un ancien, l'*armarius*. Ceux-ci dessinent au calame des initiales filigranées ou s'ingénient, en souriant, à créer des monstres, comme les sculpteurs des cathédrales ; ceux-là décorent les marges de fleurs, d'animaux, de figures grotesques, sorties de leur imagination naïve, spirituelle, malicieuse ; les peintres enluminent délicatement des lettrines à histoires ou des pages pleines, avec des ors, des bleus, des verts d'un merveilleux éclat, dont le secret même semble perdu.

Et, miracle d'humilité chrétienne, aucun de ces artistes n'a eu le souci de s'enorgueillir de son talent qui reste anonyme, car nous ne connaissons pas plus leurs noms que ceux des architectes, des sculpteurs, des peintres-verriers de nos cathédrales. Seules, les œuvres qu'ils nous ont laissées parlent à nos yeux émerveillés, attestant que des pléiades d'artistes en tous genres, dignes d'une immortelle renommée, ont peuplé les cloîtres pendant des siècles.

Cependant, dès le XIIIᵉ siècle, l'heure de la décadence sonna pour Cluny, dont l'institution cessait de se trouver en harmonie avec l'avènement du régime monarchique. L'âme de Cluny s'envola en même temps que disparut

CLUNY. — 3.

l'État féodal auquel elle s'était si bien adaptée trois siècles durant. Les institutions humaines, quand elles sont créées sous l'empire d'un besoin social, grandissent et s'épanouissent pour le bien commun ; puis, elles languissent et meurent lorsque leur rôle utile est terminé. Malheur à elles si elles ne se transforment pas à temps, si elles essaient de se survivre et de prolonger un organisme devenu suranné ; leur vie factice est frappée d'impuissance et de stérilité ; souvent même elle engendre les abus et le scandale. Leurs richesses paraissent excessives, les priviléges dont elles jouissent injustifiés. Elles provoquent l'envie, suscitent la colère des foules, jusqu'à ce que le souffle des révolutions emporte l'institution tout entière, sans égard pour les services rendus autrefois. Les générations passent, l'oubli avec la poussière recouvre les ruines et puis, un jour, comme le dit Montalembert, on la traite « comme ces espèces perdues dont les ossements fossiles reparaissent de temps à autre pour exciter la curiosité ou la répugnance, mais qui ne comptent plus dans l'histoire de ce qui vit ».

Tel fut le sort de la pieuse fondation de Guillaume d'Aquitaine. Son vieux trône se dessécha ; d'autres institutions monastiques, issues de lui, mais séparées et sagement réformées, surgirent comme une réaction contre l'abus des richesses et l'égoïsme dont Cluny, surtout au temps des abbés commendataires, donna trop souvent le scandaleux spectacle.

Un des derniers rejetons de l'arbre merveilleux planté par saint Benoît fut cette congrégation de Saint-Maur, dont je parlais en commençant, et qui, au XVIIIe siècle, sous une règle appropriée aux études intellectuelles, compta parmi ses membres de dignes successeurs des compagnons des grands abbés du XIe siècle.

« Il faut, dit leur Chapitre général assemblé à Saint-Germain des Prés en 1766, que la congrégation montre à l'État des hommes utiles dans tous les genres, et que leurs occupations, marquées au coin de l'amour de la patrie, apprennent aux Français qu'il est dans nos cloîtres d'autres Français estimables, qui, contents de peu, s'efforcent d'accomplir des travaux utiles à la nation. »

Quel noble langage, Messieurs, et quel beau programme ! Pourquoi faut-il que sa réalisation ait été brutalement arrêtée par la violence légale compliquée d'un fatal incendie ! Un demi-siècle plus tard, un savant bourguignon, membre de l'Académie des inscriptions et belles-lettres, et qui fut, à l'École des Chartes, le maître de Léopold Delisle, appréciait en une page admirable l'œuvre et le caractère des Bénédictins de Saint-Germain des Prés :

« Ces religieux, écrivait Benjamin Guérard en 1844, alliaient le savoir à la piété et se partageaient entre la culture des lettres et les devoirs de la vie monastique. Les rivalités et les jalousies, si communes parmi les écrivains, furent rares au milieu d'eux. Lorsqu'ils parlent de leurs devanciers, c'est toujours dans les termes du respect et de la piété filiale; s'il s'agit de leurs collaborateurs, de leurs émules, ils font abnégation d'eux-mêmes et s'empressent de rapporter à ceux-ci le mérite de leur propre travail.... La science de ces hommes illustres était encore relevée par la modestie. Leurs noms sont omis dans beaucoup de leurs œuvres; ils étaient omis même dans les courtes inscriptions qui couvraient leurs humbles tombeaux. Dans la chapelle de la Vierge, sur une petite pierre carrée, on lisait seulement : *X décembre 1746*, et c'était la tombe de Bernard de Montfaucon. Sur une autre : *X avril 1756*, c'était celle de Joseph Vaissète. Sur une troisième : *XXVIII décembre 1707*, c'était celle de Mabillon; c'était cette tombe que le légat de la Cour de Rome, à son arrivée en France, venait visiter de la part du Souverain Pontife, et c'était sur cette pierre sans nom, mais célèbre dans toute la chrétienté, qu'il s'inclinait avec respect et qu'il déposait l'hommage et les prières du chef de l'Église. En butte aux attaques des philosophes du xviii° siècle, on fermait les yeux sur leurs services et l'on demandait en quoi ils étaient bons à l'État.... »

Cependant, remarque ensuite Benjamin Guérard, l'importance et l'utilité de leurs écrits est universellement reconnue. Ils sont, ajouterons-nous, la base des travaux modernes sur le moyen âge et constituent le patrimoine de gloire de la France en regard de l'érudition allemande.

L'histoire, inaccessible aux fluctuations de l'opinion, doit la justice aux moines bénédictins, dont la devise, il convient peut-être de ne pas l'oublier, est le mot *Pax.* Vers l'an mil, ces hommes pieux, instruits et dévoués au bien public, imaginèrent la *Trêve de Dieu*, pour que les populations, tourmentées par le fléau des guerres féodales, pussent jouir au moins des bienfaits d'une paix intermittente. N'ont-ils pas le droit, aujourd'hui, après dix siècles, de demander à leur tour, à leurs ennemis, — s'ils en ont encore, — de faire trêve à leurs attaques? trêve au moins pendant la durée de ces assises intellectuelles auxquelles sont venus prendre part des hommes d'opinions philosophiques sans doute diverses, mais qui, tous, saluent dans les Bénédictins de Cluny les apôtres de la civilisation et les protecteurs des lettres au moyen âge, et dans les Bénédictins de la congrégation de Saint-Maur, les promoteurs du grand rôle de la France dans l'érudition historique.

DISCOURS DE M. IMBART DE LA TOUR

AU NOM DE L'ACADÉMIE DES SCIENCES MORALES ET POLITIQUES

MESSIEURS,

L'Académie des sciences morales et politiques vous adresse un cordial salut.

Quand votre appel se fit entendre, nous n'avons pas hésité. Au corps savant qui avait pris l'initiative de ces réunions, nous étions heureux de donner un témoignage public de notre estime; à l'Ordre illustre qui, pendant plus de huit siècles, a rayonné sur la France et sur l'Europe, nous sommes fiers aujourd'hui d'offrir notre public hommage. A vrai dire, cette fête de la sainteté n'est-elle pas aussi celle de la science? Cette commémoration des services rendus à l'Église, celle des bienfaits dont la civilisation a eu sa part? Avoir, à une époque d'oppression et de désordre, sauvé l'idéal chrétien, en propageant dans les consciences l'amour ardent des réformes; l'intelligence, en nous gardant par le labeur obscur et fécond de ses copistes, le trésor de la pensée antique; la fraternité, en abritant, en soulageant tant de misères humaines...., à tous ces titres, Cluny s'imposait à notre admiration. Les rappeler aujourd'hui, c'est revivre une page impérissable de l'histoire; car, s'il est vrai que la culture intellectuelle et morale soit la première de toutes, peu d'hommes, assurément, ont mieux que ces grands ouvriers de la vie chrétienne servi l'humanité.

Mais c'est aussi, Messieurs, évoquer une des plus belles créations de notre passé. Peu d'ordres religieux, sous leur forme universelle, ont été aussi fortement unis à la vie et imprégnés du génie de leur nation.

Français, Cluny l'est d'abord par ses origines, ce morceau de patrie qui l'a vu naître, ces horizons riants et calmes de notre Bourgogne où il s'est épanoui. Il l'est par son histoire. Dans cette longue suite d'abbés qui le gouvernent, deux seulement sont étrangers; deux autres appartiennent à cette Provence qui, alors séparée, nous reviendra un jour. Des monastères de l'Ordre, la plupart, les plus riches, les plus puissants, ont été fondés sur notre sol. Aussi bien, et dès le début, ces deux grands créateurs d'unité, le roi et le moine, se sont compris; au-dessus des barrières dressées par le régime féodal, ils se sont donné la main. C'est de Saint-Martin de Tours que vient le second abbé de Cluny : Saint-Martin, un des berceaux de la puissance capétienne! C'est un autre abbé de Cluny, Mayeul, que le fondateur de la dynastie appelle à Saint-Denis : Saint-Denis, le sanctuaire de la monarchie française! Et c'est le premier de nos grands monarques, Louis VI, qui donnera à Cluny, « au plus noble membre de son royaume », la protection royale. Désormais, l'alliance est conclue. Elle survivra aux siècles comme aux épreuves. Sur les confins de l'Allemagne, au croisement des routes des Pays-Bas et de l'Italie, au flanc de la Bourgogne, bientôt redoutable, l'abbaye sera l'œil ouvert qui regarde, le bras qui signale et qui agit. Elle est pour Jean le Bon contre Édouard III, pour Louis XI contre le Téméraire. Plus encore, cette fille dévouée du Saint-Siège sait parfois lui résister. Elle soutient Philippe le Bel contre Boniface VIII, et, dans cette querelle de la théocratie et de l'État, c'est vers la royauté que se tournent ses suffrages. C'est qu'avec le roi était la France. — On comprend que les d'Amboise, un Richelieu, aient voulu figurer parmi ses chefs.

Est-ce tout, Messieurs? Par d'autres titres, Cluny nous

appartient. Il n'est pas seulement de notre histoire, mais de notre race ; notre esprit latin et français a fécondé son propre esprit.

Le catholicisme est la moins nationale des religions. Cependant, sous l'unité de l'organisation, l'universalité de la doctrine, l'Église n'a pas effacé les traits particuliers, héréditaires, des peuples qui la composent. La divine semeuse a pu jeter le même grain dans les champs de l'humanité ; la diversité des terres et des cieux dore d'éclats variés la moisson qui se lève. Il y a un catholicisme français : celui de saint Bernard, de Gerson, de Vincent de Paul, de Bossuet, de Lacordaire ; et il n'est qu'à comparer ces grands hommes pour le définir. Une alliance heureuse d'idéalisme et de bon sens, de sentiment et de raison, un même besoin de discipline et de liberté, une égale répulsion de l'individualisme qui isole les consciences ou de l'autocratie qui les absorbe, l'amour de la clarté, dans les croyances comme dans les devoirs, bref, une religion plus morale que métaphysique, moins mystique que sociale, missionnaire d'idées généreuses et de dévouements utiles, de vérité comme de fraternité universelle : ne sont-ce pas là, Messieurs, quelques-uns des traits de notre religion traditionnelle ? Et si nous les retrouvons à Cluny, ne serait-il point, en cela surtout, un ordre vraiment, profondément français ?

D'autres ont poussé plus loin la contemplation ou l'ascétisme. Lui, il est mesure et équilibre. Il n'est qu'à voir ses églises : chefs-d'œuvre de simplicité et de force, où nulle parure factice ne cache la pureté des lignes et l'harmonie des proportions. On peut prier, et penser aussi sous ces voûtes. Elles sont graves et sereines : on n'y sent point l'angoisse qui cherche Dieu, mais la certitude qui le trouve et la confiance qui l'adore. Ici, l'art, ce grand révélateur d'âmes, nous explique la vie. — Ouvrez la Règle. En elle, rien de figé ni d'immobile. Ces fils de saint Benoît ont voulu être de leur siècle ; ils ont compris que l'éternité des lois divines ne s'applique pas aux préceptes des hommes, si parfaits qu'ils soient, que les saints eux-mêmes doivent compter avec le temps comme avec notre faiblesse. Rien non plus d'oppressif ni d'arbitraire. Soumettre la nature n'est pas l'abattre : il faut dompter le corps, sans asservir l'esprit. Dans cette région supérieure de la vérité et de l'amour, le moine n'a plus à mutiler son âme. Ses facultés restent intactes et libres. La Règle veut qu'il se mortifie, mais qu'il pense ; qu'il pense, mais qu'il travaille. Elle ne l'abandonne point, sans contrepoids, aux effusions mystiques, sachant bien que suivre son rêve, est s'élever parfois, et plus souvent se perdre. Le livre ou l'outil dans la main, la prière et le chant sur les lèvres, qu'il aille, maintenant, vers ce monde de misères et de douleurs qu'il est appelé à secourir ! — Étudiez les institutions. Quel accord entre l'autorité et la liberté ! Une république fédérative dont tous les membres sont unis, dont chacun reste autonome ; une loi commune, la Règle ; un pouvoir central, l'abbé, qui administre ; le chapitre, qui légifère et qui contrôle ; un équilibre heureux de fonctions viagères, de conseils élus, de garanties et de pouvoirs.... voilà le régime que Cluny instaure dans l'histoire monastique. N'est-il pas celui que les anciens regardaient comme l'idéal des institutions humaines ? — Suivez son rôle. Cluny sait concilier les idées comme les devoirs. Dans la grande lutte du temps entre le sacerdoce et l'empire, il prévoit déjà les concessions possibles et les solutions durables. S'il n'est pas neutre, il peut être arbitre, et c'est un de ses abbés, saint Hugues, que Henri IV, menacé, réclame pour médiateur.... Entre les deux grandes cultures intellectuelles, antique et chrétienne, qui se disputent le monde, il veut l'entente. Comme les grands esprits du ive siècle, ses docteurs concilient la « sagesse » et l'Évangile, et s'ils affirment la foi, ce n'est point pour condamner, pour maudire les œuvres impérissables que l'imagination et la raison païennes nous ont léguées. Un homme tel que Pierre le Vénérable a pu être le premier théologien et le premier lettré de son temps, combattre les hérétiques et accueillir Abélard, commenter l'Écriture et parler « comme Platon ». Ce grand moine n'est pas seulement un nom, mais un symbole : celui de son Ordre et de son pays.

Dernier trait de l'âme clunisienne. Elle est *sociale*. — Et cela est encore bien français.

De la vie sociale, Cluny a le sens comme les vertus. Il est venu à cette heure de l'histoire où le particularisme est partout, dans l'Église comme dans l'État, où, dans la décomposition du monde carolingien, se dissout le sacerdoce comme l'Empire. Dans cette anarchie, il est l'organisation. Le premier, au système individualiste de saint Benoît, il oppose une conception fédérative ; plus de petits groupes isolés, dispersés, impuissants, mais une congrégation sous une loi et sous un chef. Par Cluny, le système des grands ordres religieux entre dans l'histoire ; et, par Cluny, c'est encore le catholicisme lui-même qui, restauré, reconstitué, va prendre une conscience plus nette de sa structure et de sa mission. Dans les cadres sans cohésion et sans vie, la nouvelle famille a jeté les ferments d'une renaissance. L'Église retrouve enfin des aspirations et une action communes. Un même besoin de réformes, un même rêve de liberté circulent dans ses membres. Au delà de leur seigneurie, de leur paroisse, de leur province, prêtres ou fidèles ont mieux compris la solidarité de leur

foi. Quelle révolution dans le monde chrétien !.... Mais
quel changement aussi dans la société ! Du même coup,
c'est le vieux conservatisme féodal qui s'ébranle : non
seulement la vie religieuse, mais la vie populaire va se
modifier.

Messieurs, on a pu dire que les ordres français étaient
surtout de grandes écoles de fraternité. Il n'est point,
pour Cluny, de définition plus juste. Et, en vérité, dans
un siècle de force et d'injustice, qui donc a, mieux que ces
moines, servi la cause du peuple? Ils défrichent, ils
labourent, ils sèment; mais chacun de leurs centres de
culture s'ouvre comme un asile. Dans l'enceinte sacrée,
le colon ou le serf sait qu'il travaillera avec l'espoir du
lendemain. Ainsi, à l'ombre du couvent, les misérables
se reprennent à vivre. Pour les nourrir dans la famine,
pour les défendre contre l'usure, un Mayeul, un Odilon,
vendront les vases sacrés ou engageront les terres. Pour
les sauver de leur seigneur, l'abbé lèvera la main qui
tient la foudre. Qu'est-ce à dire ? A son tour, le voici qui
pénètre dans le donjon fermé. Il enjoint au maître d'a-
doucir le sort de ses hommes. Il le prend par la main, le
rude baron, et lui fait signer la première des chartes qui
proclameront la paix publique. La paix ! La paix ! Oh ! le
rêve, la passion folle de ces âges ! de l'être humain, qui
rivé à sa tenure, ployé sur le sol, aspire à un peu de
liberté et de lumière ! La paix entre les seigneurs ! La
paix entre les princes ! La paix pour le prêtre qui prie, le
bourgeois qui voyage, le vilain qui laboure ! La paix entre
tous les hommes qui portent le signe du Christ ! Et, à
cette tâche admirable, Cluny se voue pendant deux siècles. Il intervient entre les rois ; il s'offre comme arbitre
dans ces premiers chocs des haines sociales qui s'éveil-
lent. Juste récompense de son rôle ! Les haines l'ont épar-

gné. La révolution populaire, ailleurs sanglante, ici fut pacifique. C'est un abbé de Cluny qui signe une des premières chartes de libertés civiles et de garanties judiciaires ; et reconnaissants des franchises obtenues, les bourgeois renoncent à la commune pour demeurer sujets de leur seigneur.

Et enfin, Messieurs, nous honorerons Cluny, parce qu'il a été le premier, sinon le plus bel élan d'idéalisme que la France ait inspiré.

Au xie siècle, la conscience française ébauchait déjà son triple idéal, national, chevaleresque, religieux. Nous naissons en pleine épopée. C'est celle de Charlemagne et de Roland (et ils sont bien nôtres, les paladins de la Croix qui nous sauvent du Croissant) ; celle des grands féodaux qui, pied à pied, ont défendu le sol contre les derniers barbares, Sarrasins et Normands, et relevé le commandement, dans la léthargie ou la faiblesse de la puissance publique. Voici celle de Cluny. Oui, par ses religieux, ses abbés, par les papes sortis de son cloître, c'est déjà la France qui va semer partout les idées de réforme. C'est encore la France qui commence la lutte contre le césarisme saxon et la monarchie universelle, protectrice des petits et des faibles, gardienne jalouse de la primauté de l'esprit, du droit et du savoir. Et quand, sous l'inspiration de Cluny, un Français, Urbain II, viendra à Clermont, pousser le cri de guerre des chrétiens contre l'Islam, ce sera toujours la France qui tiendra l'épée libératrice. Saluons les débuts de notre légende des siècles. Si l'histoire a ajouté au poème, n'oublions pas que c'est un peu à ces moines, à ces grands défricheurs d'âmes et de forêts, que nous en devons les premiers chants. Les moines ont disparu. Les siècles ont passé ; avec eux, bien des idées, des institutions, des sentiments de nos pères. Mais la France se souvient. Elle honore aujourd'hui ceux en qui elle retrouve une part d'elle-même comme de son idéal.

Et c'est pourquoi, Messieurs, nous sommes réunis autour de ces ruines. Si nos morts veillent sur nous, s'ils se continuent en nous, si leur âme invisible flotte parfois sur le sol qu'ils ont aimé, puisse celle des vieux hôtes du monastère se poser un moment sur nos pensées. Ils nous rappelleront ces vertus individuelles qui font les hommes justes et ces vertus sociales qui rendent les peuples heureux. Peut-être, sur nos discordes assoupies, viendront-ils, comme en ce jour, mettre le baiser de leur paix éternelle.... Au moins qu'ils soient bénis pour cette fête du patriotisme! Grâce à eux, nous pouvons dire à ceux qui doutent encore de notre union et triomphent trop aisément de nos querelles : « Regardez et écoutez. La France est là. Une nation qui sait se souvenir peut beaucoup oser. Elle est forte : forte comme l'espérance, forte comme la vie. »

Nous avons le regret de ne pouvoir publier la splendide page d'histoire que fut le discours de dom Besse. Après avoir laissé s'épancher son cœur de moine et de Français et remercié les organisateurs du Congrès, il fit un savant exposé des travaux historiques concernant Cluny dans l'Église, et termina en disant que « si nous connaissons quelque peu les faits de la première période d'histoire de l'ordre des Bénédictins, les faits si imposants de la deuxième et troisième période sont encore inédits ; et ce sera l'honneur de la France de les faire connaître au monde des savants ».

La séance solennelle était terminée. Elle fut un véritable régal littéraire.

Ce n'est point de notre compétence de parler des travaux d'archéologie du Congrès et des rapports très fouillés et très intéressants que présentèrent MM. Lefevre-Pontalis, Héron de Villefosse, Houdayer, abbé Terret, le chanoine Pottier, de Lasteyrie, etc., sur l'abbaye, l'ordre de Cluny, la ville et la région.

Le lundi 12, à la séance de clôture, dom Cabrol fut invité à prendre la présidence.

Il remercia les membres du Congrès de l'honneur fait en sa personne à l'ordre bénédictin. Il résuma la dissertation du Révérendissime dom Grégoire, abbé de Silos, en Espagne, sur l'ordre de Cluny, et une autre dissertation sur les manuscrits liturgiques de Cluny. Il donna ensuite la parole aux divers rapporteurs, et après une dernière allocution de M. le comte de Lasteyrie, il remercia l'orateur qui a présidé aux diverses séances du Congrès avec tant de distinction et de science, et après avoir fait les derniers adieux aux membres du Congrès et à l'Académie de Mâcon, la session du Congrès archéologique fut déclarée close.

Nous mentionnons seulement aussi les excursions des congressistes à Saint-Point, Solutré, Berzé-la-Ville et Berzé-le-Châtel, le samedi, et à Paray-le-Monial et Charlieu, le lundi. Lundi 12 septembre, Mgr Villard conduisait à son tour ses hôtes, évêques et abbés, en excursion à Saint-Point, où M. de Montherot, propriétaire du château de Lamartine, leur en fit fort gracieusement les honneurs.

Un mot enfin du banquet du Congrès servi, le samedi soir, dans la grande galerie de la façade du pape Gélase. M. Virey, président, est entouré par les délégués et membres de l'Institut : MM. Aynard, député ; Guimet, Daumet, comte de Murard, président du cortège historique ; Protat, de Mâcon ; Sainte-Marie Perrin, Villard, président de la Société d'économie politique de Lyon ; dom Cabrol, dom Besse, l'abbé Thédenat, le marquis de Barbentane, du Teil du Havelt, Augé de Lassus, Dismur, chef adjoint de l'exploitation du P.-L.-M. ; des délégués des Lamartiniens, des chevaliers pontificaux, le commandeur Rivoira, de l'Académie dei Lincei, etc.

À la fin du repas, M. Duréault, secrétaire de l'Académie de Mâcon, salue la mémoire vénérée du travailleur, assidu comme un bénédictin, que fut Léopold Delisle, et le nom de Cluny, synonyme de l'épopée la plus magnifique de notre histoire.

M. Héron de Villefosse rend hommage aux moines de Cluny qui ont partout laissé l'empreinte de leurs talents, de leur science et de leurs vertus, et joint à celui de M. Duréault son tribut de respect à M. Delisle.

M. Aynard salue le Congrès au nom de M. Bernier et de l'Académie des beaux-arts.

L'Académie de Mâcon, dit-il, a donné un exemple trop peu suivi. Ces institutions devraient prendre part à la vie active de la nation. La grande gloire de tous les Instituts devrait consister à se faire les protecteurs de tous les progrès. Il faut qu'ils prouvent que l'histoire ne commence pas à 1789. « Le centenaire que vous célébrez aujourd'hui porte, non sur un nom, mais sur toute une histoire. »

M. Aynard souhaite que nos artistes contemporains s'inspirent des œuvres du moyen âge. « Il faudrait, conclut M. Aynard, imposer la notion du respect qui manque aujourd'hui, respect des traditions, respect des monuments. L'histoire de notre pays est une et indivisible. »

Dom Cabrol, abbé de Farnborough, prononce aussi un toast très remarqué. L'éminent bénédictin a bien voulu nous en communiquer le texte complet :

« Messieurs, ce n'est pas sans un certain sentiment d'appréhension que je prends ce soir la parole au milieu de vous — et je ne le fais que parce qu'il ne me paraît pas possible de me dérober à l'aimable invitation de votre cher et dévoué secrétaire perpétuel (M. Duréault, secrétaire de l'Académie de Mâcon).

« Ces cloîtres de la célèbre abbaye de Cluny où nous nous trouvons réunis ce soir, en des agapes qui ne rappellent en rien la frugalité monastique des anciens hôtes de Cluny, me remettent en mémoire les souvenirs bénédictins et la sentence de la règle de saint Benoît concernant le réfectoire : *summum fiat silentium ad mensam* : que le plus grand silence règne au réfectoire et que seule la voix du lecteur de table soit entendue.

« Mais n'est-ce pas le cas de dire : les temps ont changé, et les mœurs avec les temps. Du Cluny monastique il ne reste presque plus rien, *etiam periere ruinœ.*

« Mais du moins son souvenir n'a pas péri. Vous nous l'avez prouvé, Messieurs, dès ce premier jour du Congrès, dans la séance d'ouverture de ce matin, où nous avons entendu la voix éloquente de M. le président de l'Académie, celle de M. René Bazin, celles de MM. Babelon, Imbart de la Tour, de dom Besse, nous raconter les gloires du Cluny monastique.

« Cela, vous l'avez fait, et si bien fait, Messieurs, qu'il ne me reste plus rien à dire, si ce n'est à remercier les orateurs dont je viens de citer les noms, d'avoir su parler si noblement et si justement de cette grande institution monastique ; il me reste encore à remercier les organisateurs du Congrès et tout particulièrement le savant, actif, et très sympathique secrétaire qui a su se multiplier pour faire face à tout, et qui n'a épargné ni son temps ni sa peine, pour donner à ce Congrès tout son éclat ; il me reste à remercier tous les membres du Congrès archéologique et de celui du millénaire, unis en une même pensée pour célébrer ce grand anniversaire.

« Ces remerciements, je ne vous les offre pas en mon nom, ce serait peu, mais au nom de tous mes confrères de l'ordre bénédictin, au nom de tous les évêques et prélats réunis en ce moment autour de Mgr l'évêque d'Autun, le grand initiateur de ce Congrès, et qui m'a chargé de l'excuser auprès de vous de n'avoir pu venir ce soir, retenu loin de nous, au milieu de ses hôtes illustres, par les devoirs de l'hospitalité.

« Ce qui me frappe dans cette manifestation, ce qui a frappé les orateurs qui se sont fait entendre ce soir, c'est l'hommage ainsi rendu, publiquement, en plein xxᵉ siècle, à ces moines du passé qui ont su faire de si grandes choses.

« Ce qu'ils ont fait de grand, les orateurs que j'ai cités

l'ont dit, et en termes assez éloquents, pour qu'il soit inutile d'y rien ajouter.

« Mais ce qu'ils m'ont laissé à dire, c'est que ces grands moines, nos aînés, nous ont donné une grande leçon de foi et de travail, de sérieux et de respect ; une leçon que les humbles héritiers de leur nom et de leurs travaux, bien inférieurs sans doute à leurs aînés, s'efforcent, du mieux qu'ils peuvent, de garder précieusement.

« C'est pour vous remercier de cet hommage sympathique rendu publiquement à l'ordre monastique, aux traditions de foi, de travail, de prière, de religion et de vrai patriotisme, représentées par le grand nom de Cluny, que je suis heureux de saluer ce Congrès et de souhaiter à tous ses membres joie et succès. »

Puis MM. de Lasteyrie, Jacquier, de Lyon ; Lefèvre-Pontalis et Latouche, de l'*Éclair*, ont pris tour à tour la parole, tandis qu'une brillante retraite aux flambeaux parcourait la cité.

LE CORTÈGE HISTORIQUE

Le samedi soir, vers cinq heures, huit hommes d'armes, *salade* en tête et trompette au poing, accompagnés d'un sergent, raide dans sa gaine de cuir et sa cotte de mailles, parcourent les rues du bourg et font « assavoir » à la population que « demain le pape Innocent IV et l'abbé de Cluny recevront en grande pompe le roi, la reine Blanche de Castille, l'empereur de Constantinople et leurs féaux serviteurs ».

La foule, qui encombre déjà les rues, applaudit les hérauts et le « cry » du sergent. Elle sait que le comité d'organisation a tout prévu jusque dans les moindres détails et n'a rien épargné ni pour la richesse des costumes ni pour le grandiose aspect du défilé. Aussi l'affluence s'annonce-t-elle énorme pour le dimanche 10 septembre.

Et, en effet, dès la première heure, l'envahissement de Cluny dépasse même les plus optimistes prévisions. On évalue à plus de quarante mille le nombre des étrangers que les trains, les automobiles, les voitures déversent à Cluny. Le beau temps s'est mis de la partie et nous favorisera pendant toute la durée des fêtes.

A huit heures du matin est arrivé M. Sarraut, sous-secrétaire d'État à la guerre, et, sans le service d'ordre organisé pour son entrée en ville, il serait passé bien inaperçu. Il assistera à une séance de l'Académie, présidera une fête de gymnastique et inaugurera de nouvelles salles de l'hôpital. Sachons-lui gré d'avoir été correct et d'avoir esquivé le couplet sectaire, au cours des allocutions qu'il prononça.

Un peu après deux heures, le cortège quitte la promenade du Fouëttin et, par le champ de foire, noir de monde, pénètre dans Cluny, dont il doit parcourir la plupart des artères.

Des trompettes lancent aux échos leurs sonneries joyeuses et un peu modernes. Des arbalétriers, casaqués de jaune, leur font cortège.

Voici, parmi les écuyers à l'air martial, les massiers, le premier échevin magistral, le sonneur de cloches, les sergents, les hérauts d'armes.

Puis les seigneurs. Ceux qui les représentent « conservent la majesté qui sied à un comte de Forez ou à un sire de Beaujeu. Ce dernier attire le regard, dans son riche vêtement de velours vert enserti de filigranes d'or. Le casque gaulois du comte de Ponthieu contraste avec la cotte et la casaque de soie blanche qui l'enserre.

« On admire fort l'auguste sérénité, la verte vieillesse du sire de Bourbon, dont la barbe vénérable est grise comme son manteau bordé d'hermine. Une plume blanche altière se dresse sur son chapeau. Son voisin immédiat, le duc de Bourgogne, a toute la race de M. de Montagu, qui le figure, et il n'est point possible de mieux porter les armoiries illustres du plus puissant féodal de France.

« Un écuyer, la poitrine barrée d'une croix, accompagne le seigneur de la Roche-Pot à la mâle prestance. Et voici encore les sires de Brancion et de Bresse, aux cottes de mailles solides; le fauconnier avec son perchoir, auquel s'agrippent des rapaces; les fifres modulant leurs notes aigrelettes qu'on applaudit, des fous et des pages.

« Le bon roi Louis, neuvième du nom, est pâle, et paraît plus pâle encore sous ses cheveux blonds; la couronne royale semble lui peser, mais le beau manteau bleu de roi qui flotte sur son destrier pare aimablement sa gracilité.

« Le comte de Béthune offre un contraste singulier avec le roi. Il porte allègrement un somptueux manteau bleu et or, une cotte de mailles pesante et une épée qu'eût pu manier Roland.

« Non moins majestueuse, la reine Blanche de Castille, aux traits austères, parade sur son cheval rouan caparaçonné d'or, et dont les mouvements nerveux sont difficilement contenus par les servants qui en tiennent les rênes.

« Mme de Lafarge est magnifiquement drapée d'un grand manteau de cour d'un bleu profond, que rehaussent encore la soie verte et les ors de son corsage. La foule, massée aux fenêtres de la façade du pape Gélase, lui fait une longue et légitime ovation.

« Derrière la reine, qu'accompagne sa fille Isabelle, s'avancent, gracieux et sveltes, les pages habillés de soie blanche, brodée d'azur; les dames d'honneur souriantes et amusées, le comte d'Artois, paré de pourpre; le comte de Poitou, bardé de fer; le sire de Ghistelles, à la coiffure sarrasine; des chevaliers, des hommes d'armes, des fous.

« Enfin, pour clore le défilé, l'empereur de Constantinople et sa femme, étincelants de tous leurs joyaux, rutilants de tous leurs ors; les demoiselles du mai fleuri, roses, blanches ou bleues, et les fils des rois d'Aragon et de Castille [1]. »

Le pape Innocent IV, entouré des cardinaux, des prélats, des abbés et des moines, attend le cortège dans la cour de l'abbaye. Quand saint Louis s'avance, le pape descend à sa rencontre. Le roi sollicite sa bénédiction pour lui, la reine-mère, sa sœur Isabelle, ses frères, Baudouin et les chevaliers de sa suite.

En latin, Innocent IV répond qu'il est heureux de saluer un aussi noble souverain; heureux de le recevoir, ayant à ses côtés un abbé dont la sainteté est en tous lieux répandue, heureux encore de rencontrer celui qui a vaincu, pour la bonne cause, Bretons et Aquitains, et qui

---

1. *Journal des Débats* du 13 septembre.

saura toujours vaincre les ennemis de la foi et de la papauté.

Après avoir donné sa bénédiction au roi et à sa suite, le pape vient prendre à nouveau place sur l'estrade; saint Louis s'assied à ses côtés.

A ce moment, les moines entonnent le *Christus vincit*, que M. Sarraut écoute d'un balcon. Puis la chorale de Mâcon, qui compose les chœurs, chante en français *Les Martyrs aux Arènes* et la marche des pèlerins de *Tannhauser*.

Pour être juste, et tout en rendant hommage à l'immense effort du comité d'organisation, avouons que cette dernière et courte scène, d'une très réelle difficulté de réalisation, ne revêtit pas l'ampleur qu'on lui eût souhaitée.

La foule, débordant le service d'ordre, avait envahi l'estrade, si bien qu'Innocent IV, l'abbé de Cluny, les prélats et les moines apparaissaient perdus parmi les spectateurs, et que le pape, pour aller au-devant du roi, dut s'avancer à travers deux haies pressées de curieux.

Mais ce sont là petits défauts de détail, impossibles à éviter et même à prévoir, et qui nuisent peu à l'effet d'ensemble. L'impression demeure, pittoresque et instructive.

Combien, parmi ces milliers de spectateurs, qui ne connaissaient jusqu'alors le moyen âge, les moines et la papauté, que par les tableaux fantaisistes d'historiens, de romanciers ou de journalistes de troisième ordre, ont perçu, pour la première fois, grâce à cette vivante page d'histoire, quelque lueur des gloires dont resplendissait une époque de prétendue barbarie!

L'évocation de l'entrevue de 1245 entre Innocent IV et

saint Louis était merveilleusement choisie pour éveiller
l'idée de l'immense action exercée par l'esprit clunisien.
« On diminue trop les moines, écrivait récemment un
chroniqueur bien informé, on diminue trop les moines en
faisant d'eux des scribes et des copistes, des enlumineurs
de manuscrits, les bibliothécaires du moyen âge. Réduits
à ce service, ils n'en auraient pas moins rempli un rôle de
premier ordre dans l'histoire de la pensée; ils auraient
sauvé les monuments de l'intelligence, les éléments de la
culture. Mais ils ont fait bien plus encore. Si c'est de
Cluny que partirent, à un moment critique, la réforme et
le salut de l'Église, qu'ainsi ait été affranchie la conscience morale, l'idéal rétabli dans ses droits sur le monde,
la féodalité ruinée, la chrétienté unie, l'Europe fondée, on
conviendra peut-être que c'est assez pour la gloire d'un
couvent, et que, parmi les faits qu'enregistrent les histoires, il n'en est guère de plus importants que l'acte de
donation par lequel un duc d'Aquitaine faisait présent au
moine Bernon, « pour le bien de l'Église universelle », et
« pour les orthodoxes passés, présents et futurs », du lieu
de prières situé dans les forêts de la vallée de la Grosne,
où allait s'élever l'abbaye de Cluny. »

LE TRIDUUM RELIGIEUX

Il était juste que les fêtes religieuses fussent les plus imposantes. Les souvenirs qu'on solennisait ne le commandaient-ils pas? Si le millénaire — et nous nous en réjouissons — eut le caractère d'une manifestation nationale, unissant, dans une même admiration et une même reconnaissance, les adhésions les plus diverses, n'oublions pas que l'Église en eut, la première, l'inspiration, et qu'elle y a gardé la première place.

Les prélats

Quel grandiose spectacle que ce défilé d'abbés, d'évêques et d'archevêques, traversant quatre fois le jour, à l'aller et au retour de la messe pontificale et de la cérémonie du soir, les rangs d'une foule pressée, curieuse et respectueuse, pour se rendre de la maison des Récollets à l'église Notre-Dame! Mitres et crosses étincellent au soleil. Lundi, la pourpre du cardinal Luçon ajoute encore à la majesté du cortège qui symbolise, — comme le dira Mgr Villard à Paray-le-Monial dans la cérémonie finale, — l'Église en marche vers l'avenir, les pasteurs passant, la houlette en main, au milieu de leurs ouailles bien-aimées.

Les prélats et les abbés qui ont participé aux fêtes sont : S. Ém. le cardinal Luçon, archevêque de Reims ; Mgr Seton, archevêque titulaire d'Héliopolis de Syrie — Mgr Seton est le descendant d'Élisabeth Seton, dont la mémoire est en vénération parmi les catholiques d'Amérique pour ses généreuses libéralités ; — Mgr Dubillard, archevêque de Chambéry ; Mgr Gauthey, archevêque de Besançon ; Mgr Villard, évêque d'Autun ; Mgr Béguinot, évêque de Nîmes ; Mgr Herscher, évêque de Langres ; Mgr du Curel, évêque de Monaco ; Mgr de Cormont, évêque de Saint-Pierre et Fort-de-France ; Mgr du Vauroux, évêque d'Agen ; Mgr Déchelette, évêque auxiliaire de Lyon ; Mgr Lobbedey, évêque de Moulins ; Mgr Manier, évêque de Belley ; Mgr Baudrillart, recteur de l'Institut catholique de Paris ; dom Lemoine, abbé de la Pierre-qui-Vire ; dom Cabrol, abbé de Farnborough ; dom Chautard, abbé de Sept-Fonts ; dom Gréa, abbé de Saint-Antoine ; dom Marot, abbé de Lazcano ; dom Renaudin, abbé de Saint-Maurice ; dom Gariador, abbé titulaire de Fleury-sur-Loir, visiteur de la province, en résidence à Jérusalem ; dom Albéric, prieur de Sept-Fonts ; et Mgr Saint-Clair, protonotaire apostolique.

Plusieurs prélats et abbés qui avaient annoncé leur présence ont été empêchés au dernier moment. Ceux qui, invités par Mgr Villard, n'ont pu répondre à son appel, se sont excusés en exprimant leurs grands regrets. Témoin Mgr Vaszary, prince-primat de Hongrie, qui écrivait, le 5 septembre, une lettre latine dont la haute signification s'impose, tant par la situation hiérarchique du vénérable prélat que par les termes mêmes dont il se sert pour vanter les bienfaits produits dans l'Église d'Occident par l'ordre bénédictin de Cluny.

En voici la traduction [1] :

Illustrissime et Révérendissime Seigneur,

Voici dix siècles écoulés depuis la fondation du très célèbre monastère de Cluny.

Sachant très bien les fruits abondants et très salutaires de piété et de science portés par cet institut d'observance régulière, je serais très heureux d'assister aux solennités qui doivent célébrer la mémoire des monastères de Cluny; je le ferais d'autant plus volontiers que je suis moi-même

(1) Illustrissime ac Reverendissime Domine Episcope !
Decimum nunc vertitur sæculum, e quo celeberrimum Cluniacense cœnobium surrexit.

Perbene sciens quam uberes saluberrimosque pietatis necnon scientiæ attulerit fructus hoc regularis observantiæ institutum, libentissime adessem festivitatibus, quæ monasteriorum Cluniacensium memoriam agere intendunt, eoque magis, cum et ipse filius sim Patriarchæ Occidentis atque quondam religiosorum Ordinis S. Benedicti de Sacro Monte Pannoniæ archiabbas fuerim.

Corporis tamen infirmitate impeditus, quominus tam longum suscipiam iter, spiritu saltem adesse quam maxime exopto.

Intime ergo congaudens iubilæo Abbatiæ Cluniacensis de religione, de bonis disciplinis, de re publica optime meritæ, simul vehementer mihi in votis est, ut omnes, qui sub regula S. Benedicti vivunt, vestigiis Cluniacensium strenue insistentes, Deo bene juvante, proinde quoque ad humani generis salutem, Ecclesiæ Catholicæ decorem, veri nominis scientiæ emolumentum communibus studiis quam felicissimo successu operam dare possint.

Æstimatissimis fraternis affectibus commendatus singulari cum cultu maneo
Illustris Vestræ humillimus servus.

Claudius C. VASZARY,
Princeps Primas Hungariæ, Archi-Eppus Strigonien.

Strigonii in Hungaria, die 5. Septembris 1910.

fils du patriarche d'Occident et que j'ai été autrefois archi-abbé des religieux de l'ordre de Saint-Benoît du Mont-Sacré en Pannonie.

Mais, empêché par les infirmités d'entreprendre un si long voyage, je désire vivement être présent au moins d'esprit.

Je m'associe donc intimement à la joie du jubilé de l'abbaye de Cluny qui a si bien mérité de la religion, des belles-lettres et de la société ; en même temps, j'ai vivement à cœur que tous ceux qui vivent sous la règle de saint Benoît marchent avec fermeté sur les pas des Clunistes, avec l'aide de Dieu ; et qu'en conséquence ils puissent, pour le salut du genre humain, l'honneur de l'Église catholique et les progrès de la vraie science, se livrer aux études communes avec le plus heureux succès.

Honoré de vos sentiments fraternels si précieux, je demeure, avec une toute particulière révérence, de Votre Grandeur, le très humble serviteur.

Claude VASZARY,
Prince-primat de Hongrie, archevêque de Gran.

Gran, en Hongrie, le 5 septembre 1910.

L'hospitalité pendant le Millénaire de Cluny et le toast du cardinal Luçon

Si les fêtes religieuses, rehaussées par la présence d'un prince de l'Église, de quinze archevêques, évêques et prélats, et de sept abbés bénédictins, furent la plus imposante manifestation du Millénaire, il faut rendre aux Clunisiens cet hommage qu'ils réservèrent à leurs visiteurs éminents l'accueil le plus empressé.

Les maisons de Cluny et des environs rivalisèrent pour offrir l'hospitalité aux évêques, aux prêtres, aux séminaristes, à la maîtrise de Chalon, etc.

La communauté des Sœurs de Saint-Joseph a droit à un tribut particulier de reconnaissance. Elle se montra vraiment l'héritière de la charité de l'abbaye ; si, autour d'elles, l'antique foi clunisienne a disparu avec les grands moines, si l'espérance est lointaine, la charité demeure : *major autem horum charitas*. Le couvent avait été gracieusement décoré ; l'atrium, l'ancien cloître des Récollets, était tout festonné de guirlandes de mousse et orné de fines draperies.

La vieille chapelle franciscaine, restaurée en vue des fêtes, avait revêtu ses plus beaux ornements. Près de soixante messes furent dites à la communauté.

Une salle de dessin existait en permanence, presque nuit et jour, où d'infatigables miniaturistes, héritières du talent des moines enlumineurs, confectionnaient les cartes blasonnées pour les invités de Mgr Villard.

Le bâtiment du pensionnat, entièrement abandonné aux hôtes, servait, au premier étage, de salle de réunion pour la formation du cortège et, au rez-de-chaussée, de spacieuse salle à manger.

Grâce à ces précieux dévouements, Mgr Villard put, chaque jour, recevoir à sa table les prélats, les abbés et un nombre considérable d'invités.

Les représentants de l'Institut, MM. René Bazin, Babelon, Imbart de la Tour, de Franqueville, et MM. Duréault et Virey, secrétaire et président de l'Académie de Mâcon, vinrent, le dimanche, prendre part à ces cordiales agapes.

A la fin du repas, Mgr l'évêque d'Autun dit toute la joie que lui causait la présence et le concours précieux de ces éminents personnages, et manifesta sa grande satisfaction de l'union qui réunit tant d'efforts et de dévouements pour le succès du millénaire.

M. René Bazin, au nom de ses confrères comme en son nom personnel, remercia Mgr Villard de l'invitation qui leur a été faite et du bonheur qui leur a été procuré de pouvoir, avec une intimité faite de respect du passé, évoquer une gloire aussi pure que celle de Cluny, dans cette ville où l'œuvre des grands moines restera une preuve vivante de leur impérissable amour pour la France et pour l'Église.

Mgr Seton, archevêque titulaire d'Héliopolis, affirma les liens puissants d'amitié qui unissent l'Amérique à la France, et surtout à la France catholique.

A la suite de cette réunion, un télégramme fut envoyé à Pie X ; en voici le texte :

Sa Sainteté Pie X, Vatican, Rome

Archevêques de Chambéry, Besançon, Héliopolis; évêques d'Autun, Nîmes, Langres, la Martinique, Monaco, Agen, Hiérapolis, Moulins, Belley; prélats Baudrillart, Saint-Clair; sept Révérendissimes abbés Bénédictins, Cisterciens, groupés autour de S. Em. l'archevêque de Reims, nombreux clergé et catholiques éminents, particulièrement MM. René Bazin, académicien; comte de Franqueville, Thédenat, Babelon, membres de l'Institut, offrent à Sa Sainteté hommage reconnaissance, pour sa lettre autographe bénissant le Millénaire. Heureux d'annoncer la beauté de la fête religieuse, grand concours de fidèles, tous envoient de Cluny l'expression de profonde vénération filiale.   † *Évêque d'Autun.*

La réponse est arrivée sans retard, ainsi conçue :

Saint-Père, apprenant avec plaisir et intérêts particuliers splendeurs des fêtes du Millénaire abbaye Cluny, et agréant filial hommage éminents personnages ecclésiastiques et laïques réunis avec peuple nombreux pour célébrer date événements si mémorables, remercie et envoie de grand cœur à tous bénédiction apostolique.

Card. MERRY DEL VAL.

Sa lecture, au déjeuner du lendemain, par le cardinal Luçon, fut saluée par les plus vifs applaudissements.

C'est à la fin de ce même déjeuner que, aux témoignages de reconnaissance que lui adressait Mgr Villard, d'avoir rehaussé de sa pourpre l'éclat de nos fêtes, Son Éminence répondit par le toast splendide que nous sommes heureux de reproduire intégralement :

« Monseigneur,

« Vous me remerciez d'être venu à vos fêtes : c'est bien plutôt moi qui dois vous être reconnaissant de m'y avoir invité, et de m'avoir ainsi procuré l'occasion de payer mon humble tribut d'admiration et de gratitude à l'ordre de Cluny, aux grandes mémoires et aux grands souvenirs que ce seul nom évoque.

« Cluny, en effet, on l'a redit avec éloquence pendant ce triduum, fut l'un des plus puissants rameaux de cet

arbre bénédictin qui a couvert l'Europe de son ombre
bienfaisante, et qui l'a nourrie de ses fruits de sainteté et
de savoir. Quel spectacle saisissant, s'il nous était donné
de voir défiler devant nous, dans la majesté de leur gloire
céleste, ou mieux encore peut-être, dans la simplicité de
leur costume terrestre, ces célèbres moines de Cluny, qui
furent Grégoire VII, Urbain II, Pascal II, Calixte II ; ces
grands saints qui s'appelaient Bernon, Odon, Mayeul,
Odilon, Hugues, Pierre le Vénérable ; tant de héros de la
vertu qui ont fait fleurir la sainteté dans cette solitude
pendant de si longs siècles, surtout pendant les deux cent
cinquante ou trois cents ans de la ferveur primitive de
Cluny ! Quelle émotion, s'il nous était permis de contempler, comme en une vision, cette antique église abbatiale
dans toute sa splendeur, peuplée de ses deux cents, de ses
quatre cents religieux, chantant en chœur dans leurs
stalles l'office divin du jour et de la nuit, et acquittant
ainsi le devoir social de la louange et de la prière publique ; ou bien, si nous voyions se dérouler à nos yeux,
dans une série de tableaux vivants, l'œuvre de défrichement, de moralisation, de bienfaisance, de civilisation,
qui eut son centre dans l'enceinte de ce monastère, morte
aujourd'hui et muette, mais alors si vivante et si active.

« Tout cela n'est plus ! Il n'en reste que des ruines.
Mais quand on pense aux grandes choses dont ce monastère a été le théâtre, aux nobles et saints personnages qui
en furent les acteurs, à l'influence qui, de cette abbaye et
des deux mille maisons rangées sous son obédience,
rayonna sur la France et sur l'Europe, on ne peut s'empêcher de reconnaître qu'il n'était pas possible de laisser

passer sans le saluer le Millénaire de la fondation de Cluny.

« Oui, il était juste d'honorer la mémoire de ces hommes illustres qui furent les pères de notre civilisation : *Viros gloriosos et parentes nostros ;* de ces hommes grands en vertus, *homines magni virtute ;* qui avaient à un degré si éminent le sens et le goût de tout ce qui est beau, *pulchritudinis studium habentes ;* de ces hommes dont la bonté était inépuisable et dont les bienfaits durent encore, *hi viri misericordiæ quorum pietates non defuerunt.* On dirait que l'*Hymnus Patrum* de nos Livres saints a été inspiré pour célébrer leurs louanges, tant il s'applique à eux trait pour trait.

« Les hommes du présent se font honneur à eux-mêmes en honorant les grands hommes du passé. Que les formes politiques changent, que les institutions sociales se modifient, cela est dans la nature de toutes les choses créées : rien ne demeure, rien n'est éternel ; tout change, tout passe, tout périt. Mais les temps nouveaux se doivent à eux-mêmes de ne pas mépriser les temps qui les ont précédés, et de rendre justice à ce qu'il y a eu de bon en eux. Toutes les gloires du passé, religieuses et militaires, scientifiques, littéraires et politiques, sont un héritage sacré que nous ont légué nos pères ; elles constituent notre patrimoine national. Si le bien a été mélangé de mal, n'est-ce pas le sort de toutes les choses humaines ? Est-ce une raison pour oublier le bien ? Si des abus se sont glissés à travers les services rendus, est-ce une raison pour méconnaître les services ?

« Voici l'Ordre monastique : qui peut contester qu'il ait

rendu au monde les plus grands services, qu'il nous ait laissé les plus admirables exemples de vertus, qu'il ait été le bienfaiteur des lettres, des sciences et des arts aussi bien que des pauvres, des petits et des faibles ? N'est-ce pas un fait que *cruce et aratro* il a défriché notre sol et civilisé notre pays ? Nous bénéficions encore du fruit de ses travaux dans toutes les branches de l'activité humaine. Si on peut lui reprocher quelques défaillances, quelques abus, serait-il juste de ne voir dans son histoire que ces abus, inhérents à l'infirmité de notre nature, et de méconnaître les bienfaits ? de taire ceux-ci pour ne parler que de ceux-là ? La justice et la vérité ne nous font-elles pas un devoir, tout en regrettant les torts, s'il y en a, de rendre hommage aux mérites ?

« C'est un devoir que certains de nos contemporains sont trop enclins à oublier : avant eux, rien de bon ; avant eux, tout fut mauvais ! C'est une abominable ingratitude envers nos ancêtres, dont les travaux sont pour nous une précieuse avance, sans laquelle, en aucune branche des sciences, il ne nous eût été possible de réaliser les merveilleuses découvertes modernes dont nous sommes justement fiers, mais qui présupposent nécessairement les travaux d'approche de nos devanciers.

« Ce qui est vrai des inventions ne l'est pas moins des institutions et des mœurs : elles n'ont pu se développer et se perfectionner que graduellement, aux leçons de l'expérience, par une lente évolution dont chaque phase suppose la précédente.

« Ne méprisons donc pas le passé ; sachons lui rendre justice ; soyons-lui reconnaissants des étapes qu'il a franchies pour nous et des voies qu'il nous a ouvertes, des chefs-d'œuvre qu'il nous a légués, et des éléments de progrès qu'il nous a préparés.

« La population et la municipalité de Cluny l'ont compris, et elles se sont fait honneur en célébrant les grands souvenirs grâce auxquels le nom de leur cité est connu dans le monde entier. C'est aussi cet esprit de justice et de gratitude qui nous a amenés ici, Messeigneurs et Messieurs. Nous sommes venus à Cluny pour rendre hommage à un illustre passé, pour honorer la mémoire des saints et des savants qui ont vécu dans cet antique monastère, pour reconnaître les services rendus aux lettres, aux arts et aux sciences, par le grand Ordre bénédictin, par les moines de Cluny.

« Ce passé glorieux, mes Révérendissimes Pères, vous en êtes les héritiers, et vous le représentez ici, vous les fils, vous les successeurs du saint Patriarche des moines d'Occident. Recevez donc le tribut de reconnaissance et d'admiration que nous sommes heureux d'offrir en vos personnes aux illustres religieux auxquels Cluny doit toute sa célébrité, et qui se survivent en vous, puisque vous vivez de leur esprit, et que vous continuez leurs nobles traditions. Pourquoi faut-il que ce soit dans l'exil ? Mais, cet exil, nous espérons du moins qu'il ne sera pas de longue durée. La France a le cœur trop généreux pour tenir longtemps ses portes fermées aux meilleurs de ses fils, à des fils auxquels elle doit des gloires si pures.

« Je suis certain, Monseigneur, d'être l'interprète des sentiments de tous, en vous félicitant respectueusement d'avoir organisé ces splendides solennités. Pour mon

CLUNY. — 5.

compte, je vous remercie d'autant plus vivement de m'avoir procuré le bonheur d'y prendre part, que j'avais à honorer ici, au nom de mon diocèse, une mémoire dont il est particulièrement fier, celle d'Odon de Chatillon, enfant de l'Église de Reims et moine de Cluny, qui, monté sur la chaire de saint Pierre, fut, sous le nom d'Urbain II, le pape des croisades.

« Permettez-moi, Monseigneur, de me joindre à vous pour remercier tous ceux qui, en répondant à votre invitation, ont contribué à donner à ces fêtes l'éclat dont elles étaient dignes : nos vénérés collègues, dont la présence ici était nécessaire puisqu'il s'agissait d'honorer une des plus célèbres illustrations de l'Église ; tous les amis de Cluny, ecclésiastiques et laïques, qui, en venant à ce millénaire, témoignent que, dans leur amour de la patrie, ils ne séparent de la France du présent ni la France du passé, ni la religion qui fut si intimement et si glorieusement mêlée à notre vie nationale. »

Inutile d'ajouter avec quelle émotion ce langage si élevé et si beau fut écouté et applaudi par les auditeurs privilégiés.

Dom Cabrol, abbé de Farnborough, répondit au nom de la grande famille bénédictine, et exprima les remerciements de son Ordre au cardinal, à Mgr Villard, aux prélats et aux académiciens, pour l'hommage rendu aux moines de Cluny : « Si, expulsés de leur patrie, les Bénédictins n'ont plus la puissance d'autrefois, une chose, du moins, n'a pas changé, c'est le dévouement qu'ils gardent pour l'Église et pour la France. »

Les offices pontificaux à Notre-Dame
et à Saint-Marcel

Chaque jour du triduum une messe pontificale fut célé-
brée à Notre-Dame, successivement par Mgr Dubillard,
Mgr Gauthey et le cardinal Luçon, avec les offices de saint
Odon, du saint Nom de Marie et de saint Mayeul.

Samedi, les chants furent exécutés, avec un art très
apprécié, par la maîtrise Saint-Odon, sous la direction de
M. l'abbé Lauvernier. M. l'abbé Gonon, chapelain de
Paray-le-Monial, était à l'orgue, et le cortège fit son entrée
dans l'église aux sons de la brillante *Marche pontificale*
de sa composition.

A l'Évangile, M. l'abbé Lauvernier souhaita, en quelques délicates paroles, la bienvenue à tous les prélats présents, évoquant le souvenir des liens qui rattachent leurs
diocèses au monastère de Cluny.

Les deux autres jours, c'est la maîtrise de Saint-Pierre
de Chalon et son orchestre qui assumèrent la charge, très
lourde, de tous les chants, aux différentes cérémonies.
Elle s'en acquitta vaillamment, sous l'habile direction de
M. l'abbé Duverne.

Le programme, le mieux choisi et le plus varié,
emprunté aux œuvres de Palestrina, Haendel, Beethoven,
Franck, Gounod, Dubois, Saint-Saëns, Chérion, abbés
Perruchot et Moissenet, etc., fut rempli avec un art digne
de tous éloges, et le plain-chant fut savamment exécuté,
d'après l'édition bénédictine et suivant les principes de
dom Pothier.

Le dimanche, il y eut deux messes pontificales. La

première fut célébrée à huit heures et demie, à Saint-Marcel, la vieille église bien digne de prendre part aux cérémonies du Millénaire, comme le dit excellemment M. le curé, puisqu'elle conserve le culte du pape saint Marcel, si vénéré de saint Hugues que le grand abbé voulut rendre le dernier soupir en présence de ses reliques.

L'officiant était Mgr Seton, archevêque d'Héliopolis. Un chœur très bien exercé s'acquitta de la partie musicale et une voix de véritable artiste exécuta les différents soli.

A l'Évangile, Mgr Lobbedey monta en chaire et, après avoir bénit l'étendard que portera saint Louis au cortège historique, dans ce qu'il nomma modestement une « allocution pastorale », il montra, au très nombreux auditoire, « ce que c'est qu'un moine ». Prière et travail : voilà de quoi est faite la vie monastique.

La prière a une triple forme. Elle est quotidienne et hebdomadaire, d'abord : c'est celle que Dieu impose à chacun de nous ; c'est notre devoir le plus sacré. Elle est séculaire ; c'est la louange des mondes créés et des générations qui passent, comme le chante l'Église : *per omnia sæcula sæculorum*. A cette évocation des siècles, à la messe, avant le chant de la préface, répond une ascension des cœurs : *sursum corda*, et enfin un chant d'actions de grâces : *gratias agamus Domino Deo nostro*. La prière enfin est éternelle, c'est le *laus perennis* dont s'acquittent les anges et les bienheureux dans le ciel.

Adonnés à la prière, les moines ont été aussi d'ardents travailleurs : travail intellectuel, travail artistique, travail manuel, travail social. Et l'éminent évêque trace un saisissant tableau des moines de Cluny réalisant ce beau et fécond programme.

Lundi 12 septembre, à dix heures, à la messe pontificale célébrée par S. Ém. le cardinal Luçon, Mgr Villard dit « le mot du cœur si agréable à prononcer », qui consiste à rendre grâces et à remercier.

Gloire à Dieu d'abord de nous avoir ménagé ces belles et réconfortantes solennités !...

Merci à Son Ém. le cardinal Luçon, qui a interrompu ses retraites pastorales pour être fidèle à la parole donnée. Sa présence ici est si naturelle ! Cluny et Reims ne sont-ils pas deux sources, l'un de la sainteté monastique, l'autre de la foi dans notre pays.

Merci aux archevêques et aux évêques venus de tous les coins de la France et même d'outre-mer : leur respectable assemblée évoque l'idée de la hiérarchie et de la papauté qui fut applaudie la veille, à la fin de la magistrale conférence de Mgr Baudrillart.

Merci aux RR. PP. Abbés venus de la terre d'exil rehausser ces fêtes où leur présence était indispensable. Ne sont-ils pas ici chez eux ?

Merci aux paroisses de Notre-Dame et de Saint-Marcel et à leurs dévoués curés, qui ont personnifié la préparation de cette fête, manifestation de foi, de reconnaissance et de patriotisme.

Merci aux étrangers. Autrefois, tous les étrangers étaient les hôtes de l'abbaye, accueillis comme des amis et des frères. Il en est ainsi pendant ces trois jours où passe sur la cité clunisienne un vent de liberté.

Conservons donc, comme souvenir de ces fêtes, la devise de l'Ordre bénédictin : *Pax*. Paix dans les cœurs et dans les consciences! Paix aux âmes du purgatoire par les indulgences « très plénières » que nous leur appliquons! Paix par le sacrifice, comme l'indique la devise, plaçant le mot *Pax* au-dessous de la croix ! Que ce soit notre devise aussi : Paix avec Dieu, avec soi-même et entre nous, qui sommes tous frères en Jésus-Christ !.....

Après l'office, comme on le fit chacun des trois jours, le cardinal donna la bénédiction apostolique à laquelle est attachée l'indulgence plénière.

Le service funèbre pour M. Léopold Delisle

La troisième journée du triduum, lundi 12 septembre, avait commencé par le service célébré par Mgr Villard pour le repos de l'âme de M. Léopold Delisle. Dans le chœur de l'église Notre-Dame avaient pris place Mgr Baudrillart, dom Cabrol, dom Gréa et plusieurs des abbés présents à Cluny. Derrière le catafalque, nous avons remarqué MM. Chatelain, Picot, de Lasteyrie, Duréault, Prolat et beaucoup de congressistes.

Après l'absoute, Mgr Villard remercia les membres de l'Institut de venir prier pour leur éminent et regretté collègue :

« Messieurs, dit Sa Grandeur, je viens d'accomplir, au nom des congressistes, un pieux devoir de reconnaissance, en offrant la sainte messe pour le tant regretté et vénéré M. Léopold Delisle. Que Dieu, dans sa miséricorde, daigne agréer nos prières !

« Lacordaire rappelle quelque part cette inscription lue sur une tombe, dans un cimetière de Rome :

« Pleurons sur le mort, parce qu'il s'est reposé ! »

« Certes, le digne président d'honneur de votre Congrès a longuement gagné son repos éternel par les labeurs de sa belle vie ; il s'est pleinement acquitté de sa mission ici-bas : *Defunctus*. Mais nous pleurons ce savant chrétien parce que, s'il se repose comme un juste, hélas ! il nous a quittés ! Et pourtant, il nous parlera encore : *adhuc loquitur*. De la patrie où, s'il était besoin, nous avons hâté son entrée par les mérites du sacrifice de notre Sauveur Jésus, il nous dira : « Humblement, j'ai cru sur la terre.... Main-« tenant, je sais, je vois. »

« Il nous encouragera, par ses exemples, à poursuivre généreusement les victoires de la vérité dans chacune des branches de la science que la Providence confie à notre activité.

« Travaillons donc, comme lui, en chrétiens, afin d'être récompensés avec lui quand nous le rejoindrons au séjour de la lumière et de la paix : *Locum lucis et pacis*, en Dieu, *apud Deum*. Ainsi soit-il. »

Les grandes conférences

Chaque soir du Triduum, à l'église Notre-Dame, devant une assistance qui s'entassait et débordait dans la rue et sur la place, furent prononcées les grandes conférences, dont l'ensemble forme une superbe trilogie en l'honneur des moines de Cluny. Tout commentaire en affaiblirait la portée. Nous publions intégralement ces trois discours, dans l'ordre suivant lequel ils ont été prononcés.

CLUNY ET L'ÉGLISE DE FRANCE

DISCOURS

prononcé

PAR MGR GAUTHEY

ARCHEVÊQUE DE BESANÇON

> *Tu autem idem ipse es et anni tui non deficient.*
>
> Vous êtes toujours le même, ô mon Dieu, et vos années sont éternelles.
>
> (Ps. CI, 28.)

MESSEIGNEURS [1],

MES RÉVÉRENDISSIMES PÈRES [2],

MES FRÈRES,

Dieu seul ne passe pas ; son être est immuable, sa vie et sa puissance sans déclin. Le temps, tel un fleuve majes-

---

1. Mgr Seton, archevêque titulaire d'Héliopolis de Syrie ; Mgr Dubillard, archevêque de Chambéry ; Mgr Déchelette, évêque d'Hiérapolis, auxiliaire de Lyon ; Mgr Lobbedey, évêque de Moulins ; Mgr Villard, évêque d'Autun ; Mgr Manier, évêque de Belley ; Mgr Baudrillart, protonotaire apostolique, recteur de l'Institut catholique de Paris ; Mgr Saint-Clair, prélat domestique de Sa Sainteté.

2. Les Révérendissimes Pères : dom Fernand Cabrol, abbé de Farnborough ; dom Paul Renaudin, abbé de Saint-Maurice ; dom Jean-Baptiste Chautard, abbé de Sept-Fons ; dom Léandre Lemoine, abbé de la Pierre-qui-Vire ; dom Garlador, abbé titulaire de Fleury-sur-Loire, en résidence à Jérusalem ; dom Uréa, abbé de Saint-Antoine ; dom Marot, abbé de Lazcano.

Les jours suivants prirent part aux fêtes, en outre des précédents :

tueux et rapide, jette ses années et ses siècles dans l'océan infini de l'éternité divine, et nous, pauvres créatures d'un jour, nous sommes emportés de génération en génération au courant des flots. Mais, à la différence des épaves inconscientes entraînées par le torrent, nous pouvons nous retourner vers le passé, regarder dans le miroir de l'histoire ses grandes institutions et ses vastes ruines, ses gloires et ses décadences, ses hommes et ses œuvres. Notre âme, à ce spectacle, est tour à tour saisie de respect, d'admiration et de reconnaissance, comme aussi de tristesse et de mélancolie. Mais si l'on veut contempler avec le regard chrétien la succession des âges et des choses, on peut, du moins, y prendre de sages leçons, y recueillir des motifs d'espérance et y puiser des encouragements pour travailler au règne de Dieu, qui est toujours en marche et en progrès au travers des vicissitudes du monde.

C'est ce que vous avez compris, Monseigneur l'Évêque d'Autun, quand vous avez décidé de commémorer le millénaire de la fondation du monastère de Cluny. Vous avez voulu remettre sous les yeux de nos contemporains une gloire incomparable. Urbain II, s'adressant à saint Hugues, disait : « La Congrégation de Cluny brille sur la terre comme un soleil. Vous êtes la lumière du monde. » Et saint Grégoire VII déclarait au concile romain de l'année 1077 : « Il n'y a pas au delà des monts, il n'y a pas dans le monde de monastère qui puisse rivaliser avec Cluny en ferveur et dans le service de Dieu [1]. » L'histoire,

---

Son Éminence le cardinal Luçon, archevêque de Reims; Mgr Béguinot, évêque de Nîmes; Mgr de Cormont, évêque de Saint-Pierre et Fort-de-France (Martinique); Mgr du Curel, évêque de Monaco; Mgr Herscher, évêque de Langres; Mgr du Vauroux, évêque d'Agen.

1. Cum ultra montes multa sint monasteria.... Cluniacense.... sub religiosis et sanctis abbatibus ad id usque dignitatis et religionis pervenit ut cæteris monasteriis, quamvis multis antiquioribus.... in Dei servitio

d'accord avec les papes, proclame que Cluny fut le plus grand nom du moyen âge, le sauveur de la civilisation chrétienne.

Aussi bien les Évêques ont répondu à votre appel. Je salue, autour de vous, mes vénérés frères et collègues. Demain Cluny reverra la pourpre romaine dont il se parait dans ses jours de gloire et qu'il avait déjà revue, il y a deux ans, aux fêtes mémorables du neuvième centenaire de l'institution de la Commémoraison des morts, célébrées avec tant d'éclat par le cardinal Perraud, de chère et vénérée mémoire.

Déjà les vénérables abbés bénédictins de France et de l'étranger étaient venus, comme aujourd'hui, donner aux solennités de Cluny un caractère monastique tout à fait de circonstance. C'est de l'exil que vous nous revenez, mes Révérendissimes Pères. Mais pour un jour, jour de joie, de consolation et d'espérance, Cluny a voulu vous recevoir comme si vous étiez encore chez vous. On s'est souvenu que ce fut de Cluny que sortit l'idée de la trève de Dieu. Par un touchant accord du civil et du religieux, des corps savants et du clergé, de l'épiscopat et des académies, comme de toutes les classes sociales, nous célébrons dans l'allégresse la trève de Cluny. Puisse-t-elle être l'aube d'une trève générale pendant laquelle tous les Français jouiront de la vraie liberté, dont Cluny fut jadis le champion victorieux, la liberté religieuse pour tous : moines ou séculiers !

Il y a mille ans, un illustre seigneur, Guillaume comte d'Auvergne, duc d'Aquitaine, auquel est resté le nom de pieux, était ici en conversation avec deux moines, dans

et spirituali fervore præcellat, et nullum in terra illa, quod ego sciam, huic omnino valeat adæquari (Note Quercitani apud *Biblioth. Cluniacensem*, p. 121, C).

une petite maison qui lui servait de rendez-vous de chasse.
Guillaume, privé de postérité [1], songeait à racheter ses
péchés et à se concilier la miséricorde divine en fondant
un monastère où de saints religieux prieraient pour lui.
La renommée lui avait appris qu'il y avait dans une
abbaye de Franche-Comté un abbé admirable, du nom
de Bernon [2], qui avait rétabli la vie monastique dans
toute sa ferveur, autour de lui, à Baume qu'il avait restauré, et à Gigny qu'il avait fondé. Il l'avait prié de venir
à lui. Bernon était venu. On se trouvait dans un vallon
sauvage, au milieu des forêts que traversait une petite
rivière. Quand on eut convenu des conditions de la fondation : En quel lieu voulez-vous vous établir ? demanda
Guillaume à Bernon. En ce lieu même, répondit Bernon.
Guillaume se récriant sur la présence des chasseurs et les
aboiements des chiens qui troublaient le silence et la solitude : « Chassez d'ici les chiens, repartit Bernon, et
mettez-y des moines. Ne savez-vous pas ce qui vous ser-
vira le plus devant Dieu, des clameurs de la chasse ou
des prières des religieux ? » Guillaume se rendit de bonne
grâce [3].

1. Cum non haberet prolem (*Biblioth. Clun.*, p. 8, B); qui cum virili
prole careret (*ibid.*, p. 9, B).

2. Vigoris regularis tenore acerrimum, ac sanctitate decoratum nomine
Bernonem.... Erat tunc temporis Vuillelmus cognomento plus Arverno-
rum comes et Dux Aquitanorum primorum Celticæ provinciæ liberalis-
simus, cujus familiares milites sæpius Balmensem frequentabant locum....
Ac ipsi revertentes ad dominum suum, quidquid boni vel honestatis ibidem
conspexerant oppido diligenter referebant.... Qui protinus mittens ad vi-
rum Dei Bernonem, mandavit illi ut ad se protinus deveniret (*ibid.*, p. 5).

3. Qui dum circumquaque loca vicina perspicaciter intuiti fuissent,
nullum ad hujusmodi congruentiam tam habilem repererunt locum sicut
Cluniacum. Sed cum diceret Dux propter infestationem canum venatoriæ
industriæ, qui ibidem semper morabantur, fieri non posse ; fertur abbas
facete et jocundanter, ut erat vir prudentissimus, tale eidem Duci res-
ponsum dedisse : Tolle, inquiens, canes exinde et invita monachos. Tu
enim ipse bene nosti quod præmium restet tibi canum a Domino vel quæ
merces monachorum. At ipse cum summa exultatione gaudens suscepit

Bernon, fils d'un seigneur de la Bourgogne jurane, après une jeunesse pieuse, dès qu'il eut perdu son père, chercha un monastère où il pourrait se sanctifier. Attiré par la réputation de sainteté des religieux de Saint-Martin d'Autun, il s'y était fixé. Il devint bientôt le modèle de ses nouveaux frères. On le jugea capable de commander et il fut mis à la tête de la petite colonie qui allait restaurer l'abbaye de Baume. Il emmena avec lui Hugues de Poitiers, qui était venu lui-même de Saint-Savin pour apporter la réforme à Saint-Martin d'Autun. C'étaient ces deux moines [1] qui, à un jour de septembre de l'année 910, avaient traité avec le duc Guillaume. Ils s'en retournèrent à leur monastère et ramenèrent bientôt avec eux douze religieux pris par moitié à Baume et à Gigny. On se mit tout de suite à l'œuvre pour bâtir église et monastère. Bernon n'en vit pas l'achèvement réservé à son fils spirituel Odon, qu'il fit élire à sa place comme abbé de Cluny. Bernon avait gouverné pendant dix-sept années, sans cesser de régir les maisons de Baume et de Gigny.

Tel fut le berceau du grand ordre de Cluny, berceau sur lequel se sont penchées les deux Bourgognes en lui donnant des parrains autunois et franc-comtois. On l'avait placé au milieu des bois peuplés de loups et de sangliers. Les moines intrépides eurent bientôt fait de défricher la forêt, de remuer la terre. Avant qu'un demi-siècle se fût écoulé, autour de l'abbaye et de son église, s'étalèrent les prairies, les guérets, les vignes, la rivière fut utilisée et les visiteurs commencèrent à admirer cette charmante vallée où les eaux de la Grosne s'attardent en cent détours,

---

verba viri Dei et ait : Saniori, pater, et prudentiori usus es consilio et sine fictionis fuco (Ibid., p. 3, A).

1. Venit (Berno) habens secum clarissimum Hugonem abbatem sancti Martini Eduensis cujus consultu omnia agebat (Ibid., p. 5, D).

comme si elles avaient peine à quitter des rives enchan-
teresses. Tout fut donc facile au point de vue matériel ; la
nature ne résista pas longtemps au travail intelligent des
moines.

Au point de vue moral, social et religieux, l'œuvre à
entreprendre paraissait sans espoir. Au commencement
du xe siècle, la France agonisait, livrée à l'anarchie. Sous
les faibles descendants de Charlemagne, on voyait se dé-
sagréger l'édifice monarchique que ses puissantes mains
avaient élevé sans peut-être en cimenter assez fortement
les assises. Les trois quarts du pays demeuraient ravagés
par les invasions de ces pirates danois ou norwégiens que
nous avons appelés les Normands. Le Midi était en proie
aux incursions des Sarrasins. La désolation régnait parmi
les peuples des royaumes carolingiens. Pour comble de
malheur, au morcellement de l'autorité civile s'ajoutait le
discrédit de l'autorité religieuse. L'abomination s'étalait
dans le sanctuaire. La ruine et tous les fléaux conjurés
semblaient appesantir sur la France la malédiction céleste.

Les conciles appelaient la réforme. Hérivée, archevêque de Reims, au concile de Trosly [1] l'année qui précéda la fondation de Cluny, ne craignait pas de dire :
« En punition de nos péchés, le jugement a commencé
par la maison de Dieu. De tant de monastères qui floris-
saient en France, les uns ont été incendiés, et détruits
par les païens, les autres sont dépouillés de leurs biens
et presque anéantis. S'il y en a encore quelques-uns où il
reste des vestiges de bâtiments, il n'en est plus où sub-
siste encore la discipline régulière ». Il ne parlait pas
moins sévèrement des évêques et du clergé séculier :

1. Labbe, Conc., ad annum 909.

« L'ordre entier de l'Église est confondu et renversé ». Ce cri d'alarme émeut les Pères du concile, mais il ne se trouve ni hommes assez autorisés, ni institution assez forte pour entreprendre efficacement la réforme que tous réclament. Les évêques n'ont ni prestige ni influence, parce qu'ils sont, pour la plupart, les créatures des princes et des seigneurs. Les moines vivent sans règles, sans discipline, sous des chefs incapables ou indignes, assez souvent laïques. Le clergé séculier est asservi par les maîtres temporels de ses églises, les propriétaires des biens dont il vit. Le peuple souffre, gémit, s'abrite comme il peut contre les incursions des uns et les exactions des autres.

Dans cette nuit sinistre de l'ordre social comme de la religion et des mœurs, à l'aube de ce siècle mauvais, une petite lueur paraît en Bourgogne, « une semence féconde », selon le mot de l'historien Raoul Glaber [1], est jetée dans le vallon de Cluny. La lumière grandira jusqu'à devenir un phare éclatant pour le siècle futur. Le germe qui aura fructifié sur place sera porté par la renommée sur tous les points de la France comme une graine ailée. Les premiers moines de Cluny construisent la ruche où travailleront des abeilles diligentes qui essaimeront de toutes parts. Le monastère deviendra la grande métropole monastique protectrice de la religion et de la liberté de l'Église. Au bout d'un siècle, Cluny apparaîtra au milieu de la France comme un phare de lumière et de civilisation, comme un foyer de vertus et de sainteté, comme un champion de l'indépendance de l'Église et de la liberté civique.

[1]. Fratres duodecim numero inibi memorantur convenisse, ex quorum veluti optimo semine, multiplicata stirpe.... (Radulph. Glaber, *Hist. Francorum*, lib. III, cap. v, ap. *Biblioth. Clun.*, p. 9, E).

Lumière, vertu, liberté, c'est par ces trois mots que l'on peut caractériser l'action de Cluny dans l'Église de France.

I.

PHARE DE LUMIÈRE ET DE CIVILISATION

La matière avait étouffé l'esprit. Le siècle malheureux disputait sa misérable vie à la tyrannie, au pillage, à la terre stérilisée. On ne savait plus où on n'osait plus regarder le ciel. On vivait dans la crainte, la misère, l'anarchie, l'ignorance. Les passions humaines sans frein se déchaînaient dans la violence, l'âpre convoitise du bien d'autrui et l'horrible satisfaction de tous les vices. Qui donc relèvera cette société avilie? Des hommes qui se seront arrachés à la servitude des sens pour vivre de la vie de l'âme dans la chasteté, la prière et le travail. La plupart viendront abriter dans la solitude du cloître une jeunesse que le monde n'avait pas eu le temps de flétrir. Beaucoup laisseront les richesses, les honneurs, les plaisirs bruyants du château ou du manoir pour revêtir le froc monastique. Des seigneurs, las d'une vie de rapines et d'aventures sanglantes, iront porter leurs remords au monastère, et chercher le pardon de leurs péchés dans les austérités du cloître. Si bien que dans peu d'années l'abbaye de Cluny, paradis de l'innocence et asile du repentir, donnera autour d'elle un spectacle merveilleux. Par ses fondations et la réforme de nombreux monastères, sur toute la terre de France, elle fera rayonner au loin ce spectacle nouveau, au milieu d'un monde étonné et charmé qui peu à peu lèvera la tête vers un idéal de vie dont s'éprendront à la longue le clergé, les religieux, les nobles et les gens du peuple. L'exemple est irrésistible. En voyant des jeunes hommes beaux et forts courber leur tête fière sous la tonsure monacale, vivre sans souci des biens terrestres, dans le mépris du luxe et des plaisirs, travailler activement, prier avec ferveur, chanter les louanges de Dieu et marcher comme des anges dans le silence du cloître, tous ceux qui seront témoins de ces belles mœurs religieuses seront émus. Ils admireront d'abord et finiront par envier le sort de ces êtres privilégiés, contents de l'existence terrestre qu'ils se sont faite et promis à la béatitude céleste.

On sait assez combien les courants d'opinion, comme on dirait aujourd'hui, se propagent vite, même parmi les peuples qui n'ont aucun de nos moyens de transmission rapide, pour comprendre quelle action puissamment bienfaisante, Cluny, avec ses centaines de monastères, dut exercer sur notre pays de France où déjà on savait se passionner pour l'idéal, quand de grands exemples lui donnaient un éclatant rayonnement.

Mais il fallait soutenir l'influence de l'idéal par l'instruction, car l'ignorance est fatalement son tombeau, et l'ignorance épaississait, au x⁰ siècle, son voile sombre sur notre pays. Cluny ouvrit des écoles. Bernon avait amené de Baume le jeune Odon, qui y était venu de Saint-Martin de Tours, où il était chanoine, cherchant un milieu de sainteté. Il en avait fait l'écolâtre du monastère ; ce même emploi lui fut confié à Cluny, où bientôt les écoles devinrent florissantes. Elles étaient peuplées des enfants donnés par leurs parents et qu'on élevait pour le cloître, comme aussi de jeunes séculiers qui devaient, après avoir reçu l'instruction et l'éducation conformes à leur destinée, rentrer dans leurs familles. Enfants du pauvre, enfants du riche, enfants du monastère, y recevaient gratuitement l'hospitalité, la nourriture et l'enseignement. L'édu-

cation y fut d'abord l'objet de soins assidus et délicats.
On connaît la parole célèbre du chroniqueur : « Le plus
grand prince n'est pas élevé avec plus de soins dans le
palais des rois que ne l'était le plus petit des enfants à
Cluny [1]. » On y enseignait la grammaire, les belles-lettres, les mathématiques, la philosophie, en orientant
toutes les connaissances vers l'étude de la sainte Écriture
et des Pères.

La langue latine, qui s'était barbarisée, elle aussi,
comme les mœurs, était en grand honneur. De Cluny
sortirent des latinistes distingués : un historien de valeur,
Raoul Glaber ; des chroniqueurs, Syrus, Aldebald, Bernard et Udalric ; des controversistes et des théologiens,
Jotsauld et Alger, auteur d'un remarquable traité sur
l'Eucharistie, opposé aux erreurs de Bérenger ; des bio-
graphes et des poètes, Raynaud de Semur, Odilon lui-
même. Pierre le Vénérable, outre une multitude d'écrits
de controverse, d'histoire religieuse, de théologie, a
laissé de très nombreuses lettres qui sont le monument
littéraire le plus intéressant de l'époque pour leur belle
latinité, l'étude des mœurs du temps et les renseignements historiques qu'on ne trouve que là. On organisait
à Cluny des conférences et des tournois littéraires. Saint
Bernard exprime sa satisfaction d'y avoir assisté. Quand
des hommes comme saint Anselme ou le légat Hugues,
archevêque de Lyon, venaient à Cluny, ils exposaient la
sainte Écriture et résolvaient les difficultés devant l'assemblée des frères.

Dans tous les monastères qui se donnaient à Cluny ou
qui se fondaient par ses colonies de moines, on ouvrait
de pareilles écoles. Celle de Saint-Bénigne, de Dijon, fut

---

1. Udalric, *Consuet. Cluniac.*

entre les plus célèbres. Son écolâtre, Guillaume de Saint-
Bénigne, qui y avait été envoyé par saint Mayeul, avait
fondé dans plus de quarante monastères des écoles où
l'on enseignait jusqu'à la médecine.

En outre, sans négliger les auteurs profanes, ce qui se
voit bien par les allusions et les citations classiques qu'on
rencontre dans les écrivains clunistes, on cultivait assi-
dûment les Pères de l'Église. On en peut juger par l'emploi judicieux des textes des saints Pères, comme de ceux
de la sainte Écriture, que savaient faire les auteurs que
nous avons cités. Cluny avait ses ateliers de copistes, où
l'on transcrivait avec une scrupuleuse exactitude les écrivains sacrés et profanes. Des enlumineurs décoraient,
avec un art que nos artistes modernes s'appliquent à
imiter, les Livres Saints ou les livres d'église. La chro-
nique de Cluny a conservé les noms d'Albert, disciple de
saint Hugues, qui, avec l'aide du bibliothécaire Pierre,
avait écrit une Bible admirable, le plus beau livre que
possédait Cluny [1], et du moine Durand, qui avait trans-
crit tant de beaux graduels et de beaux antiphonaires,
qu'après sa mort, pour honorer son talent d'artiste, on
éleva d'un degré le rite de ses funérailles.

Les écolâtres des plus célèbres écoles venaient à Cluny.
Combien de grands hommes, de saints abbés, d'illustres
évêques, sortis de Cluny, honorèrent l'Église de France,
pour ne rien dire des papes et des cardinaux qu'il donna
à l'Église universelle !

Comme les lettres, les arts étaient cultivés à Cluny.
L'architecture, notamment, y fut renouvelée. Cluny
peupla la Bourgogne, l'Auvergne, le centre de la France,

---

1. Est enim illud volumen Bibliæ mirificum, magnum et pretiosum,
littera et correctione ac etiam coopertura lapidibus berillinis decoratum
(*Chron. Clun.*, ap. *Biblioth. Clun.*, p. 1643, C).

de belles églises romanes aux voûtes élevées, aux nefs majestueuses, aux déambulatoires gracieux, dignes d'être les promenoirs des anges [1]. Rien de plus beau et de plus grandiose ne s'était vu dans le monde, depuis le temple de Salomon et le Parthénon, et avant Saint-Pierre de Rome, que l'immense basilique élevée par saint Hugues.

Pour achever d'esquisser l'œuvre lumineuse et civilisatrice de Cluny, il faut dire que, par l'excellence de sa règle, la sagesse de ses institutions, par l'exemple du bon gouvernement, de l'ordre, de la paix, du bien-être qui régnaient dans ses monastères, il montra à la royauté, aux princes, aux seigneurs féodaux, le modèle d'un état social meilleur. Il aida le peuple à s'organiser et à s'élever sur l'échelle sociale, en favorisant et en protégeant les communautés et les villages qui se formaient autour des couvents pour vivre heureux sous la crosse. Si bien qu'on pouvait appliquer aux vassaux, aux clients et aux protégés de Cluny, la parole de l'Apôtre : « Vous étiez jadis dans les ténèbres, maintenant la lumière du Seigneur vous éclaire ; comportez-vous comme des fils de lumière, car les fruits de la lumière sont la bonté, la justice et la vérité [2]. »

---

1. Credidit abbas et divinis animatus monitis habitationi gloriæ Dei tantam ac talem basilicam construxit, ut capacior ne sit magnitudine an arte mirabilior difficile judicetur. Hæc ejus decoris et gloriæ est quam si liceat credi cœlestibus incolis in hujusmodi usus humana placere domicilia, quoddam deambulatorium dicas angelorum (Hildeb. Cenom., *Vita S. Hugonis*, ap. *Bibl. Clun.*, p. 42, B).

2. Eratis aliquando tenebræ, nunc autem lux in Domino. Ut filii lucis ambulate : fructus enim lucis est in omni bonitate et justitia et veritate (*Eph.*, v, 8-9).

II.

FOYER DE VERTUS ET DE SAINTETÉ

La discipline de Cluny eut pour caractère particulier la sagesse, la modération, la mesure. On n'y écrasait pas la nature pour la réformer; on cherchait à utiliser ses bonnes tendances ; on élevait, on redressait les mauvaises. Les tempéraments passionnés et parfois violents et farouches de l'époque n'eussent pas été capables d'héroïsme continu dans l'abnégation. On les assouplissait par une conduite douce et vigilante. On les pliait, sans trop de contrainte, à l'humilité, à la douceur et à l'obéissance, qui étaient les trois colonnes de marbre blanc de l'édifice spirituel de Cluny. Il fallait les détacher de la propriété individuelle, les dépouiller de leurs cuirasses de bronze et de leurs rigides armures; mais on leur donnait des vêtements sans rudesse et on pourvoyait à ce que rien ne leur manquât pour les soins ordinaires de la vie, pour la nourriture, distribuée sans parcimonie, mais apprêtée sans recherche. L'ensemble de cette vie était assez austère pour former des saints, desquels ceux qui les voyaient se demandaient si ce n'étaient pas des anges empruntés au ciel ; et elle n'était pas trop rebutante pour des hommes qui avaient connu les délices de la vie et les jouissances du luxe. Saint Pierre Damien était venu visiter saint Hugues. Il lui fit observer qu'il serait bon d'ajouter à la règle des jeûnes et des austérités. « Saint père, lui dit Hugues, veuillez partager notre vie de travail pendant huit jours, et vous jugerez de ce qu'il conviendra de faire¹. » Au bout de la semaine, le saint

---

1. Cui venerandus Hugo discretionis custos egregius, si, inquit, pater

homme se déclara satisfait et partit plein d'admiration pour ce qu'il avait vu à Cluny.

On avait réussi à y réaliser le vœu du prophète : « Le loup habitera avec l'agneau et le léopard avec le chevreau ; le lion et la brebis demeureront ensemble et un enfant les mènera [1] ». On pouvait voir des jeunes gens de dix-huit à vingt ans, à l'œil pur, aux traits aimables, doux, souriants, modestes, penchés dans la prière comme des anges adorateurs, chantant les louanges de Dieu avec des voix suaves, obéissant aux signes — on ne parlait que par nécessité — laissant sur leurs pas un sillage d'innocence et de ferveur et, au milieu d'eux, des visages bronzés par le grand air de la chasse ou des tournois, aux mouvements rudes, à la voix rauque. Tous obéissaient parfois à un prieur de vingt ans ou à un abbé de vingt-cinq comme fut Hugues de Semur.

Bernon avait gouverné Cluny pendant dix-sept années. Se sentant faiblir, il fit nommer pour lui succéder son fils chéri Odon. Ce fut un chef accompli ; il avait alors quarante-cinq ans. L'ombre du cloître qu'il a sanctifié s'est étendue sur sa mémoire. Il n'a pas recueilli la gloire de ses successeurs qui ont dirigé les grands événements, conseillé les princes et les rois. Mais il a achevé le travail de Bernon et ressuscité de ses ruines l'ordre monastique. Érudit plus que tous les autres, il avait en outre une ferveur incomparable. Sa sainteté fut éminente.

---

charissime, vultis augere nobis coronam mercedis, per additamentum jejunii, tentate prius nobiscum pondus laboris vel per octo dierum spatium et deinceps æstimabitis quid adjiciendum censere debeatis. Nam quamdiu non gustaveritis pulmentum, nescire poteritis quid exigat condimentum salis.... eruditus præsul multo eruditior rediit quam venit (*Vita S. Hugonis*, ap. *Bibl. Clun*, p. 461, C).

1. Habitabit lupus cum agno et pardus cum hædo accubabit, vitulus et leo et ovis simul morabuntur et puer parvulus minabit eos (*Is.*, XI, 6).

Pierre le Vénérable s'écrie : « Vienne après le grand Benoît et son disciple Maur, Odon, le souverain réparateur de l'ordre monastique dans les Gaules, le principal réformateur de la règle, Odon, le premier père de l'ordre de Cluny [1]. » Odon donna la solennité à la célébration de l'office divin ; il mit en vigueur l'observance étroite de la règle et il restaura le chant d'église. Il agrandit la sphère d'influence de Cluny et commença à devenir chef d'ordre. Il exerça autour de lui une très grande puissance de persuasion. C'était un pacificateur dans un siècle où la discorde était partout et où la voix des évêques était à peine écoutée. Il dut aller par trois fois à Rome, appelé par le pape pour pacifier les princes qui troublaient l'Italie par leurs sanglantes rivalités.

Sentant ses forces décliner, après quinze années de gouvernement, il fit élire Aymard, homme vénérable duquel Odilon dit qu'il « était fils de la bienheureuse simplicité et de l'innocence [2] ». Son administration fut la transition entre la période de la fondation et celle de la grande expansion. La règle bénédictine était restaurée, il la fallait observer fidèlement. Aymard fit régner l'obéissance et l'humilité, les gardiennes qu'Odon avait voulu donner à sa réforme. Ce saint homme, prévoyant les grandes destinées de Cluny, avait tenu à ménager à son institut, trop jeune encore, quelques années de calme et de recueillement. Aymard fut le sage pilote de cette croisière d'attente de la nef de Cluny qui devait être bientôt

---

1. Veniat post magnum Benedictum et ejus discipulum Maurum, summus ordinis monastici in Galliis reparator, præcipuus regulæ reformator Odo, Odo inquam, primus Cluniacensis ordinis pater (Petr. Vener., *Epist.*, lib. VI, cap. xv, ap. *Bibl. Clun.*, p. 912, B).

2. Huic (Odoni) successit felicis memoriæ Heymardus nomine beatæ simplicitatis et innocentiæ filius (S. Odil., in *Vita S. Mayoli*, ap. *Bibl. Clun.*, p. 281, E).

lancée dans la haute mer. Il ne tarda pas à être atteint
d'infirmités. On put voir un jour ce spectacle touchant :
au milieu du chapitre qui vient d'élire le nouvel abbé désigné par lui, Aymard aveugle prenant par la main
Mayeul et le conduisant sur le trône abbatial. Il vécut
encore seize années dans la retraite.

Voici venir les grands abbés ; une succession de trois
hommes comme il ne s'en est peut-être jamais rencontré
trois de suite dans aucune institution de ce monde, sinon
sur la chaire de saint Pierre. A eux trois, ils ont rempli
plus d'un siècle et demi. Il n'y avait pas en France et
dans le monde entier d'hommes qui leur fussent supérieurs par la sainteté, l'autorité et l'influence. Chacun
d'eux avec son génie particulier contribua à porter Cluny
à son apogée et à en faire une puissance sans égale, dont
le ressort principal était la sainteté.

Mayeul, dont la personne avait tant de charme qu'Odilon, qui devait être son successeur, croyait « voir en lui
le plus beau des mortels [1] », fut un homme parfait. A
quarante ans, il avait tous les titres à commander : le
prestige extérieur, une vertu souveraine, l'éloquence naturelle, la ténacité au travail, la science des lois cano-
niques et civiles. Il fut aimé des moines, admiré des
princes et des rois qui l'appelaient « seigneur et maître [2] ». Jeune chanoine de Mâcon, il avait refusé l'arche-

1. Erat ingressu gravis, voce sublimis, ore facundus, visu jocundus,
vultu angelicus, aspectu serenus, in omni motu, gestu vel actu corporis
honestatem præsentans, omnium membrorum convenienti positione
decentissime comptus ; omnium mortalium mihi videbatur pulcherrimus
(Odilo, in *Vita S. Mayoli*, ap. *Bibl. Clun.*, p. 28{, D).
2. Virtutibus clarus, Deo et hominibus extitit charus. Multi catholici
et honorabiles clerici, religiosi monachi et reverendi abbates venera-
bantur illum ut sanctissimum patrem. Sancti et sapientes episcopi trac-
tabant illum ut charissimum fratrem. Ab imperatoribus et imperatricibus,
regibus et mundi principibus senior appellabatur et dominus. Honora-

vêché de Besançon ; puissant abbé de Cluny, il déclinera l'offre de la tiare. Sous son gouvernement, Cluny prit un grand essor et s'achemina vers la puissante centralisation du xi° siècle. Il régna — car c'est de règne qu'il faut parler pour les grands abbés de Cluny — il régna quarante-six ans par la bonté et la miséricorde. Captif des Sarrasins, au retour d'un voyage d'Italie, il leur imposa le respect, et la France éplorée paya sa rançon comme celle d'un prince. Mais on n'oublia pas à Cluny l'audace des musulmans, et ce souvenir, qui détermina les princes à expulser les Sarrasins d'Europe [1], ne fut pas étranger à la toute première origine des croisades, qui fut bourguignonne et clunisienne [2].

Mayeul octogénaire ne voulut pourtant pas rester sourd à l'appel du roi Hugues Capet qui l'adjurait de venir apporter la réforme à Saint-Denis. Il se mit en route et mourut à Souvigny. Le roi vint pleurer sur sa dépouille.

Odilon avait déjà été choisi par Mayeul pour lui succéder. Quand il fallut l'introniser, on invita les évêques, les dignitaires du clergé, les abbés, les seigneurs. Ce fut une de ces journées éclatantes comme Cluny en vit beaucoup. Odilon n'avait pas la beauté physique ; il était petit de taille, son visage était grave et respirait l'autorité ; il fut néanmoins le plus doux des pères, lui qui prononça cette parole attribuée à tant d'autres et qu'il faut lui restituer, sur la foi de saint Pierre Damien : « Si je devais être condamné, j'aimerais mieux que ce fût pour trop de miséri-

batur a pontificibus Apostolicæ Sedis et vere erat eo tempore princeps religionis monasticæ (*ibid.*, p. 267, D).

1. Ejus injusta captio, expulsionis illorum et perpetuæ perditionis fuit occasio.... post captionem.... Mayoli Saraceni a finibus christianorum sunt expulsi (*ibid.*, p. 289, C).

2. Cf. Cucherat, *Cluny au XI° siècle*, 3° partie, ch. 1, 2.

corde que pour trop de sévérité [1]. » Dans le monastère, il
était « l'archange des moines [2] » ; dans le monde, il s'imposait comme médiateur et arbitre, s'opposant aux fureurs
des princes et des rois et les subjuguant par sa sereine
majesté. Sa charité s'exerça royalement. Dans un temps
où les famines sévirent avec rigueur, il épuisa les richesses du monastère, allant jusqu'à vendre les vases sacrés
pour subvenir à la détresse des pauvres. Odilon fut l'ins-
tigateur de la trêve de Dieu, proclamée pour la première
fois dans le concile de Verdun, au confluent de la Saône
et du Doubs, par les évêques de Bourgogne, en l'an 1030.
Elle mettait à l'abri tous les faibles et soustrayait un grand
nombre des jours de l'année aux fureurs des batailles. Sa
charité s'étendit à l'autre monde. Il établit à Cluny la solennelle commémoraison des morts, bien vite adoptée par
l'Église universelle. Il mourut, lui aussi, à Souvigny,
après cinquante-cinq ans de règne, en l'an 1049.

Nous venons au règne du grand Hugues, la gloire de
Semur-en-Brionnais. Enfant, il fuyait les amusements
mondains et obtint de son père d'être placé à l'école monastique de Saint-Marcel de Chalon. A quinze ans, on le
trouve à Cluny. A son entrée au monastère, un moine
s'écria : « O heureux Cluny, qui reçoit un trésor plus précieux que tous les trésors [3]. » En lui, la maturité couron-
nait la plus belle jeunesse. A vingt ans, il faisait l'admi-

1. In promulgandis judiciis ac modis pœnitentiæ præfigendis tam plus
erat et tanta mœrentibus humanitate compatiens, ut nequaquam districtum patris imperium sed maternum potius exhiberet affectum, unde se
reprehendentibus hujusmodi verbis solebat eleganter alludere : Etiamsi
damnandus sim, inquit, malo tamen de misericordia quam ex duritia vel
crudelitate damnari (Petr. Dam., *Vita Odilonis*, ap. *Bibl. Clun.*, p. 318, B).
2. Illo sancto monachorum Archangelo Odilone (Fulb. Carn., *Ep.* LXVI,
ap. *Bibl. Clun.*, p. 339, C).
3. O felicem Cluniacum qui pretiosiorem omni thesauro thesaurum hodie suscepit (Hildeb. Cenoman., *Vita S. Hugonis*, ap. *Bibl. Clun.*, p. 418, D).

ration du cloître par sa beauté, sa modestie, sa prudence. Odilon en fit un prieur. Il avait vingt-cinq ans quand il fut acclamé comme abbé [1].

Lui aussi aima plus la miséricorde que la rigueur [2]. Ses prédécesseurs lui avaient laborieusement préparé une monarchie monastique extrêmement puissante, avec ses sept provinces clunisiennes de France et ses provinces de l'étranger comprenant deux mille maisons. Il la gouverna en roi et en père pendant soixante ans. La construction de la basilique dédiée aux saints apôtres Pierre et Paul fut le couronnement de la grandeur de Cluny. Dans sa magnificence, elle fut, aux yeux des peuples, l'image visible de la puissance clunisienne. Hugues éleva dans le cloître des princes, des évêques, des papes, et il eut le temps de voir ses enfants sur les trônes, sur les plus grands sièges épiscopaux et sur la chaire de saint Pierre. Légat des papes pour présider les conciles, il en était l'orateur admiré. Médiateur et quelquefois justicier des princes et des évêques, il fut avant saint Bernard l'oracle de l'Église de France. Les grands hommes et les grands saints venaient le visiter, tels saint Anselme et saint Pierre Damien. Guillaume le Conquérant lui demande des moines et s'offre à les payer au poids de l'or. Hugues lui répond qu'un saint moine ne peut pas s'acheter et que l'or n'est rien devant Dieu. Philippe Ier, roi de France, qui avait scandalisé le royaume par un mariage adultère, redoutant les châtiments de Dieu qui avaient visiblement frappé l'empereur Henri IV et le roi d'Angleterre, écrit à Hugues pour se

1. Suscepit senum curam juvenis, suscepta sic executurus negotia ut nec administratio religionem minueret, nec religio administrationem impediret (*ibid.*, p. 416, A).
2. Plus patris habebat quam judicis, plus misericordiæ quam censuræ. Ipse forma conspicuus, statura eminens, corporis dotes titulis virtutum cumulavit (*ibid.*, p. 416, E).

mettre sous sa conduite. Heureux si sa bonne volonté eût été persévérante !

On vit à Cluny, sous le règne de Hugues l'admirable, des spectacles magnifiques. En l'an 1095, Urbain II, disciple de l'abbaye, vint consacrer le maître-autel de la basilique inachevée. Toute la France était là dans la personne de ses évêques, de ses abbés et de ses seigneurs. Une autre fois, ce fut la scène émouvante du pape Gélase expirant dans le chœur de l'église, entouré de la communauté attendrie jusqu'aux larmes. On y tint ensuite le conclave de Calixte II. Ce quatrième disciple de saint Hugues, devenu pape, plaça son illustre maître au rang des saints. Plus tard, Innocent II consacra la grande église en 1131, et Innocent IV se rencontra dans l'abbaye avec saint Louis.

Des spectacles d'un autre genre se voyaient parfois à Cluny. Un jour ce fut Guy, comte de Mâcon, qui se présenta avec trente seigneurs de la province. Ils fuyaient le monde et venaient demander l'habit religieux à saint Hugues, tandis que leurs nobles femmes frappaient à la porte de Marcigny, cette fille de prédilection du grand abbé, où les plus illustres dames, telles la mère et la nièce du saint fondateur, la mère de Pierre le Vénérable et la sœur de saint Anselme, et les plus grandes princesses, telles la fille de Guillaume le Conquérant et les filles des rois d'Espagne, d'Angleterre et d'Écosse, demandaient à être admises sous les auspices de la sainte vierge qui était la centième religieuse et la première abbesse du lieu [1].

Tous ces grands exemples, les vertus des moines, la sainteté des abbés manifestée et couronnée par d'éclatants

1. Cf. Cucherat, *Cluny au XI° siècle*, chap. v.

miracles, rayonnaient autour de Cluny et dans toute la
France et exerçaient sur le clergé et sur le peuple une
influence extrêmement bienfaisante. Cluny fut donc bien
un foyer de vertus et de sainteté à la chaleur duquel notre
pays fut réchauffé et ranimé dans la foi et la pratique
chrétienne.

III.

CHAMPION DE L'INDÉPENDANCE DE L'ÉGLISE
ET DE LA LIBERTÉ CIVIQUE

La féodalité, qui tailla ses domaines dans l'empire
déchiré de Charlemagne, avait mis sa main gantée de fer
sur les diocèses, les abbayes, les églises. La raison appa-
rente ou le prétexte par lequel les princes et les seigneurs
prétendaient justifier leur intrusion, était qu'en vertu de
la hiérarchie féodale, les dignitaires ecclésiastiques devaient être soumis aux mêmes obligations vis-à-vis des
suzerains temporels que leurs vassaux laïques. Quel état
et quel état ! pourrait-on dire avec Bossuet : Charlemagne
et ses premiers successeurs avaient assuré l'alliance pacifique des deux pouvoirs et protégé l'Église en l'enrichis-
sant pour qu'elle pût subvenir à toutes les exigences de sa
mission divine, et maintenant ce sont les rois et les princes
qui en font une vassale humiliée et dépouillée ! Pour s'assurer plus aisément la fidélité de leurs prétendus vassaux
ecclésiastiques, les princes convertirent une partie des
biens d'église, originairement destinés à l'entretien du
clergé et des moines, à l'éducation des clercs, au soulagement des pauvres et à la propagation de la religion catholique, en bénéfices attribués aux évêchés, aux abbayes,
aux établissements religieux. Il en résulta bien vite que

le revenu de ces bénéfices devint le principal et que les fonctions épiscopales, abbatiales ou curiales ne furent plus que l'accessoire, ou le titre à jouir des bénéfices. Les princes et les seigneurs s'arrogèrent le droit de nommer les abbés et aussi les évêques, et les choisissaient parmi leurs parents ou leurs familiers capables de servir leurs ambitions, ou même les donnaient à prix d'argent à des solliciteurs cupides qui les considéraient comme des fermes productrices de richesses. Il y avait là une criante iniquité et un monstrueux abus, un double abus en ce que la puissance séculière s'ingérait dans l'exercice de l'autorité ecclésiastique par la nomination des dignitaires et en ce que les biens d'église, détournés de leur sainte destination, servaient à alimenter le luxe et les plaisirs des seigneurs. De plus, les évêques, les abbés, les chanoines, promus irrégulièrement et souvent sans préparation, n'avaient aucune des qualités exigées dans les ministres du sanctuaire. C'étaient souvent des laïques et même des enfants. Cette intrusion des puissances laïques dans l'Église avait porté le désordre, le scandale et la simonie dans le sanctuaire. En vain les papes élevaient la voix, quelques grands évêques luttaient intrépidement, personne n'était assez écouté et assez fort pour remédier à la triste servitude religieuse.

Les abbés de Cluny, à mesure que grandit leur pouvoir, mirent leur influence au service de l'indépendance de l'Église. Ils revendiquèrent ses droits, sans se lasser, auprès des princes dont ils avaient gagné la confiance, dans les conciles où ils intervenaient avec une autorité sans égale. Sans doute ils déclarèrent plus d'une fois, comme devait le faire plus tard saint Anselme écrivant au roi d'Angleterre Guillaume le Roux, qui portait une main violente sur l'Église : « Dieu n'aime rien tant en ce monde que la liberté de son Église. Il veut que son épouse soit libre et non une servante [1]. »

Autour d'eux et autour des monastères qui s'étaient donnés à eux, les grands abbés de Cluny ne toléraient aucune intrusion. La résistance fut longue et acharnée, et ils n'eurent pas complètement raison; mais, outre que mal en prit plus d'une fois à tel prince ou à tel seigneur, de leur avoir tenu tête injustement, parce qu'il fallait compter avec des hommes qui avaient derrière eux les papes et des amis sur les trônes, ils apprirent par leur exemple aux évêques, aux abbés, aux curés, qu'on pouvait lutter et vaincre au moins quelquefois, et l'histoire prouve qu'une puissance injuste finit par succomber dès qu'elle n'est plus victorieuse aux yeux de tous. En plus d'une rencontre les abbés de Cluny firent déposer des évêques simoniaques pour leur substituer des hommes de Dieu. Il est donc vrai de dire que Cluny, dans les temps les plus durs du moyen âge, abrita la religion en France et défendit ses droits contre tous les attentats et les injustices des puissances séculières.

Enfin, Cluny fut aussi le champion de la liberté civile. La société se répartissait en trois classes : les seigneurs pourvus de comtés, de baronnies, de fiefs, la classe moyenne des hommes libres, habitants des bourgs, artisans et commerçants, et les serfs attachés à la culture des terres, et objet de transmission comme elles par les diverses sortes de contrats. A mesure que Cluny devint grand propriétaire, il eut ses serfs nombreux autour de l'abbaye et de ses prieurés. Sous la suzeraineté des moines, le régime du servage n'avait rien de rigoureux et de

---

1. Nihil magis diligit Deus in hoc mundo quam libertatem Ecclesiæ suæ.... Liberam vult esse Deus sponsam suam non ancillam (*Ep.*, IV, 9).

redouté [1], et présentait des avantages si grands qu'on vit
parfois des hommes libres venir se donner au monastère.
Tandis que les seigneurs laïques pressuraient leurs serfs,
les dépouillaient, les entraînaient dans la guerre au gré de
leurs caprices, attiraient sur eux les représailles des voisins et les laissaient, dans les temps mauvais, périr de
faim eux et leurs enfants, les serfs qui vivaient sur les
domaines des moines étaient exempts du service militaire,
cultivaient des terres fécondées par un long travail, étaient
protégés dans leurs personnes et leurs familles et recevaient des secours dans leurs détresses. Les moines ne
donnaient pas la liberté imprudemment à leurs colons, au
risque de les laisser à l'abandon; mais quand ils en étaient
dignes, ils leur concédaient la jouissance de petites pro-
priétés moyennant de modestes redevances. Ces contrats
étaient souvent renouvelés par les enfants des premiers
concessionnaires, et cette quasi-propriété se perpétuait
au cours de plusieurs générations, comme cela se voit
encore pour les fermiers et les métayers de notre temps.
Les moines jugeaient plus sage d'améliorer progressivement les conditions de leurs serfs que de les affranchir
d'un seul coup sans leur avoir assuré les garanties nécessaires au bon usage de la liberté. L'abbaye formait une
grande famille avec ses serviteurs qu'on préparait pru-
demment à devenir des propriétaires libres ou des artisans.

Entre les serfs et les seigneurs il y avait une classe
moyenne composée d'artisans, de commerçants, d'israé-
lites qui ne possédaient ordinairement pas de terre, mais
vivaient de leur travail ou de leur négoce et trouvaient
l'aisance et parfois la fortune dans l'exercice de leur art

1. Cf. Pignot, *Histoire de l'ordre de Cluny*, t. II, p. 474 et suivantes.

ou de leur métier. Il se forma promptement autour de l'abbaye une agglomération de cette classe moyenne. Du temps de saint Hugues, il y avait déjà le bourg de Cluny et son faubourg. Ceux qui l'habitaient furent appelés bourgeois. L'église Saint-Marcel portait le nom de paroisse. On acquérait le droit de bourgeoisie par une résidence d'un an et un jour, et la paroisse considérait le nouveau venu comme un paroissien. La qualité de citoyen était attachée à celle de membre de la paroisse.

Dans un rayon de dix lieues autour du monastère, les Clunistes avaient ainsi fondé quatre-vingts paroisses, la plupart au milieu de forêts défrichées par eux.

Mais ce fut au bourg de Cluny que les moines donnèrent la première charte de franchise, si bien que la commune de Cluny fut une des plus anciennes de France. Il existe une charte de la fin du XIIe siècle, intitulée : « Statut des privilèges de la ville de Cluny. » Elle avait été dressée pour conserver les coutumes et usages établis par saint Hugues et les autres abbés, et en vue d'en déterminer le sens, l'étendue et les applications. En octroyant les premières franchises à la commune de Cluny, les moines la gardèrent longtemps, pour son bonheur, sous leur tutelle. Ils furent ses éducateurs, ses défenseurs, et l'initièrent à l'usage d'une juste liberté en lui procurant le travail, l'aisance et la sécurité.

Cluny travaillait avec suite à l'amélioration du sort des humbles et au rapprochement des classes. C'est par leur amour de la paix, de la concorde, par leur zèle pour la protection des faibles, par le soulagement des opprimés, par la résistance à la tyrannie féodale, que les moines de Cluny conquirent la sympathie du peuple.

Leur merveilleuse charité achevait de leur gagner les cœurs. A Cluny, les pauvres étaient reçus avec tendresse ;

l'aumônier donnait à chacun une livre de pain et une mesure suffisante de vin. Après la mort de chaque frère, on distribuait pendant trente jours sa portion au premier pauvre qui se présentait. Dix-huit portions étaient réservées chaque jour pour les pauvres du lieu. Udalric rapporte que, durant l'année où il écrivait, on avait fait l'aumône à dix-sept mille pauvres à Cluny! Combien notre temps démocratique est ingrat et méchant de s'acharner à la destruction des moines, sans se souvenir que c'est d'eux que le peuple tient tout ce qu'il aime et qu'ils furent les premiers à améliorer la condition des pauvres colons et de ceux qu'on appelait les vilains.

Les institutions de ce monde sont instables. Cluny au sommet de la puissance va décliner. Après Hugues le Grand, un abbé orgueilleux, Pons de Melgueil, ouvrira la porte au relâchement. Pierre le Vénérable viendra redonner la ferveur et le prestige à Cluny. C'était un grand homme et un saint. Il avait fait profession à dix-sept ans. Hugues avait bénit son habit. Tous les dons de l'esprit et du cœur étaient en lui : pensée élevée, éloquence facile, bonté, miséricorde, âme grande et pure. Il fut bénit par Ansèric, archevêque de Besançon. Pierre rappelle les Pères de l'Église ; saint Bernard seul, parmi ses contemporains, s'éleva plus haut que lui. Il eut à soutenir contre les invectives du rude saint bourguignon les institutions de Cluny. Il enseignait dans le cloître la patience, l'humilité, la douceur, plus par ses exemples que par ses réprimandes. Saint Bernard, son contradicteur, l'appelait le modèle de toutes les vertus. Jamais gloire plus pure! c'était le soleil de Cluny allant à son couchant dans un éclat plus grand que celui de son lever. Il soutint noblement pendant plus de trente ans Cluny chancelant. Après

lui, il y eut encore de beaux jours pour l'abbaye, mais c'étaient comme les derniers reflets du soleil disparu.

Ainsi, dans le cours des siècles, la Providence suscite de grandes institutions qui, les unes après les autres, portent très haut le flambeau de la lumière et de la sainteté, pour l'honneur du christianisme et l'exemple du peuple chrétien. Après les invasions des barbares, Condat avait, durant deux siècles, jeté un éclat extraordinaire, dont le nom de saint Claude a perpétué le souvenir. Ensuite Luxeuil, avec saint Colomban, devint la capitale monastique des pays soumis à la domination franque. Il conserva pendant deux siècles sa fécondité incomparable pour fonder des monastères et donner des abbés, des évêques et des saints à l'Église. Jumièges, avec saint Philibert, fut une grande puissance monastique. Cluny releva le flambeau près de s'éteindre et le tint plus de deux siècles lumineux sur la France et sur le monde. Après Cluny, c'est Cîteaux, renouvelé par saint Bernard, qui le portera glorieusement. Puis viendra le temps des moines apôtres, avec saint François et saint Dominique, et les jésuites naîtront pour conserver la foi et la piété dans le paganisme de la Renaissance et au milieu des apostasies de la prétendue réforme. Ainsi, dans l'Église, le Christ triomphe de siècle en siècle par la vie religieuse, auxiliaire nécessaire de l'épiscopat, l'ordre divin de Jésus-Christ et des apôtres.

Oserai-je, en finissant, dire que la Franche-Comté fut une terre des plus hospitalières pour Cluny? Bernon, le fondateur, était ami de l'archevêque de Besançon qui l'ordonna. Hugues le Grand fut bénit solennellement par l'archevêque du même nom Hugues Ier, en présence du pape saint Léon IX. Hildebrand était là. Hugues Ier prit résolument parti pour Cluny dans sa lutte contre Drogon, évêque de Mâcon. A la mort de l'archevêque Hugues III, on demanda un successeur à l'abbé de Cluny. Il envoya Ponce, élevé au monastère où il avait pris l'habit avec son père et tous les siens. Cluny fournit de nombreuses colonies à la Franche-Comté, et ses abbés étaient bénits par l'archevêque de Besançon.

Quelle joie pour moi d'être revenu ici pour parler de Cluny où j'ai passé une des plus heureuses années de ma jeunesse sacerdotale, alors que j'instruisais des jeunes gens sous la voûte du dernier clocher resté debout de la grande basilique !

Le souvenir que je vous invite à garder, mes chers frères, de ces mémorables fêtes du millénaire de Cluny, c'est que Dieu est le seul maître éternel et tout-puissant, et que de lui dépendent les institutions et les hommes qu'il met en honneur ou qu'il laisse disparaître selon ses desseins. Mon vœu sera que nos solennités de ces grands jours réveillent la foi dans cette ville dont la religion a seule rendu le nom célèbre. Si « les moines et les chênes sont immortels », l'avenir réserve peut-être une renaissance à l'illustre abbaye. Ces fêtes que nous célébrons auront du moins contribué à renouveler la renommée de gloire et de sainteté du grand ordre clunisien.

CLUNY ET LA PAPAUTÉ [*]

DISCOURS

prononcé

PAR MGR BAUDRILLART

RECTEUR DE L'INSTITUT CATHOLIQUE DE PARIS

MESSEIGNEURS [1],
MES RÉVÉRENDISSIMES PÈRES [2],
MES FRÈRES,

Aux premiers jours du xe siècle, ce siècle turbulent et sombre, auquel, s'il m'est permis d'employer les termes

1. Prélats assistant au discours de Mgr Baudrillart, le dimanche : Mgr Seton, arch. titulaire d'Héliopolis de Syrie ; Mgr Dubillard, arch. de Chambéry ; Mgr Gauthey, arch. de Besançon ; Mgr Villard, év. d'Autun ; Mgr Herscher, év. de Langres ; Mgr de Cormont, évêque de Saint-Pierre et Fort-de-France ; Mgr du Vauroux, évêque d'Agen ; Mgr Déchelette, év. auxiliaire de Lyon ; Mgr Lobbedey, év. de Moulins ; Mgr Manier, év. de Belley.

2. Les Révérendissimes Pères : dom Lemoine, abbé de la Pierre-qui-Vire ; dom Fernand Cabrol, abbé de Farnborough ; dom Gréa, abbé de Saint-Antoine ; dom Marot, abbé de Lazcano ; dom Renaudin, abbé de Saint-Maurice ; dom Gariador, abbé titulaire de Fleury-sur-Loire ; Mgr Saint-Clair, prélat domestique de Sa Sainteté.

* Je publie, tel qu'il a été donné, le discours que j'ai prononcé à Cluny, le 11 septembre. Pour n'en point entraver la lecture, je n'y ajouterai ni notes ni références. J'indique ici une fois pour toutes les ouvrages que j'ai consultés et qui m'ont permis, je crois, de mettre au point pour le public une question dont plusieurs parties ont été renouvelées depuis vingt ans : LORAIN. *Essai historique sur l'abbaye de Cluny.* Dijon, 1839, in-8. — PIGNOT. *Histoire de l'ordre de Cluny.* Paris, 1868, 3 vol. in-8. — SACKUR. *Die Cluniacenser in ihrer kirchlichen und allgemeingeschichtlichen Wirksamkeit, bis*

mêmes dont s'est servi pour le flétrir le grand cardinal
Baronius, « sa stérilité pour le bien mérite justement le
nom de siècle de fer; la hideur débordante du mal le nom
de siècle de plomb ; la disette d'écrivains le nom de siècle
d'obscurité », un jeune chanoine régulier de Saint-Martin
de Tours, Odon, fils d'Abbon, tout épris d'idéal et de
perfection, se rendait à Rome, où régnait Benoît IV.
Amer et douloureux spectacle! Malgré les efforts du
pontife, Satan semblait plus que Jésus-Christ le maître
de la ville éternelle. L'infâme et théâtrale condamnation
récemment infligée au cadavre déterré du pape Formose
hantait les imaginations frappées; les Sarrasins parcou-
raient et ravageaient le pays jusqu'aux portes de Rome ;
les factions politiques se disputaient la ville et prétendaient disposer à leur gré du siège de Pierre ; l'ignorance,

zur Mitte des elften Jahrhunderts. Halle, 1892-1894, 2 vol. in-8. — HAUCK.
Die Kirche Deutschlands unter der sächsischen und fräakischen Kaisern.
Leipzig, 1896. — CHAUMONT. Histoire de Cluny, depuis les origines jusqu'à
la ruine de l'abbaye, 2ᵉ édit. Paris, 1911, in-8. — BRUEL. Clini, 910-1910.
Mâcon, 1910, in-4. — LUCHAIRE, dans l'Histoire de France de LAVISSE, t. II.
— DELARC. Saint Grégoire VII et la réforme de l'Église au XIᵉ siècle. Paris,
1889, 3 vol. in-8. — MARTENS. War Gregor VII Mönch? Danzig, 1891, in-8.
— MIRBT. Die Publizistik im Zeitalter Gregors VII, 1894. — PFISTER. Étude
sur le règne de Robert le Pieux. Paris, 1885, in-8. — IMBART DE LA TOUR.
Les Élections épiscopales dans l'Église de France du IXᵉ au XIIᵉ siècle. Paris,
1891, in-8, et Questions d'histoire sociale et religieuse : La Polémique religieuse
et les publicistes à l'époque de Grégoire VII. Paris, 1907, in-12. — CAUCHIE.
La querelle des investitures dans les diocèses de Liège et de Cambrai, 1ʳᵉ et
2ᵉ parties. Louvain et Paris, 1890-1891. — Dom DU BOURG. Saint Odon.
Paris, 1905, in-18. — Abbé JARDET. Saint Odilon, sa vie, son temps, ses
œuvres. Lyon, 1898, in-8. — NEUMANN. Hugo I der Heilige, Abt von Cluny.
1879, in-8. — Abbé PAULOT. Urbain II. Paris, 1903. Parmi les nombreux articles à consulter, nous signalerons seulement : Bibliothèque de l'École
des Chartes, t. XXXIV. Les chapitres généraux de l'Ordre de Cluny depuis le XIIIᵉ jusqu'au XVIIᵉ siècle, par M. BRUEL; — Revue historique, mai-
juin 1896. Ernst Sackur, Die Cluniacenser, etc., par M. LUCHAIRE; — Revue
bénédictine, 1893. Les monastères de l'Ordre de Cluny du XIIIᵉ au XVᵉ siècle,
et Grégoire VII fut-il moine? par dom Ursmer BERLIÈRE; — La Civiltà
Cattolica, 1893. Una memoria di S. Gregorio VII e del suo stato monastico
in Roma (non signé); — Études, 20 août 1910. Le millénaire de Cluny, par
dom Fernand CABROL.

la vanité, l'intrigue, l'avarice, la corruption des mœurs,
étaient le lot trop général du clergé comme des fidèles ;
beaucoup de prêtres savaient à peine lire et ne s'en
croyaient pas moins dignes d'arriver à la fortune et aux
honneurs.

Odon reprit tristement le chemin de France ; Rome
ne valait pas mieux que Tours, et sur Tours allait éclater
la colère du ciel ; les chanoines qui avaient pris la place
des religieux songeaient surtout à leur bien-être et à leurs
prérogatives ; l'insolence de leur luxe et de leur féodal
orgueil semblait une insulte vivante aux abaissements et
à l'humilité des antiques disciples de saint Martin. En
903, Tours était pris par les Normands, et la basilique
livrée aux flammes ; ce ne fut qu'un cri : Dieu lui-même
châtiait les indignes successeurs du moine et de l'évêque
qui avait, cinq siècles en deçà, marqué de sa chrétienne
empreinte les campagnes de France. Le feu était tombé
sur Tours ; il aurait pu justement tomber presque sur
toute ville et sur toute abbaye de notre pays ; envahie,
saccagée, pillée, la France revenait à la barbarie, les
clercs s'enfonçaient chaque jour plus avant dans la vie
séculière ; la vie monastique elle-même n'était plus qu'une
apparence derrière laquelle ne se cachait nulle réalité de
vertus chrétiennes ; je n'oserais pas reproduire devant
vous les détails d'une intraduisible crudité que, dans ses
Conférences ou *Collations* qui ont été conservées, saint
Odon donnait plus tard aux moines de Cluny pour leur
faire comprendre, avec l'état vrai du clergé, la nécessité
de la réforme.

La réforme ou le désespoir, il n'y avait pas en effet
d'autre alternative. En présence des vices du monde chrétien, Odon, comme beaucoup d'autres, crut la fin du
monde imminente ; et pourtant, parce qu'il était brave

et saint, il voulut tout de même tenter la réforme. Après avoir narré l'incendie de Saint-Martin de Tours, il ajoute ces simples mots : « Broyés comme nous le sommes sous le fléau, il est nécessaire de revenir enfin dans la voie des témoignages de Dieu. »

Mais comment? Par l'alliance de ces deux faiblesses qu'il avait sous les yeux, les papes de Rome et les moines de France.

Sept ans plus tard, Cluny était fondé par Guillaume d'Aquitaine et l'abbé Bernon ; Odon avait quitté Tours et revêtu l'habit monastique; bientôt il succédait à Bernon et devenait maître de réaliser son vaste et généreux dessein.

Deux cents ans s'écoulent, deux cents ans de rude labeurs, de luttes effroyables, et Cluny règne sur un monde monastique renouvelé, la réforme de l'Église es en grande partie accomplie, la monarchie pontificale s dresse plus puissante et plus vigoureuse que jamais, l monde chrétien s'est groupé autour d'elle et a retrouv son idéal. Tout cela est dans une certaine mesure et à quelque titre sorti d'ici, et c'est ce qui jette sur la petit ville qui nous réunit aujourd'hui un rayon de gloi immortelle. Neuf siècles d'histoire, deux siècles de maî trise ; incomparable noblesse !

Quel fut l'apport de l'ordre de Cluny dans l'œuvre qu' poursuivit avec le Saint-Siège ? Comment s'est manifesté leur alliance et qu'en est-il résulté ?

En répondant à ces deux questions, j'aurai, ce me sen ble, accompli l'essentiel de la tâche qu'a bien voulu m confier l'auguste initiateur de ces fêtes, Mgr l'évêq d'Autun, lorsqu'il m'a demandé de traiter devant vous c grand sujet : *Cluny et la Papauté.*

I.

L'apport de Cluny à la Papauté? Trois choses : une idée, un instrument, des hommes.

Une idée? Est-ce bien sûr? Dès ce premier pas, de récents critiques m'arrêtent et me disent : l'idée propre de saint Grégoire VII, le pape en qui se personnifie la réforme, l'idée spécifique de ce que l'on appelle dans l'histoire la *querelle des investitures*, c'est-à-dire l'interdiction intimée aux laïques de donner et aux ecclésiastiques de recevoir des laïques l'investiture des fonctions ecclésiastiques, n'appartient pas à Cluny. Les clunistes sont des idéalistes; ils ont voulu la réforme de l'Église, c'est vrai; ils ont pensé que cette réforme devait commencer par les monastères et de là s'étendre au clergé séculier; ils ont estimé que cette réforme ne pouvait se faire que d'accord avec le pape, dont ils voyaient avec peine le prestige affaibli, c'est encore vrai. Mais, comme moyens, que proposent-ils? Qu'ont-ils toujours à la bouche? L'Évangile, la règle de saint Benoît, les saints canons. Qu'y a-t-il d'original dans tout cela? Les vrais protagonistes de la réforme du XIᵉ siècle seront les évêques canonistes de la région de Liége, de la Basse-Lorraine, du Rhin, qui ont affirmé la supériorité du spirituel sur le temporel, du sacerdoce sur l'empire, ces évêques et les papes de leur école. Cluny a eu sa part d'influence, mais non pas la plus grande.

Entendons-nous. Certes, je ne prétends pas que tous les éléments qui ont constitué la réforme de l'Église soient sortis de Cluny. En général, quand un besoin de réforme se manifeste dans l'Église, dans l'État, dans un corps quelconque, ce besoin se fait sentir à beaucoup; les mêmes idées, ou des idées différentes, mais tendant à la même fin, naissent en divers lieux, dans un grand nombre d'esprits, et il est très difficile de déterminer, de doser la part d'influence et d'originalité de chacun.

Cependant je remarque d'abord que l'idée que l'on nous signale comme l'idée dominante et spécifique de Grégoire VII ne s'est formulée qu'au milieu du xi⁰ siècle, que Cluny est né au début du x⁰ et qu'il a travaillé pendant cent cinquante ans à la réforme de l'ordre monastique et de l'Église, avant que la question des investitures ne fût posée ; son influence alors s'exerça dans tout l'Occident et précisément là où nous voyons surgir ensuite un autre courant réformateur.

J'ajoute que toute réforme qui se fait dans l'Église, par cela seul qu'elle est chrétienne et catholique, a forcément certains caractères fondamentaux qui se retrouvent partout et à toutes les époques.

L'Église a eu plus d'une fois besoin de se réformer au cours de sa longue histoire. Elle est, dans tous les siècles, en face de deux difficiles problèmes : s'adapter au monde dans la mesure nécessaire pour agir sur lui, réagir contre le monde, pour ne pas se laisser dominer et absorber par lui.

Parce qu'elle est composée d'hommes et humaine par un côté, il arrive que beaucoup de ses membres, à certaines heures, subissent l'entraînement du monde ; parce qu'elle est divine et divinement assistée, elle se ressaisit toujours ; l'Église, a-t-on dit, est une société qui se confesse et qui se réforme.

Jamais — la remarque a été faite souvent, mais il est à propos de la rappeler — jamais l'Église n'a perdu de vue son idéal ; jamais elle ne l'a laissé fléchir et s'abaisser. Il y a eu des époques très mauvaises ; mais, en aucune, on n'a dit dans l'Église, ni on n'a laissé dire que le mal était bien. Cette puissance qui est pratiquement à peu près souveraine dans l'ordre moral aurait pu être tentée d'abuser de son pouvoir pour atténuer l'idéal moral qu'elle propose à ses membres et excuser par là leurs défaillances; jamais elle ne l'a fait, jamais! Au contraire, chaque fois que la réforme a été nécessaire, des âmes d'élite se sont trouvées, d'autant plus avides de se donner à Jésus-Christ qu'elles le voyaient plus abandonné, et d'autant plus résolues à revenir à l'idéal chrétien dans ce qu'il a de plus pur et de plus élevé, à ce christianisme concentré, à « cette concentration du christianisme », pour emprunter la parole d'un historien rationaliste, Mignet, qu'est l'institution monastique, ou la vie religieuse. Et de fait, un mouvement collectif vers la perfection n'a guère d'autres moyens de se manifester.

Ainsi, dans notre France du xviie siècle, Oratoriens, Lazaristes, Sulpiciens inaugureront et rendront possible le relèvement du clergé ; ainsi, au xvie siècle, les Jésuites et les Capucins porteront dans tous les rangs de la société la véritable réforme catholique, en face de la prétendue réforme protestante ; ainsi, au xiiie siècle, les Franciscains et les Dominicains; ainsi, au xiie, Citeaux.

C'est ce qu'a fait Cluny au xe et au xie siècle, et Cluny a été le premier à le faire, ce qui est déjà, ce me semble, une originalité. Ses fondateurs se sont vus en présence d'un clergé qui avait en grande partie renoncé à la pureté des mœurs, qui aspirait au mariage et qui déjà le pratiquait, qui achetait les dignités ecclésiastiques, dont il considérait surtout les avantages temporels, en présence aussi de laïques puissants pour qui les lois morales et ecclésiastiques ne semblaient plus compter beaucoup. Et, à la face de tous ces clercs et de tous ces laïques, Cluny a proclamé de nouveau, par la parole et par l'exemple,

l'austère beauté du renoncement à la propriété personnelle, de la chasteté absolue, de la sainte obéissance,
selon que saint Benoît les demandait à ses disciples ; il a
rappelé l'esprit de l'Evangile et les canons de l'Eglise ; et
par là il a préparé ce que la papauté a imposé plus tard ;
si Cluny n'avait mis en pleine lumière le côté moral de la
réforme et ainsi conquis l'opinion chrétienne, comment,
au siècle suivant, la papauté aurait-elle eu la force de recourir, en portant la lutte sur le terrain politique et social
des investitures, au remède décisif et radical ?

Enfin n'est-ce rien encore que d'avoir vu, comme Cluny
l'a vu, que la réforme de l'Eglise ne pouvait se faire
qu'avec le Pape et par le Pape ? Vérité très banale assurément et très facile à concevoir dans la société centra-
lisée du xxᵉ siècle et quand le Pape s'appelle Pie IX,
Léon XIII, ou Pie X, mais beaucoup moins banale et beaucoup moins facile à concevoir dans le morcellement
féodal du xᵉ siècle, lorsque Rome est aux mains de seigneurs cupides et violents, ou d'une femme impudique,
que les papes se succèdent et se brisent au gré des partis, et
qu'on rencontre parmi eux un Jean XII ou un Benoît IX.

En vérité, j'admire ces hommes de foi robuste qui, en
un pareil temps, ont déclaré, comme saint Mayeul, le
tendre amour qu'ils portaient à Rome et, reconnaissant
en dépit de tout la constitution de l'Eglise telle que l'a
voulue Jésus-Christ, n'ont cessé de répéter, avec un Abbon
de Fleury, que « l'Eglise de Rome est la source de toute
autorité et la somme de tout droit, que quiconque lui ré-
siste se sépare de tous les membres de la hiérarchie » ; ou
encore, avec un Pierre Damien, « qu'au milieu de tous ces
écueils d'un monde qui finit, au milieu de tous ces gouffres
de perdition, la sainte Eglise romaine reste l'unique port,
et que seul le filet du pauvre pêcheur peut recueillir ceux

qui veulent échapper à la tempête ». Oui, je salue ces hommes, leur sainte hardiesse et leur sublime fidélité. Grégoire VII ne disait-il pas qu'en rendant hommage à l'Eglise telle qu'ils l'avaient sous les yeux, « ils avaient imité les saintes femmes de l'Evangile venant veiller et prier devant la pierre du tombeau de Jésus-Christ »?

C'est ce qui leur a valu d'être les premiers témoins et, dans une large mesure, les instruments de la résurrection du monde chrétien.

Cluny, ai-je dit, a fourni à la papauté un instrument : instrument pur, instrument fort, instrument ne dépendant que d'elle seule.

Instrument pur. Nulle réforme morale ne s'accomplit si ceux qui la tentent ne sont pas eux-mêmes au-dessus de la commune faiblesse ; avant tout, il y faut des saints, c'est-à-dire des héros de la vertu ; et par derrière les saints, pour les appuyer, une milice prête à les suivre, convaincue, ardente, éprise du même idéal. Le livre qui a fait les moines de Cluny, c'est ce livre des *Collations* de saint Odon, triste et sévère, très propre à frapper les imaginations, à les effrayer même, mais capable aussi d'inspirer à ceux qui l'entendaient commenter, avec l'amour et le désir de la perfection, la passion de la réforme. Et pour faire entrer dans la pratique cette perfection entrevue et rêvée, pour assurer en tout le respect de l'esprit si large, si généreux, de la Règle bénédictine, des prescriptions minutieuses et rigoureuses. Toute institution forte repose sur un rude réalisme. Ce n'est pas avec des phrases vagues et des pensées éthérées qu'on fait un moine. Certes il y a de la poésie dans la vie monastique, mais sa force réside dans la discipline journalière des religieux, et cette discipline est faite de détails. Ah ! je le sais, beaucoup, même parmi les plus grands esprits, un Guizot par exemple, s'en étonnent et s'en scandalisent. Telles observances et tels châtiments leur paraissent au-dessous de la dignité humaine ; mais sans ce quelque chose de déplaisant, d'humiliant, de grossier si l'on veut, jamais la vertu de ces hommes ne se fût solidement trempée, jamais elle n'eût été suffisamment garantie ; jamais Cluny ne fût devenu l'exemplaire sur lequel tous allaient se régler ; jamais il n'eût été en situation d'imposer la réforme. Et voilà pourquoi la restauration de la règle bénédictine à Cluny par l'abbé Bernon et par saint Odon, après les affreux désordres causés par les invasions normandes et l'anarchie générale, devait être et a été le point de départ de tout ce qui s'est fait par la suite. Combien de monastères s'affilièrent à Cluny et imitèrent ses vertus, combien se firent réformer par les plus saints de ses religieux ! Au prix de quels prodiges d'énergie de la part des abbés, vous le devinez aisément, car la nature humaine tend toujours à retomber sur elle-même ! Les mauvais, les médiocres, les découragés, les attiédis se retrouvent partout et trop souvent, même après un premier sacrifice et un généreux élan, cherchent à revenir en arrière. Les meilleurs pourtant l'emportèrent et l'armée du bien se trouva reconstituée.

Instrument pur, instrument fort aussi. D'où venait la relative impuissance des moines, en face des autres forces ecclésiastiques ou civiles ? De l'isolement des monastères, surtout dans un temps où tout se hiérarchisait. Pour assurer le succès de la réforme, Cluny s'affilia abbayes et prieurés, et ainsi naquit la première *congrégation* bénédictine ; il y eut des résistances ; la plupart furent vaincues ; si tout l'ordre monastique ne fut pas subordonné à Cluny, comme on put un moment s'y attendre, du moins Cluny devint la capitale du plus grand empire monastique que la chrétienté ait jamais connu.

Pratiquement, comment s'accomplit ce miracle, malgré tant de rivalités et de traditions ? En appliquant le pouvoir de l'abbé que la règle de saint Benoît fait si paternel sans doute, mais si étendu aussi, à tous les monastères de la congrégation : pouvoir direct sur les prieurés qui n'ont pas d'autre abbé que l'abbé de Cluny, pouvoir suzerain sur les abbayes dépendantes ; c'est l'abbé de Cluny qui nomme leurs abbés, ou tout au moins qui exerce sur l'élection un droit prépondérant. Jamais l'abbé de Cluny ne céda sur ce point ; c'était tout le secret de la force de l'ordre. Mais quelle contre-partie ! L'abbé général va partout, visite lui-même toutes les maisons de France, d'Angleterre, des Pays-Bas, d'Espagne, d'Allemagne et d'Italie, de Pologne même, et on en compta jusqu'à deux mille ! On l'a dit très justement : des moines comme saint Odon, saint Mayeul, saint Odilon, saint Hugues, semblent avoir le « don d'ubiquité ».

Eux-mêmes cependant, les abbés, ne sont-ils pas en quelque façon entre les mains de leurs subordonnés, plus ou moins soumis, comme on l'est toujours, au corps électoral d'où ils sortent ? Point du tout : une fois élus, ils sont souverains à vie.

Et par une grâce de la divine Providence, trois abbés, saint Mayeul, saint Odilon, saint Hugues, qui se succédèrent, vécurent si longtemps, qu'à eux trois ils gouvernèrent pendant cent soixante-cinq ans, et avec tant d'autorité qu'en fait ils désignèrent leurs successeurs. Cluny fut vraiment une monarchie, forme de gouvernement la plus puissante pour l'action au dehors et la plus capable de desseins suivis.

Enfin cet instrument si fort ne dépendit que des papes. Indépendant d'abord de toute souveraineté laïque, avantage infiniment précieux alors que le danger capital qui

menaçait l'Église était l'absorption par la société laïque !
Échapper à la hiérarchie féodale, et cela à l'heure où la
question des investitures va se poser ! Indépendant même
à l'égard de la puissance ecclésiastique représentée par
l'ordinaire, évêque ou archevêque, bienfait et nécessité,
puisque c'est tout l'ordre ecclésiastique qu'il s'agit de
réformer ! Lisez les termes si catégoriques de la charte
de fondation du 11 septembre 910 : Cluny est donné par
Guillaume, duc d'Aquitaine, à qui ? *Aux apôtres Pierre
et Paul.* A quelle condition ? Qu'un monastère y soit
construit *en l'honneur des apôtres Pierre et Paul.* Quel
signe de dépendance ? Tous les cinq ans, les moines paie-
ront à Rome dix sous d'or pour l'entretien du luminaire
de l'église des apôtres ; moyennant quoi ils auront pour
protecteurs les apôtres eux-mêmes, pour défenseur le
pontife romain et ils ne seront soumis à aucune puissance terrestre. Et cet acte juridique se termine par une
sorte d'invocation lyrique où le fondateur appelle la colère des apôtres sur la tête de quiconque essaierait de
violer les immunités de Cluny. « Je vous conjure,
ô saints apôtres et glorieux princes de la terre, Pierre et
Paul ! et toi, pontife des pontifes du Siège apostolique,
de retrancher de la sainte Église catholique et de la vie
éternelle, par l'autorité canonique et apostolique que tu
as reçue de Dieu, les voleurs et les envahisseurs.... Soyez
les tuteurs et les défenseurs de Cluny ! »

Si les Papes ont répondu à l'objurgation de Guillaume
d'Aquitaine, combien de chartes, depuis celle de Jean XI
qui confirme solennellement, en 931, les clauses de la
fondation, sont là pour nous le dire, du XIe au XIIIe siècle ! Renouvellement et extension de tous les privilèges,
de toutes les exemptions, défense à tout évêque ou archevêque d'excommunier l'abbé, monnaie spéciale, insignes

pontificaux, titre d'archi-abbé, envoi de légats, même
des plus hauts personnages, tels que Pierre Damien,
pour soutenir les droits de Cluny, les papes ne négligent
rien. Avec Urbain II et Pascal II, Clunistes tous deux,
c'est presque l'identification ; les intérêts de Cluny sont
au premier rang des préoccupations pontificales ;
Urbain II ne les perd jamais de vue et en toutes circonstances exalte les moines ; par la bulle de 1100, Pascal II met le sceau à la grandeur de l'ordre ; il semble
que l'un et l'autre aient voulu gouverner l'Église par des
évêques qui, comme eux-mêmes, eussent passé par Cluny
ou, tout au moins, se fussent imprégnés de son esprit ; en
ce temps-là, dans toute la chrétienté, on put dire : « Je
suis moine de Cluny », avec la même fierté que jadis :
« Je suis citoyen romain ! » Et partout le moine de
Cluny était le soldat du Pape.

Enfin Cluny a donné à la papauté des hommes, des
hommes de caractère et de valeur, qui furent quelque
chose de plus que les représentants de la grande institution qui les avait formés. A peine puis-je mentionner
d'un collectif souvenir ces légats et ces évêques qui, soit
dans les conciles provinciaux, soit dans leurs diocèses,
firent preuve d'initiative, de vaillance, d'esprit apostolique. Je ne m'arrêterai qu'aux sommets : aux abbés de
Cluny, aux souverains pontifes.

Quelle merveilleuse succession que celle de ces abbés,
hommes de gouvernement, saints et thaumaturges, qui
portent les noms à jamais glorieux de saint Odon, de
saint Mayeul, de saint Odilon, de saint Hugues, de Pierre
le Vénérable. De leur vie mêlée à tant de grands événements et semée de merveilles, n'a-t-on pas dit avec raison qu'elle semble « une véritable féerie » ?

Saint Odon, humble, mortifié, austère jusqu'à la ri-

gueur, animé d'un courage sans égal, d'une foi au-dessus
de toute épreuve.

Saint Mayeul, plus souriant, beau, grand, cultivé, toujours égal, toujours maître de lui en face des pires con-
tradictions, dont le prestige était tel que son successeur
saint Odilon a écrit de lui « que les rois et les princes de
la terre l'appelaient seigneur et maître, et qu'il était véri-
tablement lui-même le prince de la religion monastique ».

Saint Odilon, petit et maigre, pâle et nerveux, habi-
tuellement grave et recueilli malgré la mobilité de sa
physionomie, doux avec les humbles, sévère et menaçant
avec les orgueilleux, imposant dans toute sa manière
d'être, par le sentiment qu'il avait de l'importance de sa
charge et de l'étendue de ses devoirs, « l'expression la
plus complète de son temps, l'incarnation de toutes les
vertus de son ordre et de son époque, le saint Bernard
du xi⁰ siècle ».

Saint Hugues, celui de tous qui a élevé le plus haut le
rôle de Cluny et organisé son empire monastique, religieux d'une rare vertu et politique de large envergure,
orateur et diplomate, qui a été l'arbitre des rois et des
princes, l'avocat et le champion de la papauté aux heures
les plus difficiles et, par l'ascendant de son intelligence
et de sa sainteté, a marché de pair avec les papes et les
empereurs.

Pierre le Vénérable enfin, si doux, si sage, si modéré,
si instruit, dont l'action pâlit sans doute à côté de celle
de saint Bernard, mais dont on ne saurait sans injustice
omettre le nom au tableau d'honneur des grands abbés
clunisiens qui furent les serviteurs du Saint-Siège.

Après les serviteurs, les maîtres, puisqu'il était logique que ceux qui avaient pris une telle part au gouvernement de l'Église finissent par lui donner des chefs. Et

CLUNY. — 8.

ici encore, je me trouve en face d'une grave question qu'a posée la critique moderne. Celui de qui le nom et l'œuvre personnelle dominent toute l'époque, Grégoire VII, a-t-il été, comme le croyaient généralement nos pères, moine de Cluny, a-t-il même été moine? Ou bien la légende l'a-t-elle pour ainsi dire annexé à la puissante et conquérante abbaye, sous l'empire de cette idée qu'un tel réformateur, à cette époque de l'histoire, n'avait pu sortir d'ailleurs? Il semble aujourd'hui bien établi, et de très doctes bénédictins se rangent à cet avis, que le moine Hildebrand, le futur Grégoire VII, ne fut ni profès, ni même novice à Cluny. S'il y est venu, ce qui est possible et probable, ce ne fut qu'en passant. Du moins, il appartint à la grande milice bénédictine; les objections qu'on oppose à cette assertion sont sans valeur et ne reposent guère que sur les termes équivoques dont ses ennemis se sont servis, le qualifiant de faux moine, pour dire qu'il était un mauvais moine, infidèle à sa vocation. Et il n'est pas moins certain que, très jeune, Hildebrand connut les idées réformatrices de Cluny et les vit appliquer. Fut-ce au monastère romain de l'Aventin, où descendait saint Odilon, et où Hildebrand paraît avoir été élevé? Fut-ce à Cologne, où il avait accompagné Grégoire VI après son abdication? On ne peut rien affirmer avec certitude; mais le fait même demeure établi.

Nul ne saurait contester à Cluny la gloire d'avoir donné à l'Église les trois papes qui, après Grégoire VII, ont joué le plus grand rôle dans la querelle des investitures : Urbain II, Odon de Lagery, cardinal d'Ostie, ancien grand prieur de Cluny, esprit large et pénétrant, caractère à la fois aimable et fort, inflexible même, qui porta dans le gouvernement de l'Église toute la logique de l'esprit français, Urbain II, le pape de la Croisade;

Pascal II, Rainier, cardinal de Saint-Clément, ancien novice de Cluny, député à Rome, dès l'âge de vingt ans, par
saint Hugues et retenu par Grégoire VII, pacifique et
conciliant, désintéressé, presque jusqu'à l'excès, du temporel ; Calixte II enfin, de la maison de Bourgogne,
grand seigneur allié par le sang aux plus puissants
princes de l'Europe, Calixte II le saint archevêque de
Vienne, qui, sans se faire religieux, avait eu le bonheur
d'être élevé à Cluny par le même saint Hugues et à qui
était réservé l'honneur de mettre fin à une lutte presque
séculaire par une solution acceptée de tous. Nobles cœurs
et vigoureux esprits, dont la diversité même témoigne du
libre essor que, tout en le frappant de leur marque, la
règle et la vie du cloître laissent à chaque génie !

II.

Comment, dans le temps dont je dispose, me sera-t-il
possible de donner un aperçu même rapide des événements mémorables et souvent dramatiques, par lesquels,
deux siècles durant, s'est affirmée à la face du monde
l'alliance de la papauté avec l'ordre de Cluny, et accomplie l'œuvre dont, au commencement de ce discours, je
vous traçais les principaux linéaments : réformer l'Église,
l'arracher aux puissances laïques qui la démoralisaient en
l'asservissant, l'unir autour de la monarchie pontificale
restaurée ?

Dès le début de l'entreprise, je vois Cluny auprès du
Pape, je l'y rencontre à l'heure de la crise décisive, et
c'est encore Cluny qui préside au dénouement.

Transportons-nous à Rome, vers 930. Une femme intri-
gante, voluptueuse et violente, Marozie, enfermée au
château Saint-Ange, tient entre ses mains les destinées de

la ville et de la papauté. Comme naguère sa mère Théodora, elle entend faire et défaire les papes. A la tête d'une poignée de sicaires, elle a envahi le Latran, égorgé Pierre, frère de Jean X, et jeté en prison, où il meurt étouffé, ce pape, créature de sa mère; Léon VI et Étienne VII ont régné par elle, puis elle a donné la tiare à son fils, Jean XI, qu'elle a eu de son premier mari. Mais voici que, veuve pour la seconde fois, elle épouse, en troisièmes noces, Hugues, roi d'Italie, infâme débauché qui distribue à son très proche et très indigne entourage prélatures et monastères. Albéric, fils du premier mari de Marozie, se révolte contre ce tyran; vainqueur, il enferme sa mère et le pape son frère; Jean XI meurt dans son cachot. A la faveur de la guerre, les cardinaux retrouvent un peu d'indépendance; Léon VII est élu. Pauvre pape, il veut ramener à Rome le bon ordre et la paix. Mais sur qui s'appuyer? Qui aura la force ou l'autorité morale nécessaires pour en imposer à de tels personnages? Léon VII jette les yeux sur la chrétienté et son regard s'arrête sur cette petite abbaye de Cluny qui compte tout juste vingt-cinq ans d'existence, mais qui a à sa tête un abbé dont la réputation a franchi les monts. Il appelle saint Odon et le supplie de venir en aide à la papauté captive. Son successeur, Étienne VIII, fera de même. Par deux fois, le saint vieillard domptera ces hommes orgueilleux et farouches et les amènera à conclure la paix; bien plus, il gagnera la confiance d'Albéric qui, le nommant archi-abbé de tous les couvents romains et suburbicaires, lui permettra de tenter à Rome l'œuvre purificatrice qu'il a déjà vaillamment entreprise en France. Car pour saint Odon, comme plus tard pour saint Odilon, ce n'est pas uniquement de la délivrance du Pape et de la restauration de ses droits qu'il s'agit, c'est de la réforme de l'Eglise. Derrière tous les actes pontificaux de Léon VII, écrit un historien allemand, il y a un homme : cet homme est saint Odon, et c'est encore saint Odon qui a conquis Étienne VIII à la cause de la réforme. Parce qu'il a contribué à la pacification de Rome, à la libération du Pape, à l'amélioration des mœurs et de la discipline, Odon est vénéré à Rome ; le nom de l'abbé de Cluny est désormais populaire dans la Ville éternelle. Lorsque, trente-cinq ans plus tard, au lendemain de la mort d'Otton le Grand, des troubles suscités par le tribun Crescentius et de l'assassinat du pape Benoît VI, une partie des Romains suppliera Otton II d'assurer la liberté de l'élection pontificale et de les aider à choisir le Pape, l'empereur, sa mère Adélaïde, les grands se tourneront vers saint Mayeul et le conjureront d'accepter la tiare, sans pouvoir l'y déterminer. Mais si Cluny la refuse, déjà il peut, et c'est justice, contribuer à l'assurer. L'avant-dernière année du x⁰ siècle, la main de saint Odilon se trouve, avec celle de l'empereur Otton III, dans l'élection d'un moine de Saint-Géraud d'Aurillac, abbaye réformée par Cluny ; et ce moine, Gerbert, sera le premier des papes français, Sylvestre II, qui formera le projet de la croisade et, d'un puissant coup d'aile, ramènera la papauté à ses pensées mondiales.

Et maintenant les premiers jalons sont posés, la route est tracée, l'entente est conclue. Marchez, abbés et moines de Cluny; allez de France à Rome et de Rome en France; parcourez les provinces de l'Occident chrétien ; tenez des conciles; déposez au nom du Pape prêtres et évêques simoniaques ou incontinents ; rappelez les grands de ce monde au respect des lois du mariage et des bonnes mœurs; agissez sur l'âme des fidèles; soulevez l'opinion contre les débauchés et les prévaricateurs. Vos efforts

seront couronnés de succès; au terme de la période que
vous avez inaugurée par votre alliance avec Rome, j'en-
trevois des Papes qui, non contents d'avoir secoué le joug
de l'aristocratie locale de Rome, si incapable et si néfaste
dans ses choix, entendront échapper aussi à la tutelle, un
moment bienfaisante, des empereurs allemands : c'est
Léon IX, le premier des grands réformateurs qui réserve
les droits des électeurs romains; c'est Nicolas II qui rend
leur indépendance aux cardinaux électeurs du Pape; c'est
Alexandre II qui intervient tous les jours, avec une in-
croyable énergie, dans les moindres détails du gouvernement ecclésiastique de la France, portant le fer et le feu
partout où il voit le mal; enfin, c'est Grégoire VII qui va
chercher ce mal jusque dans sa racine et ne recule pas,
pour l'extirper, devant le plus gigantesque des combats.

Janvier 1077! Date mémorable dans l'histoire du
monde, duel tragique dont les péripéties n'ont pas cessé
de passionner les hommes, puisque, par une étrange fortune, les démocraties modernes ont cru devoir, contre l'un
des champions, se déclarer solidaires des monarchies de
droit divin. Tout, jusqu'aux accidents extérieurs de la
nature, concourt à donner à la scène de Canossa cet
aspect dramatique et saisissant qui s'empare des imaginations autant que des consciences. Le lieu même; ce n'est
pas, comme au temps de saint Odon, Rome, avec la majesté de ses souvenirs et de sa puissance; ce n'est pas,
comme plus tard, lorsque le combat touchera à sa fin,
Cluny, avec son imposante régularité, au milieu de ses
riantes campagnes; non, c'est un sombre château fort,
imprenable nid d'aigle, sur un des contreforts septentrio-
naux de l'Apennin. Et le temps même ajoute sa note triste;
depuis des jours et des jours il neige et le froid est rigou-

reux. Dans ce château ou à la porte de ce château, trois
hommes, et quels hommes : un pape, un empereur, un
abbé de Cluny !

Le pape, c'est un vieillard de peu d'apparence, c'est ce
moine Hildebrand, dont l'âme indomptable a, depuis près
de trente ans, remué jusque dans son fond l'univers chrétien. Il a des amis passionnés, des défenseurs enthou-
siastes ; il a d'implacables ennemis ; les plus atroces ca-
lomnies se dressent contre lui. Pourquoi ? Parce qu'il a
voulu quelque chose et qu'il l'a voulu fermement, blessant
ainsi beaucoup d'intérêts et de passions. Il a compris que,
tant qu'avec l'investiture symbolique les fonctions ecclésiastiques seraient données par les souverains laïques de
la terre, la réforme de l'Église, la réforme morale, serait
incomplète et précaire ; et, sans hésiter, il a arraché aux
laïques le prétendu droit dont ils se targuaient. Il sait
qu'il est le représentant de Dieu sur la terre, que dans
l'Église l'autorité est conférée par Dieu lui-même, qu'il
lui appartient à lui, vicaire de Jésus-Christ, de désigner,
s'il le veut, ceux qui en seront les détenteurs, mais qu'il
peut déléguer son droit, suivant les nécessités et les convenances de chaque époque : eh bien ! ce droit, que désormais seuls les hommes d'Église l'exercent ! Les élections,
telles que les ont connues les siècles passés, sont trop
fécondes en intrigues et surtout peuvent trop facilement
permettre l'ingérence triomphante et dominatrice des puissants de ce monde. Que désormais le corps électoral soit
réduit et régularisé, strictement ecclésiastique ! Comme le
Pape n'est plus l'élu du peuple romain, ni de l'empereur
allemand, mais l'élu des cardinaux, les évêques seront les
élus des chapitres. Que les peuples se refusent à entendre
la messe ou à recevoir les sacrements, non seulement des
prêtres mariés, des prêtres simoniaques, mais de tous

ceux qui auront accepté leurs fonctions de qui n'avait pas
le droit de les leur conférer! Qu'ils se soulèvent au
besoin! Dans l'ardeur de la lutte, Grégoire VII a quelque
chose de révolutionnaire; les princes qui lui résistent, il
les traite de bandits, il montre leur indignité et l'étale aux
yeux de leurs sujets; il sent que sa cause est sacrée, que
l'avenir même de la religion chrétienne est en jeu; rien
ne saurait l'arrêter. La parole que, trente-cinq ans plus
tôt, l'évêque de Liége, Wason, avait fait entendre en plein
palais impérial : « Autant la vie est supérieure à la mort,
autant l'onction qui fait le prêtre est supérieure à l'onction qui fait l'empereur », retentit sans cesse à ses oreilles;
elle est comme le phare lumineux de son intelligence, la
règle immuable de sa conduite. Le sacerdoce au-dessus de
l'empire, pour le salut du monde chrétien, pour le triomphe de l'esprit sur la chair !

L'empereur, c'est Henri IV, Henri IV qui a pris en main
la cause des rois et des princes laïques, mais qui l'a représentée avec brutalité, avec orgueil et sans souci du bien.
Il s'est moqué des prohibitions de Grégoire; il a continué
à nommer des évêques, à mettre en vente des dignités
ecclésiastiques. Cité à Rome pour se justifier, il a réuni
un synode d'évêques allemands, ses créatures, leur a enjoint de déposer le pape, ce qu'ils ont fait ou du moins
tenté de faire, et il a sommé Grégoire de descendre du
trône pontifical. Grégoire l'a excommunié et privé de sa
couronne, déliant ses sujets de leur serment de fidélité. A
sa grande stupeur, Henri s'est vu abandonné des siens;
une diète est convoquée à Augsbourg, où lui-même sera
fatalement déposé; par un dernier compromis pourtant,
la diète de Tribur lui a donné un an pour se réconcilier
avec le Pape; le terme approche et déjà Grégoire est en
marche vers l'Allemagne. C'est pour l'arrêter que Henri a

passé les Alpes précipitamment; c'est pour l'éviter que Grégoire s'est enfermé à Canossa. Et maintenant l'Empereur est là devant la porte du château, en costume de pénitent, pieds nus dans la neige; il veut être reçu, il implore miséricorde; s'il ne l'obtient pas, il est perdu et il le sait.

Le troisième personnage, c'est saint Hugues, l'abbé de Cluny, et cet homme est si grand que, dans ces trois jours où tant de pensées les agitent, le Pape et l'Empereur ont le souci de savoir ce que pense l'abbé de Cluny et ce qu'il voudra faire. Ah! sans doute, il est l'homme du Pape et le Pape sait bien qu'aujourd'hui comme hier il peut compter sur lui. Mais Grégoire n'ignore pas non plus qu'à Cluny on ne s'est pas, du premier coup, rendu compte de la nécessité de rompre avec les puissances laïques. Est-ce que Cluny ne s'était pas très volontiers appuyé sur elles, sur l'Empire en particulier, toutes les fois qu'elles s'étaient prêtées à l'œuvre de réforme? Saint Mayeul et saint Odilon n'avaient-ils pas été les conseillers, presque les amis, des empereurs de la maison de Saxe, Otton le Grand, Otton II, Otton III? Quelle émotion à Cluny le jour où le saint empereur Henri II avait déposé sa couronne d'or sur l'autel! Avec quelle admiration n'y avait-on pas répété maintes fois les paroles de Henri III lui-même, si ardent à corriger les abus qu'on eût dit un moine de Cluny! Dès le premier moment de son élection, en 1073, Grégoire avait écrit à Hugues pour le conjurer de venir auprès de lui; Hugues avait tardé et, par deux et trois fois, le Pape l'avait mandé, lui disant « qu'il ne pouvait plus endurer son absence sans une grande anxiété et un grand trouble d'esprit »; en termes pathétiques, il lui avait dépeint les maux de la chrétienté et marqué ce qui était à ses yeux le seul remède; un mois avant le

décret sur les investitures, il lui en avait exposé les motifs, et discrètement, tendrement, il lui avait laissé entendre « que ceux qui veulent être les fils et les soldats de
saint Pierre ne doivent jamais lui préférer les princes
séculiers ». De tout cela, le Pape se souvenait. Et Hugues,
de son côté, repassait dans son esprit les bontés dont
Henri III l'avait comblé et la faveur qu'il avait témoignée
à son ordre. Il revoyait le jour où l'empereur lui avait
envoyé une ambassade solennelle pour le prier de tenir
son fils sur les fonts baptismaux. Et c'était son filleul, le
fils de Henri III, qui était là dans cette posture humiliée,
suppliante et souffrante !

Hugues avait-il assisté à l'assemblée de Tribur qui avait
tendu à Henri IV une dernière perche de salut ? La chose
n'est pas certaine. Henri IV pourtant comptait sur la médiation de l'abbé de Cluny; il l'avait fait appeler auprès
de lui et l'avait prié de porter au pape ses propositions.

Grégoire cependant sentait qu'il allait être dupe, que
Henri IV n'avait qu'un but : empêcher le pape d'aller en
Allemagne, prévenir le jour marqué pour sa propre déchéance; aussi ne cédait-il pas. Mais ceux qui voyaient
l'empereur dans un tel degré d'abaissement commençaient
à s'émouvoir; les cœurs étaient touchés. Trois jours
s'étaient écoulés; l'Empereur allait partir; avant de
quitter Canossa, il voulut faire une dernière tentative; il
entra dans la chapelle de Saint-Nicolas, où se trouvaient
l'abbé de Cluny et la comtesse Mathilde, l'amie du Pape,
la protectrice du Saint-Siège; il supplia avec larmes l'abbé
Hugues d'aller encore une fois trouver Grégoire et d'être
auprès de lui le garant de l'empereur : « Cela ne se peut »,
répondit l'abbé. Émue, la comtesse Mathilde joignit ses
instances à celles de Henri : « Vous seule, lui dit Hugues,
pouvez réussir dans une telle négociation. » Elle se leva

et se rendit chez le pontife ; plusieurs unirent leurs prières aux siennes. Pour n'être pas taxé d'inhumanité, Grégoire se laissa fléchir.

Sans grande illusion, il demanda des garanties ; l'abbé de Cluny les donna au nom de Henri IV et celui-ci fut sauvé.

On sait le reste ; dès qu'il se sentit maître, l'empereur reprit l'offensive, rentra victorieux en Italie, s'empara de Rome et installa au Latran un antipape, — c'était désormais tout ce qu'un empereur pouvait créer, — tandis que Grégoire VII se réfugiait au château Saint-Ange. Délivré par les Normands de Naples, il allait mourir à Salerne, répétant la fameuse parole : « J'ai aimé la justice et haï l'iniquité ; c'est pourquoi je meurs en exil. »

Il n'avait gardé nulle rancune à Hugues et à Cluny de la confiance qu'ils avaient mise dans les promesses de l'empereur. Pendant les dernières années de sa vie, Grégoire VII ne cessa pas de prendre saint Hugues pour confident de toutes ses tristesses ; il lui demanda quelques-uns de ses disciples pour l'aider dans le gouvernement de l'Église ; il le nomma légat en France et confia à ses religieux plusieurs autres légations ; enfin, lorsqu'il écrivit sa suprême encyclique, cet émouvant appel à la chrétienté, où il déclare à la face du monde « que les princes n'ont conspiré contre lui que parce qu'il n'a pas voulu se taire sur les périls de l'Église et céder à ceux qui ne rougissaient pas de la mettre en captivité », c'est à Cluny qu'il voulut que cette encyclique fût tout d'abord portée. Au terme de sa carrière, l'indomptable lutteur ne craignait pas de déclarer que « la religion chrétienne était presque réduite à rien ». N'était-ce pas avouer sa défaite ? Peut-être. Mais il ne doutait pour cela, ni de son droit, ni de son devoir.

Défaite momentanée d'ailleurs, et qui ne fermait pas la porte à la victoire future ! Que l'on compare à la mort de Grégoire VII celle de Henri IV, chassé de son trône, abandonné de tous, réduit à une misère sordide ! Dix ans tout juste après la mort de Grégoire VII, Urbain II, « le plus hardi des papes », tiendra à Clermont ces splendides assises de la chrétienté où fut décidée la première croisade, s'estimant assez maître de l'Occident pour intervenir en Orient et délivrer le tombeau du Christ !

Tout n'était pas fini pourtant. Pour que l'œuvre de la réforme se consolidât et s'achevât, il fallait que la question des investitures se trouvât définitivement résolue. La Providence, par une juste récompense, permit que Cluny fût encore au premier plan. L'abbaye apparut comme le séminaire des papes et la seconde capitale de la chrétienté. Trois disciples de saint Hugues occupèrent coup sur coup le trône pontifical ; et comme Rome et l'Italie furent alors particulièrement inhospitalières à leurs pontifes, la France et Cluny les reçurent plus d'une fois. Ce fut pour eux l'occasion de témoigner leur reconnaissance par de nouvelles faveurs. Urbain II se plut à consacrer lui-même le maître-autel de la grande église et à rappeler, dans son allocution, les souvenirs de sa vie monastique ; Pascal II n'eut rien de plus pressé que de faire part de son élection à l'abbé, « son frère vénérable », et de recommander aux évêques de France « de conserver toujours le même respect pour l'abbaye de Cluny sur laquelle ses prédécesseurs avaient veillé comme sur la prunelle de leurs yeux et qu'ils avaient fortifiée des remparts de leurs privilèges ». Gélase II vint mourir à Cluny revêtu de l'habit bénédictin ; Calixte II y fut élu.

Chose à première vue surprenante et qui prouve com-

bien, plus que les influences subies, leurs idées person-
nelles et davantage encore les circonstances déterminent
les actes de ceux qui gouvernent : en face du même problème, chacun des trois papes clunisiens allait adopter
une attitude différente. Trois solutions se présentaient
comme possibles : la lutte à outrance, les concessions por-
tées à la limite de ce que permet la constitution de
l'Église, un compromis qui garantît de part et d'autre tous
les intérêts légitimes. Le premier parti fut celui d'Urbain II
qui, au plus fort de la lutte avec l'empereur Henri IV et
déjà brouillé avec le roi d'Angleterre, ne craignit pas,
parce qu'il s'agissait de défendre la sainteté du mariage,
de s'aliéner encore le roi de France et de l'excommunier
dans son propre royaume en présence de ses évêques.
Pascal II abandonna à Henri V les investitures, sous la
condition expresse que la liberté des élections serait garantie, mais dut revenir sur cette extrême et périlleuse
condescendance, devant l'émotion de l'Église et de Cluny
en particulier, qui ne pouvait croire qu'une telle promesse
fût fidèlement observée. Calixte II enfin, par un de ces
arrangements qui ne se trouvent qu'au terme des grandes
luttes, réconcilia pour un temps les deux puissances, en
accordant à l'Empire le droit d'investir par le sceptre,
signe de la puissance temporelle, les évêques et les abbés,
que l'Église investirait par la crosse et par l'anneau, symboles de leurs pouvoirs spirituels.

J'imagine que, du haut du ciel, saint Hugues dut être
content de son disciple.

Hélas ! pourquoi faut-il que souvent nous mourions de
nos victoires et des récompenses mêmes qu'elles nous ont
values ?

Les services que Cluny avait rendus l'avaient élevé

bien haut ; l'excès de puissance et de richesse, l'orgueil d'un abbé, la désunion des frères, suites presque inévitables d'une grandeur et d'un rôle si longtemps soutenus, allaient dérouler leurs conséquences accoutumées ; Cluny, qui avait fait la réforme de l'ordre monastique et du clergé séculier, n'était plus le modèle de l'Église ; Cîteaux tenait l'étendard de la perfection chrétienne et saint Bernard le rôle des Odon, des Mayeul, des Odilon, des Hugues.

Certes la place de Pierre le Vénérable est belle encore auprès de saint Bernard, efficace et active son intervention modératrice dans les affaires de l'Église, sous Innocent II et sous Eugène III, qui, tous deux, vinrent à Cluny, et, comme leurs prédécesseurs, se firent accompagner par l'abbé dans leur voyage en France. Mais ce n'est pas sans émotion qu'on voit le grand abbé de Cluny, avant de partir pour Rome, où le cistercien a succédé au cluniste, se munir d'une lettre de recommandation de l'abbé de Clairvaux.

La lumière qui émane de Cluny est toujours douce, pure et brillante, mais c'est la lumière du soleil qui descend sur l'horizon.

Avec quel incomparable éclat, ce soleil jeta ses derniers feux dans la grandiose rencontre dont les organisateurs de ces fêtes ont voulu, en en reproduisant la pompe extérieure, faire, aux yeux du public, comme le mémorial et le symbole des splendeurs et de l'histoire de Cluny !

Innocent IV, la monarchie pontificale triomphante, Louis IX, la monarchie politique sanctifiée, et cette cour merveilleuse, où figurent un empereur de Constantinople, des princes, des princesses, fils et filles de rois, des cardinaux, des patriarches, des évêques, des abbés, des chevaliers, réunis et groupés dans cette abbaye d'où s'était levée jadis sur l'Église l'aube de la réforme.

Au moment de quitter la France, Innocent IV fit déposer aux archives du monastère, après l'avoir présentée au concile de Lyon, copie authentique de tous les privilèges accordés à l'Église romaine par les empereurs et par les rois, voulant que cette copie eût la même autorité que les originaux gardés à Rome. N'était-ce pas laisser à la postérité le solennel témoignage de la longue et féconde alliance de Cluny et de la papauté?

Ce qui fut doit être encore. L'union des moines de France et des pontifes romains, dont je vous ai redit les bienfaits, est l'image et le modèle de celle qui doit subsister toujours entre le clergé de France et la chaire de Pierre. Aujourd'hui, tout aussi bien qu'il y a mille ans, elle portera d'heureux fruits et sera couronnée de résultats favorables. Lorsqu'une Église a derrière elle de telles luttes et de tels triomphes, de tels serviteurs en face de tels adversaires, la désespérance serait-elle jamais permise à ses enfants? Comme Grégoire VII et comme Urbain II, Pie X peut voir se multiplier autour de lui le nombre de ses ennemis; pas plus que ses prédécesseurs du XIᵉ siècle, il ne doutera ni de son devoir, ni de son droit; ni la violence, ni la durée des crises ne feront reculer son courage. Et nous, fidèles à la leçon des vieux moines, nous marcherons derrière lui, redisant à Dieu la parole sacrée : « Nos pères ont mis en vous leur espérance et vous les avez délivrés. » Ils ont combattu et vous leur avez donné la victoire. Ainsi en sera-t-il pour nous, si nous faisons comme eux. *Amen!*

———

CLUNY ET LA VIE DE L'ÉGLISE

DISCOURS

prononcé

PAR S. GR. MGR DU VAUROUX

ÉVÊQUE D'AGEN

〰️

> *Cluniacensis congregatio divino charismate cæteris imbuta plenius, ut alter sol enitet in terris.*
>
> La congrégation de Cluny, pénétrée plus profondément que les autres des grâces divines, brille sur la terre comme un nouveau soleil.
>
> (Bienheureux Urbain II, *in diplomate ad Hugonem abbatem Clun. ann. 1098.* — Bibl. Clun., col. 520.)

ÉMINENCE [1],

MESSEIGNEURS [2],

MES RÉVÉRENDISSIMES PÈRES [3],

L'an du Christ 1245, Innocent IV et saint Louis se rencontrèrent à Cluny. Un cortège de princes accompagnait le roi de France : sa mère, une de ses sœurs, le comte

---

[1]. S. Ém. le cardinal Luçon, archevêque de Reims.

[2]. LL. GG. NN. SS. Seton, arch. d'Héliopolis; Dubillard, arch. de Chambéry; Gauthey, arch. de Besançon; Villard, év. d'Autun; Béguinot, év. de Nîmes; du Curel, év. de Monaco; de Cormont, év. de la Martinique; Lobbedey, év. de Moulins; Manier, év. de Belley; Mgr Baudrillart, recteur de l'Institut catholique de Paris; Saint-Clair, prélat de Sa Sainteté.

[3]. Les Révérendissimes Abbés de l'ordre Bénédictin présents aux conférences précédentes.

d'Artois son frère, l'empereur de Constantinople, le fils du roi d'Aragon, celui du roi de Castille, le duc de Bourgogne, d'autres encore. La suite du Pape, on le pense bien, n'était ni moins nombreuse ni moins brillante. Aussi le chroniqueur éprouve-t-il un légitime orgueil à raconter que la présence de ces hôtes innombrables ne troubla pas un seul instant les moines dans la tranquille et exclusive jouissance de l'enceinte affectée à leur vie claustrale.

Or, le 30 novembre de cette année, en la fête de saint André apôtre (était-ce avant ou après la visite de saint Louis, je l'ignore), le Souverain Pontife célébra la messe au maître-autel de la grande église. Douze cardinaux, deux patriarches, trois archevêques, je ne saurais dire combien d'évêques ou d'abbés, entouraient Innocent IV. On cite, parmi ces prélats, l'évêque élu d'Agen, Pierre de Reims, auparavant provincial des Frères prêcheurs de France à Bordeaux, *vir bonus et poeta doctus*, dit le biographe des Dominicains illustres; *vir bonus*, homme excellent, puisque le martyrologe de son ordre le mit un jour au rang des bienheureux; *poeta doctus*, poète docte, car sa foi, sa science et son génie poétique enrichirent de treize mille hexamètres la vaste collection des gloses bibliques. Il eut sur la terre une gloire incontestable, celle d'être sacré à Cluny, ce 30 novembre 1245, probablement ou peut-être en présence du Pape, par l'évêque de Tusculum, légat du Saint-Siège.

Il m'a été impossible, Monseigneur d'Autun, de lire cet épisode sans faire aussitôt un rapprochement très doux à mon cœur. L'évêque d'Agen, qu'en un jour mémorable vous appelez au grand honneur de prendre la parole dans cette église, était prosterné, le 25 février 1906, avec treize de ses frères, sur les dalles de la basilique vaticane et c'était le vicaire du Christ, non pas un légat en présence du Pape, qui conférait la plénitude du sacerdoce à ces prêtres étonnés et émus, les premiers à prendre dans leur patrie, après la rupture du Concordat de 1802, la lourde charge du gouvernement ecclésiastique et de la lutte contre l'impiété. Avez-vous songé, Monseigneur, à l'heureuse ressemblance que je viens de signaler, en m'invitant à occuper aujourd'hui la chaire chrétienne, à quelques pas du sanctuaire où l'un de mes devanciers reçut la consécration épiscopale?

Je crois plutôt que votre affection, sûre de la mienne, a voulu, par une inspiration délicate, m'associer étroitement aux joies des fêtes triomphales que vous célébrez. Joies vives et profondes assurément : un cardinal vénéré et aimé, plus éminent encore par la douceur de ses vertus que par l'éclat de sa pourpre et la majesté de l'Église qu'il régit, préside vos solennités. Autour de lui et de vous resplendit une magnifique couronne d'évêques, parmi lesquels j'aperçois d'abord le fils préféré du cardinal Perraud [1], et un peu plus loin l'auxiliaire aussi expérimenté que fidèle de vos premiers labeurs [2]. Les chefs respectés de la congrégation bénédictine de France, héritiers et continuateurs de leurs ancêtres de Cluny, ont quitté la terre étrangère pour répondre à votre chaleureux appel. Des représentants illustres de la pensée chrétienne, de la science historique et de notre littérature nationale, vous ont apporté le précieux concours de leur sympathie et de leur présence. Une multitude de prêtres et de catholiques, accourus de tous les points de votre beau diocèse et d'ailleurs, emplissent ce temple, formant une

1. Mgr Gauthey, archevêque de Besançon.
2. Mgr Manier, évêque de Belley.

imposante assemblée où les âmes vibrent de foi, d'enthousiasme et de fierté. Il ne m'est pas difficile, Monseigneur,
de comprendre et de partager les sentiments qui agitent
votre cœur. Laissez-moi vous dire qu'une de mes conso-
lations, à travers tant d'épreuves, sera d'avoir travaillé un
peu, malgré mon incompétence, à la glorification de
l'œuvre dont votre ville de Cluny a été le lumineux foyer,
de l'œuvre que fondèrent, le 11 septembre 910, il y a
juste mille ans, un prince et un moine français.

Nos hommages, mes Frères, sont dictés par la justice
et la reconnaissance. C'est aussi notre intérêt, au sens l
plus élevé du mot, de recueillir les leçons du passé. Le
longs souvenirs, a-t-on dit, font les grandes nations. Il
aident sans nul doute au progrès, car les peuples qui n
laissent s'effacer ni les enseignements ni les exemples d
leurs pères, sont seuls capables d'aborder sans péril le
combats du présent et des âges futurs. Leurs gestes son
comme une suite logique d'efforts coordonnés à un bu
précis et non une série d'effroyables oscillations entre de
mouvements d'attaque et des régressions violentes, ave
des heurts dangereux et de brusques sauts dans l'in
connu. Chose étrange, notre temps, qui a presque com
plètement perdu le sens de la tradition, aime à scrute
les annales où sont relatés les hauts faits des aïeux. I
honore souvent, avec l'exagération qui caractérise le
éloges officiels, la mémoire des hommes et l'anniver
saire des événements dont la civilisation se réclame à bo
droit. Est-ce vanité nationale, raffinement de curiosité
désir d'être juste, ou bien intuition plus ou moins cons
ciente des heureux effets que produirait une marche plu
régulière vers l'avenir? Puisse-t-il du moins profiter d
la connaissance toujours plus exacte qu'il acquiert de
siècles écoulés! Puisse-t-il comprendre que les révolu

tions opèrent des changements trop rapides et trop pro-
fonds pour être vraiment bienfaisantes !

Les éloquents discours que vous avez entendus, mes
Frères, depuis l'ouverture du triduum, ont mis en pleine
lumière les principes que j'évoque en ce moment. Peut-
être, malgré mon impuissance à égaler des maîtres de la
parole, la grâce de Dieu me permettra-t-elle d'édifier
quelque peu vos âmes en jetant un regard sur la vieille
histoire de Cluny. Mon sujet, vous le connaissez, c'est
l'étude de l'influence exercée par l'illustre abbaye sur le
développement de la vie surnaturelle dans l'Église.

I.

Il n'est pas rare que des fleurs délicates germent et
s'épanouissent au milieu d'une végétation sauvage. L'œuvre du duc Guillaume et du saint abbé Bernon naquit à
l'une des époques les plus obscures et les plus troublées de
notre histoire. « Ce siècle est justement appelé siècle de
fer, remarque Baronius, par sa grossièreté et sa stérilité
en toute sorte de bien ; siècle de plomb pour l'abomination du mal qui l'inonde, siècle de ténèbres pour le
manque d'écrivains [1]. »

Grâce au génie créateur de Charlemagne, les unités
disparates qui composaient le monde barbare s'étaient
groupées en un faisceau, et sur ces éléments confus, le
souffle vivifiant d'une civilisation à la fois romaine et
chrétienne avait passé. L'empreinte d'une action aussi
puissante ne s'effaça pas, seulement les successeurs du
héros étaient trop faibles pour que l'immense empire d'Occident ne se démembrât pas entre leurs mains. D'ailleurs

1. *Annales ;* Introduction au x⁰ siècle.

la formation des nationalités modernes exigeait le long travail des siècles. L'Europe retomba donc dans le chaos. Partout s'établit le système féodal. Je ne voudrais pas calomnier ce régime, car il a d'abord protégé les petits et les humbles contre les injustes et les violents. Mais la force dont il armait les fils à peine christianisés des guerriers francs était trop séduisante et trop dangereuse pour que les plus graves abus n'aient pas promptement surgi. Ce ne sont bientôt, en Gaule, en Germanie, en Italie, que rivalités ambitieuses, vengeances cruelles, guerres intestines. Aux désordres du dedans s'ajoutent par malheur les désastres d'invasions nouvelles. Pendant que le sang chrétien coule à flots dans des luttes fratricides, les Sarrasins, qui ont déjà courbé l'Espagne sous leur joug, jettent l'épouvante le long de la Méditerranée et les Normands dévastent plus de la moitié du territoire qui deviendra la France.

L'autorité religieuse, surtout les biens temporels dont elle dispose, ont excité, à toutes les époques, les convoitises des pouvoirs égoïstes et despotiques. De telles ambitions devaient se déchaîner, avec plus de fureur que jamais, à une heure de désarroi universel. Aussi le sanctuaire est-il profané par les usurpations des princes, des hauts barons, des courtisans, des séculiers de tout rang. Le Saint-Siège lui-même subit l'étreinte, tantôt du césarisme allemand qui aspire à la domination universelle, tantôt de tyrannies plus humiliantes encore. Il semble que la lueur de formidables incendies ou bien l'éclat des épées et des lances éclairent seuls un horizon chargé de nuages épais. O Christ, abandonneriez-vous à ses vices l'humanité que vous avez rachetée au prix de votre sang? L'Église ne serait-elle plus l'objet de votre sollicitude? N'êtes-vous plus jaloux de l'indépendance de ses chefs, de la dignité de son sacerdoce, de la vertu de ses ministres? Ah! l'heure est venue pour vous, Seigneur, de montrer par des coups inattendus que vous défendez toujours la sainte cause que les passions humaines s'efforcent de déshonorer!

Cette heure, le divin Maître l'a choisie dans la plénitude de sa sagesse et de son amour. Regardez. En un coin du ciel assombri, au ciel de Bourgogne, une étoile se lève comme un signe d'espérance. Ce n'est d'abord qu'un point lumineux. Mais, tandis que plusieurs tentatives de réaction contre le mal n'ont produit que des résultats insuffisants, la lumière de ce nouveau soleil, pour parler le langage du pape Urbain II, s'étendra sur la France et bientôt sur toute la chrétienté. Saluons, mes Frères, l'aurore d'une grande réforme catholique : le monastère de Cluny est fondé.

Nous sommes en 910. Serge III occupe tristement la chaire de saint Pierre. Charles III le Simple porte le titre de roi de France et, sur le trône impérial, est assis le dernier rejeton allemand de la race carolingienne, le prince que l'on appelle Louis IV l'Enfant. Le duc d'Aquitaine, comte d'Auvergne, Guillaume le Débonnaire ou le Pieux, ne veut pas, écrit-il dans l'acte de fondation de l'abbaye, « mériter le reproche de n'avoir songé qu'à l'augmentation de ses richesses terrestres et au soin de son corps » [1]. Il sait comme tout le monde, il sait, — entendez-le bien, mes Frères, à cette époque barbare tout homme est instruit de ces choses, — « que Dieu n'a donné des biens nombreux aux riches que pour qu'ils méritent les récompenses éternelles en faisant bon usage de leurs possessions temporaires » [2]. Voilà pourquoi il se propose

1. Charte de fondation.
2. Ibid.

d'instituer un monastère où l'on priera à ses intentions.
Deux moines vénérables, Bernon, abbé de Baume en
Franche-Comté, et Hugues, abbé de Saint-Martin d'Autun,
avec qui il règle cette grande affaire, sollicitent de sa
charité le don d'une ancienne station romaine, villa
royale sous les princes francs, naguère propriété des
évêques de Mâcon, enfin, depuis 882, rendez-vous de
chasse. C'est Cluny, vallon agreste, situé entre deux
collines boisées, que Guillaume possède par héritage
spécial et non à titre de souverain d'Aquitaine. Le duc
ne pensait pas à se dépouiller de ce domaine, où l'attiraient puissamment les cerfs et les sangliers. Il céda cependant de bonne grâce au vœu de Bernon, lorsque celui-
ci lui demanda si, au tribunal de Dieu, il aimerait mieux
être escorté par les aboiements de ses molosses ou par
les laudes des moines. La donation eut lieu à Bourges, le
troisième jour des ides de septembre, je veux dire le
onzième jour du même mois. La charte de fondation est
un monument de foi naïve et vive, de piété humble et
touchante, mais rien n'y indique le moindre pressenti-
ment des grandes destinées de l'œuvre qui va s'accomplir.
Bernon a-t-il été plus clairvoyant? Pas beaucoup plus
peut-être. Certes les esprits sages, au x⁰ siècle, sen-
taient le besoin d'une réforme dans l'Église, spéciale-
ment dans les cloîtres, et l'abbé de Baume rêvait sans
doute de travailler au rétablissement de la discipline monastique. Qui pouvait cependant, à cette heure lugubre,
se douter qu'en jetant, au milieu de landes incultes,
les bases d'un nouvel asile de solitaires, on commençait
la construction d'un gigantesque édifice, on préparait à la
chrétienté un admirable moyen de régénération! Les
plans de Dieu sont d'une profondeur étonnante; ils dé-
concertent presque toujours les faibles conceptions de

l'homme. Oh! qu'il est déraisonnable de désespérer de l'avenir quand les intérêts des âmes sont en jeu !

II.

« L'Église chrétienne, dit Bossuet, est toujours nouvelle, parce que l'Esprit qui l'anime est toujours nouveau.... et parce que cet Esprit est toujours nouveau, il renouvelle de jour en jour les fidèles [1]. » Pour répandre cet Esprit de rénovation, il faut à Dieu, comme, du reste, à tous les êtres qui agissent, une méthode ou, si vous le préférez, un remède, puis un instrument qui applique la méthode, enfin le concours du temps, ce grand ministre de la Providence. L'histoire de Cluny nous montre avec quelle admirable transcendance le Tout-Puissant sait observer les lois qu'il impose à notre activité et dont il entend ne pas s'affranchir lui-même.

Le fléau le plus pernicieux qui afflige la société chrétienne du Xᵉ siècle, nous l'avons déjà remarqué, c'est la mainmise du pouvoir séculier sur l'autorité et les biens ecclésiastiques. De cette cupidité effrénée, de ces sacrilèges irruptions, résultent des désordres sans nom : l'avilissement du ministère sacerdotal, la corruption du clergé, des rapines honteuses, des violences de toute sorte. Mais, à l'encontre des réformateurs humains, Dieu attaque les vices par leur racine; en inspirant à ses mandataires la résolution de combattre avant tout et à outrance les abus effroyables de la domination laïque sur les choses saintes, il va leur suggérer l'emploi d'un moyen qui est d'une efficacité suprême. Lisez la charte de fondation : Les solitaires de Cluny « auront le droit et la

---

1. Sermon pour le temps du Jubilé. Œuvres, t. VIII, p. 508.

faculté d'élire librement pour abbé et pour maître un religieux de leur ordre, suivant le bon plaisir de Dieu et la
règle de saint Benoît », sans qu'aucune puissance humaine
soit capable de les en empêcher [1]. Cette phrase, mes
Frères, vaut le meilleur des Codes; elle proclame l'indépendance souveraine et nécessaire du pouvoir spirituel
en face de la force brutale.

Qui garantira aux disciples du saint patriarche leur
autonomie? « Je donne et livre aux saints apôtres Pierre
et Paul, répond le noble duc, tout ce que je possède
à Cluny [2] », et plus loin, toujours dans la même charte,
il déclare que les moines « auront pour défenseur le
Pontife de Rome [3] ». Voilà qui est capital : l'abbaye ne
relèvera que du Pape, entre lui et elle point d'intermé-
diaire. Au Vicaire du Christ, dès qu'il aura reconquis
assez de liberté pour entreprendre de vigoureuses réformes, elle fournira des soldats intrépides et nombreux :
prédicateurs, abbés, évêques, cardinaux. Quatre — les
critiques contemporains diraient plus volontiers trois
— quatre de ses fils auront l'honneur périlleux de s'as-
seoir sur le siège de Pierre. C'est de Rome qu'elle rece-
vra le mot d'ordre; dans son union intime avec le Vicaire
du Christ, elle puisera la liberté et le courage d'étendre
jusqu'aux extrémités de l'univers catholique ses exemples et son action.

De tels faits expliquent et justifient amplement, il me
semble, cet usage de l'exemption, c'est-à-dire de l'indépendance monastique par rapport à l'autorité épiscopale,
qui a été, dans la vie de l'ordre bénédictin, une nécessité
encore plus qu'une gloire et pour la défense de laquelle

1. Charte de fondation.
2. Ibid.
3. Ibid.

un saint tel que Hugues le Grand ne craignit pas de soutenir contre l'évêque de Mâcon une lutte pénible [1]. Sans doute, tout ce que Dieu permet aux hommes de toucher, peut devenir occasion d'excès et même de crimes. L'histoire ne démontre-t-elle pas avec éclat que l'harmonie entre des pouvoirs faits pour se limiter et qui, tôt ou tard, seront contraints d'entrer en lutte, n'a pas chance de se maintenir longtemps? Or, l'Église est intervenue en diverses circonstances dans des conflits où les adversaires, animés d'un zèle égal pour le droit et pour le bien, se divisaient sur le choix des méthodes les plus aptes à faire respecter ces choses sacrées. Tantôt elle a retiré une partie de ses dons et tantôt elle les a augmentés, mais jamais le problème n'a été complètement résolu, car il n'est guère possible qu'il le soit. Aussi le Pontife suprême a-t-il jugé préférable d'oublier les disputes parfois trop ardentes, les demandes de privilèges souvent excessifs, les protestations peut-être intéressées. Des hauteurs où il gouverne, il a abaissé ses regards sur les magnifiques basiliques des abbayes et les chefs-d'œuvre qui s'appellent nos cathédrales et, les voyant belles à l'envi, sans que les splendeurs des unes pussent affaiblir la majesté des autres, sur deux puissances faites pour se compléter et s'unir, il a étendu avec un égal amour sa main qui protège et qui bénit.

Tout, dans l'établissement de l'abbaye nouvelle, concourt au but que le Seigneur se propose d'atteindre. Montalembert a remarqué des convenances opportunes et charmantes entre la vie claustrale et les sites où les fondateurs de monastères se plaisaient à dresser leur tente. A Cluny, ces rapports de similitude ont un caractère hau-

1. Abbé Cucherat : *Cluny au XIe siècle*, p. 149.

tement providentiel. Aucun lieu ne pouvait servir d'une manière plus parfaite à l'exécution des conseils divins. Le monastère se dresse « dans ce pays de Bourgogne, zone neutre entre la France et l'Allemagne, où l'autorité de l'empereur s'équilibre si bien qu'elle s'annule [1] », où le duc régnant n'exerce lui-même qu'un pouvoir nominal et d'où les routes qui conduisent à Rome doivent être aisément accessibles. Voilà d'heureuses conditions de succès.

Dieu choisira avec la même sagesse les hommes les plus propres à lui servir d'instruments. Les six abbés qui gouvernent Cluny et portent si longtemps la crosse qu'ils remplissent deux siècles, ont tous été inscrits au catalogue des saints. De l'humble Bernon à Odon, d'Aimard et de Mayeul à Odilon et à Hugues, c'est une imposante série d'ascètes vénérables, d'apôtres intrépides de la vérité et de la vertu, de chefs héroïques dans leur dévouement éclairé aux grandes causes dont ils soutiennent les intérêts. Il est juste de leur attribuer les merveilleux résultats qu'enregistre avec étonnement l'histoire ; je me trompe, cette gloire revient à Dieu seul, mais à Dieu agissant par le ministère de ses saints. Ce souverain Maître ne règle point autrement les choses dans son Église. N'avez-vous pas admiré, mes Frères, l'étrange facilité avec laquelle il confie à des hommes souvent dépourvus de valeur morale la gestion des intérêts temporels ou même la défense de la justice et de la vérité ? Les plus grands génies ont parfois sacrifié aux passions les plus coupables et les plus viles. Au contraire, le salut éternel des âmes est-il en question, ni le talent, ni la richesse, ni la naissance, ni le prestige des

1. A. Luchaire, *Hist. de France*, t. II, p. 124 et seq.

succès obtenus ne sont des titres suffisants pour accomplir les desseins de Celui que l'Écriture appelle le Dieu trois fois saint. Il s'est fait homme pour affranchir l'humanité de la servitude et de l'enfer ; le salut éternel de notre race a coûté le sacrifice du Calvaire. Ses continuateurs ici-bas, ceux qui, avec lui, rachèteront les âmes, devront suivre ses traces ; ils seront saints.

L'Esprit d'en-haut, « qui souffle où il veut [1] », qui pénètre jusqu'au « fond des cœurs [2] » et « des choses [3] » ; l'amour, capable de supporter toutes les épreuves sans être jamais ébranlé ni dans la foi dont il procède, ni dans ses espérances, ni dans le courage qu'il inspire [4]; l'amour, cette flamme que les puissances du monde, semblables à l'envahissement des grandes eaux, ne peuvent éteindre [5]; l'amour, reflet, image, communication de l'essence même de Dieu [6]; voilà l'arme invincible par laquelle l'Église a remporté et remportera toujours ses plus magnifiques triomphes, voilà l'arme que les saints savent seuls manier.

Lorsque des saints combattent sous le drapeau du Christ, la victoire peut toujours rester fidèle à Dieu. Aussi bien, mes frères, quand viennent les heures de crise, les disciples vrais, les imitateurs héroïques du Sauveur nous sont-ils particulièrement nécessaires. Ah ! j'ose répéter du haut de cette chaire la prière qu'à Notre-Dame de Paris, en un jour de deuil pour l'Église de France, j'ai entendue et il me semble entendre encore tomber des lèvres du cardinal Perraud : « Seigneur, augmentez parmi

1. *Jean*, III, 8.
2. *Rom.*, VIII, 27.
3. *I Cor.*, II, 10.
4. *I Cor.*, XIII, 7.
5. *Cantiq.*, VIII, 7.
6. *Jean*, IV, 16.

nous les saints, donnez-nous des saints, et vous vain-
crez [1]. »

J'ai dit qu'il fallait aux œuvres divines le secours du
temps. Cette loi a été posée par Jésus-Christ lorsqu'il a com-
paré le royaume de Dieu à « ce petit grain de sénevé, la
plus petite de toutes les semences, mais, après avoir poussé,
la plus grande de toutes les plantes, un arbre sous les rameaux duquel les oiseaux viennent s'abriter [2] ». Tout ce qui
doit prospérer un jour, dans le vaste champ de l'Église, a
des débuts humbles et obscurs et, par conséquent, demande
au temps de développer avec puissance et sûreté ses éner-
gies intimes. Les succès durables ne sont le fruit ni d'es-
sais hâtifs, ni de luttes faciles, mais d'efforts que rien ne
déconcerte ni n'arrête jamais. A ces conditions, le progrès
se fait, régulier et continu. Bernon a profondément creusé
le sol pour y poser des bases solides. L'édifice commençant à sortir de terre, saint Odon, le vrai créateur de
Cluny, conçoit et essaie de réaliser une idée absolument
nouvelle, je veux dire le projet grandiose et saintement
opportun du groupement des monastères réformés en congrégation unique. Le progrès suit son cours sous les vénérables Aimard et Mayeul ; pendant le gouvernement de
celui-ci, c'est-à-dire cinquante ans environ après l'acte de
910, la modeste maison religieuse, où Guillaume d'Aquitaine avait placé douze moines, « attire les regards et les
richesses de l'Europe entière [3] ». Bientôt l'élection de
saint Odilon consacrera le droit des Clunistes à choisir
eux-mêmes leur chef. L'illustre personnage dont je viens
de prononcer le nom est environné d'un immense prestige que son successeur seul dépassera. Son règne, si je

1. Oraison funèbre du cardinal Guibert, p. 80.
2. Matt., XIII, 31, 32.
3. A. Luchaire, Hist. de France, t. II, p. 126 et seq.

puis parler ainsi, dure un demi-siècle ; saint Hugues, qui
le remplace, atteint une rare longévité, puisqu'il occupe le
trône abbatial dix années de plus, c'est-à-dire soixante ans.
Ce saint Hugues est, sans contredit, le plus éminent de
ceux qui s'appellent les grands abbés. On peut l'affirmer :
après le Souverain Pontife, nul n'est investi d'un pouvoir
aussi étendu, nul ne dispose d'une plus large influence dans
la catholicité. Je n'ai pas à m'occuper de son action sur les
papes et les rois, je ne parle que de son œuvre intérieure :
elle est considérable. Il entreprend la codification des
coutumes observées dès le début ou introduites plus
tard à Cluny. La congrégation lui doit le double bienfait
d'une forme définitive et d'une vie intense ; il bâtit l'admirable basilique dont la description surprend et ravit.
A l'heure où s'achève sa carrière, deux mille monastères
relèvent de son autorité, en France, en Angleterre, en
Italie, en Espagne, en Allemagne et jusqu'en Pologne.
Somme toute, il a organisé « le plus vaste empire monastique que la chrétienté ait jamais connu [1] ». On a calculé
qu'avant le concile de Constance, par conséquent à l'aurore
du xv⁰ siècle, la famille bénédictine avait enfanté
15,000 saints, construit 15,070 abbayes ou prieurés, donné
à l'église 24 papes, 200 cardinaux, 400 archevêques,
7,000 évêques [2]. Ah ! certes, dans cet incomparable monument, la somme de mérites qui appartient à la réforme
de Cluny est énorme [3]. L'humble plante est devenue le
grand arbre dont les oiseaux du ciel aiment l'ombre bienfaisante. Laïques, prêtres, religieux, barons et princes,
bourgeois et vilains, prédicateurs et pasteurs, évêques et
dignitaires de l'Église ont profité de ses enseignements,

1. A. Luchaire, *Hist. de France*, t. II, p. 125 et seq.
2. *Hist. de l'abbaye de Cluny*, par Lorain, p. 14.
3. *Ibid.*, p. 140 et seq.

de ses exemples et de sa protection. Elle a été l'un des principaux moyens de Dieu pour établir, dans un monde qui, trop rude encore, ne sait pas se soumettre sans longue résistance aux austères préceptes de l'Évangile, le règne incontesté des principes d'où sortira la civilisation chrétienne.

J'ai nommé tout à l'heure le concile de Constance ; ce n'est pas que la belle période de l'histoire clunisienne s'étende jusqu'à lui. La mort de saint Hugues ou, si on le veut, celle de Pierre le Vénérable, une cinquantaine d'années plus tard, mettent fin à l'âge héroïque de l'abbaye. Mais la vitalité que l'Esprit de Dieu communique à ses œuvres triomphe des crises les plus redoutables, des périls et des maux qui suffisent d'ordinaire à renverser les fragiles ouvrages du génie humain. Si les formes peuvent varier, car elles sont les marques éphémères du temps, nous l'avons déjà dit, l'Esprit qui anime l'Église est immuable et éternel. Que de nobles et généreux efforts nous racontent les annales de la grande institution bénédictine, lorsqu'elles déroulent à nos regards la longue suite des progrès et des réorganisations dont elle a été l'objet, depuis la fondation de Cluny ! De saint Romuald et de saint Jean Gualbert à saint Robert de Cîteaux et à saint Bernard de Clairvaux, du bienheureux Robert d'Arbrissel, de saint Guillaume de Verceil et de saint Guillaume de Malaval à saint Célestin V et à saint Bernard du Mont-Olivet ; des monastères dits de sainte Justine de Padoue en Italie, des réformes de Bursfeld en Allemagne, de Saint-Gall en Suisse, de Valladolid en Espagne, aux congrégations de Saint-Vannes et de Saint-Maur en France, la lignée des grands moines s'est admirablement perpétuée à travers les âges. Le siècle qui vient de s'écouler a été, lui aussi, le témoin d'une admirable renaissance de l'ordre de Saint-Benoît, et cette fois encore, sur le sol de notre patrie. A cette époque profondément troublée par la Révolution, la miséricorde divine accorda, avec le concours d'une multitude d'œuvres nouvelles, les bienfaits dont les anciennes familles religieuses, grâce à leur merveilleuse puissance de rajeunissement et d'adaptation, possèdent le glorieux secret. Toutes ont eu leur tâche à remplir dans l'immense travail de régénération catholique que des persécuteurs habiles ont essayé d'interrompre, mais que ni des lois tracassières et tortueuses, ni l'exil impie, éloignant de nous tant d'intrépides soldats, ni la perfidie et la multiplicité des attaques n'empêcheront l'Église de France de poursuivre.

Bien belle fut alors la mission réservée aux disciples modernes de l'antique Bernon et du grand saint Hugues. L'un des plus illustres, je le dirai en passant, n'était-il l'honneur du diocèse d'Autun [1]? L'affirmation et la défense des droits du Siège apostolique, le retour à l'observance exacte de la sainte liturgie, la glorification, dans l'un de ses types les plus vénérables et les plus accessibles aux âmes contemporaines, de l'idéal monastique si souvent dénaturé et calomnié, voilà les trois radieux fleurons d'une couronne que l'histoire a déjà décernée à la congrégation des Bénédictins de France. Cette couronne brillera à jamais sur vos fronts, mes Révérends Pères, comme au sanctuaire de vos églises et à la voûte de vos cloîtres, où que les tyrannies humaines vous obligent de les transporter, surtout elle resplendira dans le séjour éternel de l'indépendance, de la justice et de la vérité : *qui docti fuerint, fulgebunt quasi splendor firmamenti et*

---

1. Le cardinal Pitra.

*qui ad justitiam erudiunt multos, quasi stellæ in perpe-
tuas æternitates* [1].

III.

Notre abbaye était donc merveilleusement organisée
pour promouvoir avec succès le règne de Dieu dans le
monde. Comment a-t-elle su remplir sa mission spéciale
de régénération chrétienne, du x⁰ au xiii⁰ siècle, ou plutôt quelles traces a-t-elle laissées de son action sur les
âmes pendant qu'elle rendait d'importants services à la
Papauté et à la France ?

Tout progrès moral suppose un mouvement dans les
idées. Il y aurait bien des choses intéressantes à dire au
sujet de l'influence intellectuelle qui eut la vallée de la
Grosne pour berceau. Dès les premiers temps, grâce à
l'interprétation de la règle faite par saint Maur, le travail
de l'esprit fut en honneur chez les Bénédictins noirs.
Jusqu'à l'époque de Pierre le Vénérable, les moines se
firent, à Cluny, instituteurs et éducateurs d'enfants,
comme ils le furent, au témoignage de Mabillon, dans
plusieurs écoles épiscopales [2], et leurs jeunes élèves vinrent souvent de si loin recevoir d'aussi doctes leçons que
le neveu de saint Pierre Damien, accouru du centre de
l'Italie, n'y parut pas une exception. Personne n'ignore
la patience et l'art consommé avec lesquels les religieux
clunistes transcrivaient les manuscrits de la Bible, des
Pères et même des auteurs profanes. Ne doit-on pas à ces
copistes laborieux, à ces enlumineurs et ces relieurs aussi
habiles que modestes, la conservation de richesses incal-
culables ? Bien plus, nos monastères rédigeaient des chro-

---

1. *Daniel*, xii, 3.
2. « Præceptores ecclesiarum cathedralium academiarumque ». Præf.
Act. Sanct., p. 121.

niques, éléments précieux de l'histoire vraie, annales consciencieuses qui, suivant le même Mabillon, étaient l'objet des plus grands soins [1]. Elles avaient pour origine, nous dit Montalembert, la seule ambition, chère à leurs auteurs, « d'être les fidèles interprètes des grandes leçons que Dieu donne aux hommes par les événements » [2]. Là, enfin, se formaient, à l'aide des ressources de l'époque sans doute, des théologiens assez exercés pour donner à la science sacrée, dans la personne de Pierre le Vénérable, un écrivain, un apologiste, un maître capable d'intervenir efficacement dans toutes les querelles doctrinales de son siècle. Il est donc évident que sans avoir fondé une école originale de penseurs, la grande abbaye a été longtemps le centre et le foyer par excellence de la vie intellectuelle ; elle a, dès lors, contribué largement à préparer la belle floraison théologique des xiie et xiiie siècles. Notre reconnaissance ne l'oubliera pas ; mais d'autres services plus exactement proportionnés à l'idéal monastique méritent d'être signalés avec plus d'insistance et de recevoir des louanges plus complètes.

Un historien moderne explique « l'autorité sans égale de Cluny, sur les peuples comme sur les rois », par ce fait « qu'elle représentait mieux qu'aucune autre institution religieuse la résistance à la féodalité et le mépris des intérêts d'ici-bas [3] ». Les mœurs grossières d'où résultaient les abus énormes du régime féodal et que celui-ci accroissait à son tour, par conséquent l'oubli de vertus essentielles aux nations chrétiennes, voilà le mal qui menace d'arrêter la marche de la civilisation dans un monde encore à demi barbare. La période que l'Europe traverse

---

1. *Ibid.*
2. *Moines d'Occident.* t. VI, p. 237-238.
3. A. Luchaire, *Hist. de France*, t. II, p. 128 et seq.

est celle d'une élaboration difficile et douloureuse ; or, les signes de décadence apparaissent déjà. Le poison s'infiltre tous les jours dans les veines du corps social ; la corruption monte sans cesse et envahit les organes vitaux des peuples, même le clergé ; la faiblesse se débat en vain contre le despotisme cruel des passions violentes. Et pourtant la foi est au fond des âmes ; ces nations à peine sorties du chaos portent en elles-mêmes le germe des plus nobles vertus. Dieu leur réserve de hautes destinées.

Qui donc mieux que les moines, mieux que des hommes mortifiés, supérieurs aux séductions de la chair et de l'or, donnera à cette étrange société, à ces peuples enfants, les leçons et les secours dont ils ont besoin ?

Entrez à Cluny : vous recevrez la réponse à cette question.

Tandis que l'amour du plaisir et du luxe se répand ailleurs avec une impétuosité qui rappelle la honteuse dépravation des plus bas siècles, alors que les convoitises de la chair se sentent même assez puissantes pour attaquer hardiment la loi du célibat ecclésiastique, l'austérité règne dans l'abbaye ; on y observe non seulement la chasteté, mais la mortification sous toutes ses formes, sans néanmoins obliger les âmes à des sacrifices constamment héroïques. L'ambition, l'orgueil, le goût du lucre, se donnent partout libre carrière, accumulant sur leur passage des désastres innombrables et détruisant toute fraternité entre les hommes. Ici, les richesses ne servent, pendant la belle période de l'histoire clunisienne, qu'à l'accomplissement des devoirs de la charité et de l'hospitalité. Tous sont reçus gratuitement : cavaliers, gens de pied, mendiants. Udalric, le rédacteur des coutumes du monastère, raconte qu'en une seule année on y distribua des secours à dix-sept mille indigents. Le déchaînement des mauvaises

passions crée sans cesse des causes de troubles, de guerres, de massacres : à Cluny, asile inviolable et sacré, fleurissent la concorde, la tranquillité, la liberté. Nul n'a le
droit de porter atteinte à l'indépendance de l'abbaye. Mais,
si personne ne pénètre à main armée dans son enceinte,
des messagers en sortent pour aider les évêques à retenir
l'effusion du sang et à prêcher la paix que Jésus-Christ
est venu apporter aux hommes oublieux des principes
les plus clairs du christianisme, au point de se poursuivre
et de se déchirer entre eux comme des bêtes fauves. La
Paix de Dieu, devenue plus tard la Trêve de Dieu, est
due en partie à l'influence des fils de Bernon. Or, ce qui
se passe au sein de la maison mère est imité la plupart
du temps par les monastères issus de la réforme, ou bien
affiliés au centre commun et ceux-ci forment, avons-nous
observé, une formidable légion. Dans une multitude de
lieux s'élèvent en quelque sorte d'inexpugnables cita-
delles, autour desquelles se multiplient les villages et les
habitations. De là, l'ennemi est surveillé et combattu,
pendant qu'à l'intérieur des murailles, une retraite sûre
s'ouvre aux opprimés ou bien aux âmes trop hautes
pour se contenter des biens terrestres. Quelle énergique
protestation contre le vice insolent et brutal, quel espoir,
si l'on envisage les perspectives de l'avenir ! Le clergé
n'est plus seul à supporter le poids de luttes longues et
dangereuses, les faibles et les bons ne sont plus isolés,
enfin les âmes éprises de perfection, — on citerait le nom
de plus d'un grand de la terre et de plus d'un prince [1], —
trouvent un abri assuré contre toutes les tyrannies du
monde. Là, tous peuvent sans contrainte contempler les
choses éternelles, se nourrir de prière ardente et d'études

---

1. *Correspondant*, 25 août 1910, p. 650.

fécondes ; là, le recueillement, le silence, le calme, la vie évangélique sont possibles et faciles. Cluny est le domaine de la vertu, de la charité, de la paix. Un mouvement se dessine, il commence, il s'accentue ; rien n. l'arrêtera plus, pas même les plus graves obstacles. Le temps viendra où le Christ sera l'arbitre incontesté des consciences et le premier souverain des nations, où, suivant la parole de Léon XIII, « la philosophie du saint Évangile gouvernera les États, où la force et la sagesse chrétienne et la vérité divine pénétreront les lois, les institutions, les mœurs des peuples » [1].

La société chrétienne, non moins que les individus, puise dans ses rapports intimes avec Dieu la force qui la rend fidèle au devoir. Voilà pourquoi il était utile que, par leurs exemples, les moines missent en honneur les saints exercices de la liturgie, non moins que la pratique des vertus de l'Évangile.

La liturgie, mes Frères, c'est tout un monde. Je pourrais le définir cet ensemble de formules, de symboles et d'actes par lesquels l'Église établit un commerce familier, mais public et social, entre le Ciel et les hommes. La doctrine révélée, la morale chrétienne et le souvenir des grands gestes de Dieu trouvent dans la liturgie leur expression concrète et vivante. Célébrant l'union du Créateur avec la créature, par la médiation du Christ et de l'Église, la liturgie interprète clairement, sans toutefois l'emprisonner dans les mots qu'elle prononce ou qu'elle module, ce qu'il y a de divin et, par conséquent, de mystérieux au fond des aspirations humaines vers l'infini. Elle prête une voix à ce que notre cœur ne saurait exprimer par de simples paroles. C'est un chant naïf et sublime ; on

1. Encyclique *Immortale Dei*, 1ᵉʳ nov. 1895.

y entend tour à tour le murmure plaintif des exilés et des captifs, le cantique d'espérance des âmes qui luttent, le cri d'enthousiasme et de délivrance des victorieux, le prélude des harmonies célestes et l'écho qui répercute, avec une force et une douceur inconnues de la terre, l'hosanna éternel de la reconnaissance et de l'amour. Grâce à la liturgie, tout se précise dans l'esprit des foules, et cependant rien n'y vieillit, car elle s'adapte aux situations les plus diverses, comme la foi elle-même et comme la charité. Elle a pour centre le saint sacrifice de la messe ; chaque jour la mémoire d'un auguste mystère ou la célébration de la fête d'un bienheureux élu l'aide à contempler sous un aspect nouveau l'acte rédempteur qui s'accomplit à l'autel, foyer de lumière et de chaleur, des sommets duquel se projette, sur les diverses phases du jour, la longue série des offices divins. Après la croyance à nos dogmes, il n'y a rien de plus indispensable au bien des individus et des nations que le développement de la vie liturgique. Pendant les époques primitives, où les bases de l'ordre social peuvent être plus facilement ébranlées, cette nécessité augmente encore, parce que la célébration des fêtes traditionnelles et les chants populaires de nos offices conservent mieux que tout autre moyen, dans l'esprit des foules impressionnables et mobiles, le respect du passé, le courage pour le présent, l'espoir pour l'avenir.

Il nous est donc facile de mesurer l'importance des bienfaits dus à la culture liturgique des Clunistes. La liturgie occupe, dans la grande abbaye et dans les monastères qui relèvent de son autorité, la place d'honneur : on peut dire que l'ordre magnifique de la vie bénédictine en dépend. Aussi quelle beauté radieuse, quelle splendeur incomparable je voudrais vous faire admirer, mes Frères !

L'intelligence délicate des rites, non moins que l'humble recueillement de la prière et la pompe grandiose des cérémonies, tout est imposant, tout inspire dans notre abbatiale l'horreur du monde et une vénération profonde pour les choses divines. Que dire de l'exécution qu'y reçoivent les mélodies grégoriennes? C'est bien de la sorte qu'il faut adorer la majesté suprême, chanter ses louanges, exhaler les douleurs humaines, craindre la justice inflexible, implorer la miséricorde qui ne se lasse pas, élever enfin sa pensée, son amour, ses espérances jusqu'au ciel d'où il semble qu'appelées par des accents si purs, les paroles de nos livres saints descendent de nouveau chaque jour sur la terre d'exil comme une rosée vivifiante pour y répandre la lumière, la force, la paix.

Les simples religieux chantent et prient; leurs chefs dirigent le mouvement liturgique. Saint Odon (il n'est pas le seul à entreprendre de semblables travaux) compose des hymnes; celle qu'il consacre au culte du grand saint Martin passe pour son chef-d'œuvre; peut-être est-il l'auteur d'un traité sur la musique sacrée. Saint Odilon introduit, le 2 novembre, en faveur des fidèles défunts, une fête touchante dont la piété catholique ne cessera, à travers les siècles, de le remercier. La tradition de chant grégorien conservée anciennement dans les églises et monastères des Gaules, propagée ensuite par Pépin le Bref, Charlemagne, Louis le Débonnaire et par l'école de Metz, s'épanouit dans l'atmosphère clunisienne. La sainte messe est le principal objet de la vénération de nos illustres abbés et de leurs disciples. Ils s'acquittent du ministère de l'autel avec une ferveur qu'exalte en l'an 1010 le pape Benoît VIII. Empereurs, rois et princes se recommandent à des prières très précieuses devant Dieu; depuis le milieu du xᵉ siècle, il n'y a pas d'endroit au monde où le

culte soit mieux célébré, où il semble que l'on puisse plus
sûrement obtenir les grâces du pardon et du salut.

Le développement liturgique acquiert dans nos monastères une perfection si haute que notre unique ambition
serait de nous rapprocher de cet idéal parfait. L'action
de Cluny sur l'art chrétien fut tout aussi féconde ; du reste,
le progrès de la liturgie provoque de toute nécessité un
mouvement parallèle dans l'ordre de l'architecture sacrée
et des arts solidaires de celle-ci. Admettons-le, si vous
le voulez, puisque l'opinion d'un spécialiste tel que Viol-
let-le-Duc n'est plus acceptée sans réserve par les hommes
compétents, l'abbaye de Cluny n'a pas créé un style
nouveau, mais en Bourgogne, puis dans les provinces
voisines et partout où s'est étendue sa réforme, elle a donné
à l'art religieux une impulsion décisive. Par elle, l'art
roman, « art mesuré, qui satisfait l'esprit, qui donne confiance et calme [1] », atteint son maximum de beauté. Ce
qui semble le plus admirable, c'est que la préoccupation
esthétique des abbés et des moines architectes qu'ils inspirent, ne les abandonne jamais. Selon eux, la maison où
habite le Seigneur n'est pas limitée par l'enceinte de
l'église dans laquelle la psalmodie se déroule et le divin
sacrifice est offert ; elle comprend l'abbaye ou le prieuré
tout entier, avec ses salles et ses cloîtres, ses cellules et
son hôtellerie, ses bâtiments ruraux eux-mêmes. L'église
est au centre, mais les édifices qui l'entourent n'en sont
que les dépendances et les suppléments : aussi rien ne doit
y être vulgaire ni grossier. La laideur sera exclue d'un
monastère construit à la gloire du Dieu qui daigne y
résider. Jusque dans les endroits les moins accessibles au
regard, l'artiste se plaira à multiplier les fines sculptures,

---

1. Alfred Perraté, *France et civilisat. chrétienne*, p. 282.

les statues expressives, les ornementations délicates. A Cluny, centre de la congrégation, les richesses artistiques seront répandues avec une prodigalité inouïe, une magnificence incomparable. La basilique que saint Hugues entreprend de construire en 1089, vingt ans avant sa mort, et qui ne fut achevée qu'en 1185, deviendra la plus belle église romane du monde, l'église la plus vaste de la chrétienté si l'on excepte Saint-Pierre de Rome. Ah! pourquoi la barbarie moderne n'a-t-elle pas épargné de pareils chefs-d'œuvre? Comment, en un siècle de science et de progrès, de nouveaux vandales ont-ils pu détruire, sous les yeux d'un gouvernement qui avait pris à cœur de réparer tant de ruines, le monument le plus digne d'être protégé contre les passions révolutionnaires et l'ignorance religieuse? Pourquoi Napoléon Iᵉʳ n'a-t-il pas sauvé ce qu'à défaut de foi, l'orgueil patriotique et le respect des gloires passées aurait dû rendre inviolable à jamais?

Les goûts artistiques des Clunistes, je ne dois pas manquer de le dire, ne furent pas approuvés de tous au moyen âge. Les critiques les plus vives dont ils aient été l'objet eurent un auteur illustre entre beaucoup, saint Bernard, abbé de Clairvaux. Ce luxe irritait l'âme austère du grand ascète, ces dépenses énormes lui paraissaient autant de larcins faits aux pauvres. *O vanitas vanitatum, sed non vanior quam insanior! Fulget ecclesia in parietibus, et pauperibus eget* [1]. Les sculptures représentant les êtres étranges, grimaçants, grotesques, qui encombrent les chapiteaux; les peintures bizarres des vitraux : dragons, singes, centaures, bêtes féroces, monstres, le scandalisent. *Quid facit illa ridicula monstruositas, mira quædam deformis formositas ac formosa de-*

---

1. Apologie à Guillaume, abbé de Saint-Thierry, anno 1130.

formitas [1]? La vie du cloître exige, selon lui, plus de sévérité, de pauvreté, de vraie grandeur. Qui a raison, des
prédécesseurs de Pierre le Vénérable à qui s'adressent
d'aussi énergiques protestations, ou de Bernard, le saint
le plus éminent de la réforme cistercienne ?

Dieu est l'auteur de l'univers ; l'ordre et la justice exi-
gent que l'homme, en qui se résume la création, fasse servir, par son génie, les splendeurs de la nature à la glorification du souverain Maître de toute chose. Sans doute,
répondra-t-on, cet hommage a de la noblesse et une haute
signification, mais ce que l'Être infini demande bien plutôt à l'homme, c'est le don du cœur. Lui qui s'enveloppe
de la lumière comme d'un manteau, qui déploie l'immen-
sité comme une tente, qui des nuées fait son char et vole
sur les ailes des vents [2], lui dont le ciel est le trône et la
terre le marchepied [3], il dédaigne la majesté des voûtes,
la hardiesse des tours, l'éclat des verrières et la capri-
cieuse décoration des colonnes. Il a pour sanctuaire de
prédilection l'âme du pauvre et de l'humble. Mais la conversation continue. — Le Seigneur s'incline vers nous
avec mansuétude, il s'abaisse jusqu'à se faire l'hôte de
nos fragiles demeures, le compagnon de notre route, le
soutien de notre faiblesse pendant le laborieux pèlerinage d'ici-bas ; les plus respectables convenances de la
foi, la gratitude, l'amour, nous pressent donc de recourir à
toutes les ressources de la nature et de l'art pour rendre
son temple moins indigne de ses perfections infinies. —
Mais, réplique le censeur rigide, la nature et l'art solli-ci-
tent au mal l'humanité déchue ; depuis le péché originel,
surtout depuis le sacrifice du Calvaire, le grand moyen

1. Ibid.
2. *Ps.* CIII, 2, 3.
3. *Is.*, LXVI, 1.

do régénération morale, c'est le renoncement aux trom-
peuses beautés du monde, appâts dangereux qui flattent
les passions de la chair et l'orgueil de l'esprit, source in-
tarissable de profanations et de crimes. — Nous n'aurons
pas l'imprudence de le nier, cependant l'art, inspiré par
la foi, remplit une mission moralisatrice et sociale. Nos
églises sont pour le peuple autant de livres où il con-
temple sans effort et apprend à retenir les vérités du
salut, les grands faits de l'histoire religieuse, les maximes
libératrices de la loi évangélique, les mystères de l'éternité. Là, les moindres détails instruisent les âmes,
pénètrent de crainte et d'espérance, élèvent les cœurs
trop souvent abaissés par les préoccupations terrestres,
jusqu'aux pensées les plus hautes et aux plus saintes
aspirations. — Ah! plus sublimes encore et plus efficaces
les leçons que nous donne le Christ sur sa croix. C'est ce
Sauveur dénué de toute beauté humaine, réduit à l'impuissance, trahi, condamné, torturé, expirant sur un
gibet, comme un scélérat, qu'il faut montrer aux foules.
Lui seul enseigne avec autorité, lui seul persuade, con-
vertit et émancipe les âmes.

Gardez vos préférences, moines noirs et moines blancs;
par des voies différentes vous avez défendu les mêmes
principes et combattu les mêmes erreurs. Vous êtes nécessaires les uns et les autres, puisque vous vous complé-
tez harmonieusement. Saint Bernard n'a-t-il pas donné
lui-même à vos controverses la plus sage conclusion
lorsque, rappelant que la tunique du Christ était à mille
couleurs et cependant sans couture [1], il a proclamé
le droit de toutes les familles religieuses à la vie, sous la
protection maternelle de l'Église?

1. Apologie à Guillaume, abbé de Saint-Thierry, anno 1130.

Telle a été l'œuvre de Cluny, du x° à la fin du xii° siècle, dans l'ordre de la sanctification des âmes et de la
société. Le plus grand de ses abbés entre dans l'éternité
à l'aurore du xii° siècle. Depuis vingt-cinq à trente ans, il
a pu se réjouir de magnifiques progrès qui vont toujours
croissant. Les études théologiques se développent avec
rapidité et bientôt les universités vont naître ; l'autorité
papale acquiert un prestige universel et une efficacité
sans égale ; les nations émergent du chaos, les monarchies
deviennent fortes, la chevalerie transforme en vertus
guerrières la rude vaillance des âges précédents, l'émancipation des communes crée le tiers état, l'Église lutte
avec succès contre la tyrannie féodale qui l'opprimait,
l'architecture romane produit une merveilleuse floraison
de chefs-d'œuvre, en attendant les splendeurs de l'art
ogival. Admirable renaissance après des temps barbares !
glorieux épanouissement de civilisation chrétienne ! C'est
le produit d'un lent travail qui eût été impossible si la
réforme monastique de 910 n'avait puissamment aidé les
principes chrétiens à répandre peu à peu dans le corps
social leur nécessaire influence. L'ordre de Cluny n'a pas
été que le champion des papes et le défenseur du clergé ;
l'un de ses mérites les plus incontestables est d'avoir fait
connaître et aimer un noble idéal de perfection religieuse
et morale, par là, d'avoir préparé une grande époque
catholique.

Recueillons avec joie cet enseignement de l'histoire.
Lorsque s'accomplissent, dans la société, des progrès vraiment féconds, c'est toujours par un renouveau de foi et de
charité qu'ils commencent. Sans doute il n'est point indif-
férent au bien spirituel que les institutions politiques et
sociales respectent les droits de la vérité et favorisent le
règne de la vertu, mais les meilleures lois sont impuissantes

si elles n'ont pour point de départ et pour solide appui la
culture surnaturelle des âmes. Voilà pourquoi nous ne
pouvons nous passer des instituts monastiques si décriés
et si combattus, surtout de nos jours, par le rationalisme
et l'impiété. Car l'état régulier, sous quelque forme qu'il se
présente, n'est pas seulement un refuge pour les désabu-
sés de ce monde ou les assoiffés d'infini. Établi pour la
pratique intégrale du Décalogue d'abord, puis des conseils
évangéliques, il nous apparaît comme une protestation
vivante contre les scandales du siècle et l'un des moyens
les meilleurs de répandre le pur esprit du christianisme à
travers les foules que la difficile recherche du pain quoti-
dien ou les luttes des passions éloignent trop souvent de
Dieu. Qu'on les outrage et qu'on les calomnie en assimi-
lant, malgré les démentis de la raison et de l'histoire, des
engagements, non seulement légitimes, mais glorieux, à je
ne sais quelle diminution de la personnalité humaine ;
qu'on étale avec complaisance et exagération des faiblesses qui ont nécessité souvent d'énergiques réactions,
l'Église, par l'organe de ses pontifes et de ses docteurs,
a toujours comblé de ses louanges et de ses témoignages
de tendre affection les familles religieuses qui se sont
multipliées autour d'elle. A plus forte raison, n'a-t-elle
pas consenti et ne consentira-t-elle jamais à les abandonner. Lui serait-il possible d'oublier les légions de saints
et les œuvres admirables que l'humanité leur doit ? Mille
ans ont passé depuis le jour où l'abbé Bernon et le duc
Guillaume traitaient ensemble de la fondation de Cluny,
les révolutions sont venues, dévastatrices comme d'irré-
sistibles torrents ; des splendeurs d'autrefois, il ne reste
ici que des souvenirs et des ruines, mais aucun changement n'a pu affaiblir l'évidente clarté de deux faits, ou
plutôt de deux principes éternels. Premièrement, le pro-

grès ne se fera jamais dans l'Église, dans la société, dans notre patrie, que si la réforme intérieure des âmes en est la base; secondement, les moines compteront toujours parmi les meilleurs instruments de cette indispensable réforme.

Ne vous éloignez donc pas de la terre française, ou revenez parmi nous, hommes d'oraison et de solitude, prédicateurs et modèles vivants des hautes vertus que le monde dédaigne, ouvriers infatigables de la parole et de l'action. Notre siècle, qui prétend tout savoir et tout faire, n'a-t-il donc plus besoin que, par les exemples éloquents de la vie monastique, on lui enseigne la prière et la pénitence, la souveraineté inviolable des droits de Dieu, la nécessité du salut éternel? Sommes-nous tellement maîtres de notre liberté, lorsque grondent les orages des passions, qu'il soit inutile d'allumer autour de nous d'ardents foyers de mortification volontaire où se réparent nos scandales et se purifient nos hontes? Y a-t-il assez de fermes convictions dans les esprits, de générosité dans les cœurs, d'indépendance et de noblesse dans les caractères, d'union entre les hommes, au foyer domestique, à l'atelier, sur la place publique et partout où se rencontrent les citoyens de la même patrie, pour que le renoncement spontané à la richesse, le sacrifice des plaisirs égoïstes, la pratique de la discipline, ne soient plus des spectacles utiles à contempler! Ah! je ne crains pas de le dire : Cluny est aussi nécessaire à la France du xxᵉ siècle qu'il l'a été quand sévissait l'âge de fer et de plomb! En demandant au Christ de nous envoyer de nouveau Jeanne d'Arc, n'oublions pas que la grande libératrice serait impuissante à nous sauver, si des Dunois et des d'Alençon, des Lahire et des Xaintrailles, à la foi vive et profonde, au courage noblement chrétien, ne suivaient

ses pas. Où sont les chevaliers de la France catholique ?
Je les aperçois se levant avec fierté à l'appel de l'Église :
ils sont prêts à tous les combats, ils aspirent à toutes les
victoires et je les admire du plus profond de mon cœur.
Pourtant, ils me paraissent trop rares encore, ceux que
« la ceinture de la vérité, la cuirasse de la justice, les
chaussures du zèle pour l'Évangile de la paix, le bouclier
de la foi, le casque du salut et le glaive de l'Esprit [1] »,
toute l'armure enfin décrite par le grand Apôtre accable
d'un poids trop lourd pour que leurs membres débiles
puissent la porter.

Jeanne d'Arc, fille de Dieu, virginale envoyée du
Christ à la France troublée, divisée, mutilée, descendez
du ciel, ralliez autour de votre radieux étendard les soldats de la bonne cause et conduisez-les à la bataille
sainte ! Et vous, ô saint Odon, saint Odilon, saint Hugues,
accourez en même temps ; les évêques, les prêtres vous
demandent votre aide pour instruire et équiper leurs
guerriers, car l'action est rude et le péril grandit. Hélas !
notre sol est devenu inhospitalier à vos monastères !
Puisse la paix religieuse vous ramener dans la patrie,
mais, de près ou de loin, enseignez-nous la nécessité des
vertus austères et la beauté des mâles courages ! Que les
fêtes brillantes de ces jours, vous faisant mieux connaître
de nos contemporains, vous permettent de travailler plus
efficacement au salut de l'Église et de la France.

Ainsi soit-il.

1. *Éphes.*, vi, 14, 15.

————▶▪◀————

Le Pèlerinage de Paray

Le millénaire de Cluny devait avoir son lendemain de piété et de reconnaissance à Paray-le-Monial. Il était bien juste de venir remercier Dieu d'avoir si manifestement béni les solennités clunistennes, dans cette basilique de Paray, reproduction en petit, ou plutôt — d'après des archéologues avisés, — premier essai de la grande église de saint Hugues.

A la convocation de Mgr Villard, les pèlerins ont répondu en foule, et la basilique est comble, comme aux jours des plus grands pèlerinages, quand le cortège des évêques et des abbés mitrés fait son entrée.

La messe bénédictine est célébrée par dom Cabrol, abbé de Farnborough. A l'Évangile, Mgr Béguinot, évêque de Nîmes, prend la parole et montre, dans le Sacré Cœur de Jésus, le divin remède au mal dont souffre le cœur de nos contemporains, chez lesquels sont dénaturées les vraies notions du vrai, du beau et du bien.

LES TEMPS PRÉSENTS

ET

LE SACRÉ CŒUR DE JÉSUS

DISCOURS

prononcé

PAR S. GR. MGR BÉGUINOT

ÉVÊQUE DE NIMES

> *Accedet homo ad cor altum et exaltabitur Deus.*
>
> L'intérieur de l'homme et son cœur sont un abîme; mais Dieu y sera glorifié.
>
> (*Ps.* LXIII, 7-8.)

MESSEIGNEURS [1],
MES RÉVÉRENDISSIMES PÈRES [2],
MES FRÈRES,

C'est une entreprise difficile, que de parler avec justice des choses contemporaines. Pour le faire avec fruit, il faut s'abstraire des ambiances, qui vous assiègent de

---

1. Mgr Seton, archevêque titulaire d'Héliopolis de Syrie; Mgr Villard, évêque d'Autun; Mgr du Curel, évêque de Monaco; Mgr du Vauroux, évêque d'Agen; Mgr Lobbedey, évêque de Moulins.

2. Les Révérendissimes Pères : dom Fernand Cabrol, abbé de Farnborough; dom Paul Renaudin, abbé de Saint-Maurice; dom Jean-Baptiste Chautard, abbé de Sept-Fons; dom Léandre Lemoine, abbé de la Pierre-qui-Vire; dom Gariador, abbé titulaire de Fleury-sur-Loire, en résidence à Jérusalem; dom Gréa, abbé de Saint-Antoine; dom Marot, abbé de Lazcano.

toute part, oublier les émotions du combat et toutes les
péripéties de la lutte et s'élever si haut par la pensée,
que la fumée de la bataille ne puisse intercepter la claire
vision de la vérité.

Car, s'il arrive que l'esprit soit envahi par cet opti-
misme quelque peu naïf, qui est la maladie des esprits
incertains, alors les événements seront jugés sans discer-
nement. Volontiers comme ce grand oiseau du désert
poursuivi par le chasseur et qui cache sa tête sous le
sable, on nierait le danger, sous prétexte qu'on a cessé
de l'apercevoir.

Que l'intelligence, au contraire, soit envahie par un
pessimisme aigri et violent, on jugera son temps sans
justice, et voyant passer ce grand fleuve, qui roule, il
faut l'avouer, tant de scories, on se refusera à recueillir
les paillettes d'or, qu'il entraine en si grand nombre
et qui sont les précieuses réserves du présent et de
l'avenir.

La difficulté s'accroît encore, s'il faut entretenir ses
contemporains de la question religieuse; par ce motif,
que la conscience étant ce qu'il y a de plus délicat dans
l'âme humaine, elle s'effarouche et se raidit avec plus
d'effroi en face des réalités, qui l'oppressent. J'en veux
prendre à témoin, non seulement les affirmations sûrement excessives des juges passionnés de leur temps, depuis Tertullien jusqu'à Savonarole, mais encore les ob-
jurgations des esprits très pondérés, saint Ambroise,
saint Augustin, saint Athanase et ce Jean Chrysostome,
le prince de l'éloquence, qui foudroya de sa parole em-
brasée les vices de Byzance.

Il est vrai que ce dernier parlait en présence de l'im-
pératrice Eudoxie, de la cour d'Arcadius et d'un clergé
avili par la simonie.

Cependant, après avoir parcouru, durant ces trois jours, tous les chemins du passé pour y admirer la trace laissée par ces grands moines, Bernon, saint Mayeul, saint Odon, saint Odilon, saint Hugues, Pierre le Vénérable, après avoir pleuré sur les ruines de la grande basilique de Cluny, il me semble avantageux de parler des choses du présent à Paray-le-Monial, dans cette merveilleuse basilique, fille de Cluny, toute radieuse de jeunesse depuis qu'elle est devenue le centre des pèlerinages au Cœur divin de Jésus.

Nous devons cette parole d'actualité à cette immense multitude avide de l'entendre, et voici les deux pensées qui se présentent à mon esprit : étudier avec vous l'âme contemporaine dont la plaie est profonde, et vous montrer comment Dieu y rentrera en vainqueur par la médiation toute-puissante du divin Cœur de Jésus : *Accedet homo ad cor altum et exaltabitur Deus.*

J'ai plaisir à dire ces paroles en votre présence, Messeigneurs, vous dont l'assistance à ce magnifique triduum donna tant d'éclat au Millénaire de Cluny.

Je voudrais qu'elles fussent à votre pleine louange, Monseigneur l'évêque d'Autun, vous qui, de concert avec les collaborations très intelligentes qui vous entourent et parmi lesquelles se place au premier rang celle de M. le curé de Cluny, avez su réaliser cette merveille de l'union des esprits et des cœurs, pour célébrer de grands souvenirs.

J'aurais l'ambition de relier le présent au passé, mes Révérendissimes Pères, en vous parlant de ce temps, qui vous est très dur, mais que vous êtes disposés à servir et à racheter par vos sacrifices.

Que l'ange, qui veille sur la famille bénédictine, porte aux absents notre respectueux souvenir et que Dieu daigne abréger, pour eux, les jours si amers des lointains exils hors de la patrie.

I.

Qu'il me soit donc permis de poser d'abord ma main respectueuse sur le cœur de la France contemporaine et d'essayer d'en approfondir le mystère : *Accedet homo ad cor altum.*

Un ancien, en présence duquel on vantait, hors de toute mesure, un homme de mérite ordinaire, répondait : Comparez la vie de votre héros à la notion communément acceptée du vrai, du bien et du beau ; s'il soutient victorieusement la confrontation avec cette pierre de touche, alors, mais alors seulement, proclamez la prééminence de ses vertus.

Ce philosophe raisonnait comme il faut ; pourquoi ne pas employer le procédé dont il se servit pour démasquer le faux grand homme, que l'on imposait à son admiration, afin de sonder avec une compassion respectueuse la plaie morale de ce temps, en le mettant en présence du vrai, du bien et du beau ?

Cette confrontation sera du plus haut intérêt. D'abord, quelle est l'attitude de notre génération vis-à-vis du vrai ?

Il me semble qu'elle est nettement caractérisée par une scène de l'Évangile qui est dans toutes les mémoires.

Un jour, la Vérité elle-même comparut devant un proconsul romain. La Vérité, chargée de fers, déshonorée par la robe des insensés, poursuivie par les clameurs hideuses de la foule, s'appelait Jésus ; le procurateur romain, c'était Pilate. Qui es-tu ? dit-il avec arrogance au divin Captif. — Je suis la vérité, repartit Jésus : *Ego sum veritas !* — La vérité, la vérité, répond le juge, qui sous la toge romaine portait une âme de valet ; qu'est-ce que la vérité : *Quid est veritas ?*

Et sans donner audience aux grandes pensées, que soulevait la réponse faite à sa question, ce magistrat prévaricateur passa outre. Pour lui, en effet, la vérité, c'était César et sa faveur, un siège au Sénat, les honneurs, les voluptés de Rome. Devant ces jouissances entrevues, qu'est-ce que la vérité et comme cela lui importait peu ! *Quid est veritas ?*

Ainsi qu'au tribunal de Pilate, la vérité s'est présentée à la barre de ce siècle ; comment l'a-t-il accueillie ?

Plus dédaigneux, plus hostile encore que le procurateur de Rome, ce temps a dit à la vérité : Je ne te connais pas et je me refuse même à admettre la notion sur laquelle tu reposes. *Quid est veritas ?*

Jusqu'ici il avait été enseigné par le sens commun, écho de la conscience du genre humain, que n'y ayant pas d'effet sans cause, tout ce qui existe dépendait d'une cause première, nécessaire, étant donné que sans elle rien n'existerait, antécédente à tout, par conséquent éternelle, toute-puissante, indépendante et foyer d'une infinie sagesse, puisque son œuvre reflétait avec évidence tous ces attributs. Cette cause première, on l'appelle Dieu, et ce nom retentit de siècle en siècle sur toute lèvre intelligente et libre, avec un respect que troublèrent à peine quelques voix dissidentes.

Or, c'est ce Dieu, source et principe de vérité, qui communique sa lumière à toute intelligence. Il donne la vérité à tout être raisonnable pour discerner le bien du mal, connaître l'Être suprême et orienter sa vie morale, et c'est la vérité naturelle éclairant tout homme qui vient en ce monde. Dieu a lancé la vérité dans cet immense torrent de la pensée humaine, transmise d'une génération à l'autre, et c'est la vérité traditionnelle, vérité qu'il a agrandie et conduite à son parfait développement en y ajoutant le trésor des vérités révélées.

Aussi la vérité totale, dont la notion se confond avec celle de Dieu, n'est-elle pas une abstraction de l'esprit humain, un être de raison, comme on se plaît à le dire, mais une réalité concrète, objective, indépendante, éternelle, indéfectible, n'empruntant rien à l'esprit libre, auquel elle est proposée, mais lui offrant gratuitement toutes les richesses de son inépuisable trésor.

Or c'est cette notion de la vérité, notion de sens commun, qui est niée par la philosophie contemporaine.

Pour elle, en effet, le vrai absolu n'existe pas en lui-même, ou s'il existe, il n'est pas connaissable et vérifiable par les procédés scientifiques et donc doit être considéré comme non existant. Le relatif seul est vrai, chacun créant en soi-même la vérité comme chose absolument personnelle, uniquement subjective et de nulle conséquence pour autrui.

C'est la glorification du moi individuel poussée jusqu'à la folie. Car, si on leur objecte que le vrai n'existant pas en lui-même, mais seulement en vertu d'un acte subjectif de l'intelligence, il suit qu'il y aura sur la même question autant d'opinions contradictoires que d'individus, et que dès lors, le vrai et le faux, l'affirmation et la négation s'identifient, ce qui est évidemment absurde.

Ils l'avouent, ils s'en glorifient, et nomment cela l'identité des contraires, la vérité en marche, le perpétuel devenir.

C'est l'anarchie intellectuelle, l'athéisme éhonté, la déraison absolue.

Cependant, ces doctrines effroyables, subversives de toute croyance, et même de toute vérité élémentaire, ne sont pas écloses dans quelque cerveau halluciné, chez quelque isolé, dont les concepts sont moins périlleux parce qu'ils sont solitaires.

Non, c'est la doctrine enseignée à peu près partout, dans les hautes sphères de la pensée et vulgarisée jusque dans les manuels destinés à l'enfance ; c'est le Moloch, quasi officiel, qui dévore les jeunes générations en pervertissant les intelligences.

Or, cet état d'esprit devait se traduire au dehors par des faits ; et la logique des idées n'a pas manqué d'en provoquer la réalisation.

Le premier fruit de cette altération systématique de la vérité, c'est l'indifférence religieuse, le scepticisme railleur et hostile vis-à-vis de la vérité.

Qu'importe, en effet, la vérité avec ses exigences importunes, à qui s'est affranchi de tout devoir envers le vrai en niant Dieu, le principe même sur lequel il repose !

Ah ! lorsque, avec cette éloquence dont l'accent vibrait à l'égal d'une parole prophétique, l'auteur de l'*Essai sur l'indifférence* menaçait son pays des plus sombres calamités s'il ne secouait sa torpeur, quels cris d'aigle blessé n'eût-il pas poussés, si, vivant aujourd'hui, il eût été témoin du dédain professé par cette génération conquise à l'erreur ?

Au surplus, comme la neutralité, ici comme ailleurs, est moralement impossible, pour peu que l'intérêt ou la passion y invitent, on passe fatalement de l'indifférence à la haine.

On le sait, Pilate, le sceptique Pilate, malgré des apparences modérées, n'en condamna pas moins la vérité à mourir en croix.

C'est toute l'histoire de ces quarante années, durant lesquelles le scepticisme rationaliste, aigri par les résis-

tances nécessaires de l'Église, a juré sa perte et forgé
contre elle les armes légales, qui devraient l'anéantir, si la
vérité n'était immortelle, ayant pour elle les promesses
de vie.

Oui, ce temps pèche contre la vérité, et c'est son crime
avéré que cet acte d'émancipation prétendue, dont il se
glorifie, et ce sera la cause de son châtiment, s'il refuse
obstinément d'entendre la voix maternelle de l'Église,
qui le reprend et l'éclaire. L'histoire est remplie des récits des peines sévères infligées aux nations qui tiennent
la vérité captive et qui la persécutent.

Mais, peut-être, cette génération hostile au vrai aura-
t-elle, comme compensation, des aspirations généreuses
vers le bien, c'est-à-dire pour la vertu ?

Poursuivons donc sa confrontation avec le bien, par le
même procédé qui nous a servi à juger son attitude envers
le vrai.

Le bien, c'est la conformité parfaite des actes de la volonté avec la loi morale, comme le vrai est l'adhésion
complète de l'intelligence à la vérité connue.

Cette génération aime-t-elle le bien, s'applique-t-elle à
faire fleurir la vertu ?

Les apologistes intéressés de ce temps l'affirment ;
mais quel démenti les faits ne donnent-ils pas à cette
assertion, qui n'est qu'une mensongère flatterie ?

D'abord, pour que la vertu puisse exister, il faut que la
loi morale, qui lui sert de support, existe elle-même.
Qu'est-ce, en effet, que la vertu sans la loi morale, qui
est sa règle et sa sanction ? Un pur accident, chez l'indi-
vidu, qui ne saurait s'appeler vertu, puisque la vertu
n'est pas un acte transitoire, mais une habitude de l'âme.
Néron n'a jamais passé pour un modèle de vertu, de justice, pour avoir pratiqué, au début de son règne, la modé-

ration, quand, par ailleurs, l'histoire nous renseigne sur la licence de ses mœurs et ses féroces violences.

Mais la même doctrine rationaliste, si hostile au règne de la vérité, a déclaré une guerre, il semble, plus acharnée à la loi morale, très lourde à porter pour les passions en révolte.

En effet, si, pour eux, la vérité n'est qu'une chose relative, encore bien plus, la morale dépend-elle du bon plaisir de chacun. Le bien et le mal, à leur dire, s'identifient par des nuances à l'infini, qui finissent par les confondre, et la loi morale s'évanouit comme un nuage, que dissipe l'éclat de la raison pure.

Cependant, comme il paraît assez dur au sens commun de supprimer toute loi morale, on parle volontiers de la morale indépendante, de la morale séparée ; morale indépendante de qui ? morale séparée de quoi ? De Dieu évidemment ; et alors on assigne à cette morale, comme base, le consentement général du peuple s'affirmant par la loi humaine, l'altruisme, c'est-à-dire : l'amour de l'homme pour lui-même et, comme sanction à tout cela, le gendarme, la prison et le bagne, qui deviennent l'unique pivot sur lequel repose cette morale indépendante et séparée.

Toutefois, je veux bien qu'à l'aide de la coaction, on puisse établir une police extérieure des mœurs ; mais, qui réglera les actes intérieurs dans le secret de la conscience, là où la loi extérieure ne pénètre pas et qui, dès lors, sont à l'abri du gendarme et du juge ?

On ne s'en préoccupe pas, on n'en a aucun souci, l'amour de l'homme pour l'homme sera assez puissant pour régler toutes choses. Ce n'est plus la loi de Dieu, mais la loi humaine de l'altruisme, qui réglera les relations de l'homme vis-à-vis de lui-même et vis-à-vis de son semblable, et tout cela s'additionne d'une sensibilité merveilleuse, qui est le triomphe de la philanthropie humanitaire et fait pleurer d'émotion les âmes attendries.

A ce beau rêve, il ne manque que la réalité, car l'homme, supposé très bon par nature, se révèle à l'expérience comme l'être déchu, dont les passions redoutables sont des plus malfaisantes, lorsqu'elles cessent d'être endiguées et réduites par la loi.

Mais, sans argumenter davantage, ce qui pourrait engendrer la fatigue, que la question soit jugée par les faits.

Ce siècle enfiévré de ses progrès matériels et scientifiques, dont personne ne conteste la merveilleuse efflorescence, ce siècle disposé, comme un nouveau Titan, à escalader le ciel, ce siècle, à morale altruiste et séparée, devrait être, au premier chef, le siècle du bien et de la vertu.

Qu'en est-il néanmoins ?

Je le demande à la bonne foi de l'admirateur le plus épris de la morale indépendante.

Le respect de vos âmes chrétiennes ne me permet pas d'insister. Mais qu'un nouveau Juvénal vienne, et les hontes morales de la Rome païenne nous apparaîtront dépassées sous les traits de sa plume vengeresse par les infamies de la littérature, les débauches du pinceau, du crayon, du geste et la dégradation avilie de l'immoralité des mœurs contemporaines.

Je passe et me refuse à en dire davantage, mais ces seules indications fournies à un auditoire éclairé suffisent à démontrer que la confrontation de ce temps avec le bien, pas plus que sa confrontation avec le vrai, ne tourne à son avantage.

Au moins l'âme contemporaine s'est-elle éprise du beau, et cet amour élevé couvre-t-il d'un manteau de gloire extérieure les infériorités si graves, dont il nous a fallu constater l'existence ?

Mais comment pourrait-il en être ainsi ? Le beau est la splendeur du vrai ; le beau, c'est le son que rend une grande âme. Comment un temps, qui rejette le vrai et proscrit le bien là où il se rencontre, pourrait-il s'enthousiasmer pour le beau, dont le propre est de haïr tout ce qui est vulgaire et déshonnête ?

Car Dieu mit dans le cœur de l'homme ce quelque chose de grand et de noble qui s'appelle l'idéal et qui lui permet de s'élever très haut, jusqu'aux sublimes sommets, où il rencontre Dieu, l'idéal éternel.

Ah ! qu'un instant cette lyre humaine vibre sous le doigt divin, que la flamme du génie s'allume sur ce front inspiré, c'est le beau qui apparaît, et l'homme transfiguré devient comme l'organe du beau éternel qui rayonne par lui d'une ineffable splendeur.

Ce héros, qui meurt pour son pays sous les plis glorieux du drapeau, l'œil au ciel et le cœur débordant d'enthousiasme, c'est l'héroïsme du dévouement militaire. Cela est beau !

Cette jeune fille, radieuse de jeunesse, d'innocence et de dévouement, qui va se poser au chevet d'un malade inconnu, repoussant, contagieux, et qui le sert comme un frère, foulant aux pieds les dégoûts et bravant la mort, c'est beau !

Ces êtres d'élite qui se vouent au culte du beau et dégagent de ses scories la pauvre nature humaine pour l'élever par des ascensions sublimes jusqu'aux plus hauts sommets de la pensée et de l'idéal, c'est beau !

Poètes, orateurs, historiens, peintres, sculpteurs, philosophes, littérateurs, hommes de science qui êtes épris de l'idéale beauté, comme nous acclamons votre effort qui honore l'humanité ! cela est beau ! cela est beau !

Mais, dites-moi, car, je le demande sans passion et sans aucune volonté d'être injuste pour personne, ce temps qui déteste le vrai, qui dédaigne le bien, est-il amateur du beau ?

Je m'en rapporte à tous les penseurs, et leur jugement sera sûrement le nôtre.

Le beau moral est incompris ou bafoué, la fibre patrio- tique elle-même, si vibrante pourtant dans les cœurs fran- çais, ne soulève plus au même degré les enthousiasmes ; le dévouement gratuit est incompris et calomnié, et si, par hasard, la vertu s'affirme trop en public, on l'invite, entre quatre gendarmes, à passer la frontière.

La langue française, cette langue si noble, si belle, si sonore, si bien faite pour servir d'organe à la vérité, on la déprave, on l'avilit, on la dégrade en l'asservissant à de honteuses besognes.

Qui songe à penser comme Bourdaloue, à parler comme Bossuet, à sentir comme Fénelon, à respecter la langue, comme tous ces puissants écrivains des xvii⁰ et xviii⁰ siècles ? La lyre de Corneille et de Racine est brisée, et en même temps ont disparu tous ces génies, qui, par leurs chefs-d'œuvre, assuraient le triomphe du beau.

Pour un grand nombre de nos contemporains, le beau, c'est le laid, le hideux, l'immonde. Loin qu'avec eux la nature s'idéalise, tout au contraire elle se ravale au cloaque fangeux, pour en exhiber les horreurs.

Comment en être surpris ? Le génie a des ailes, mais si elles traînent dans la boue, il rampera, loin de s'élever par un vol sublime jusqu'aux sommets.

Non, en vérité, ce temps n'est pas épris du beau ; il ne l'aime pas et ne professe pour lui aucun enthousiasme. La voie où il s'est engagé le conduirait infailliblement à la décadence finale, s'il repoussait le remède efficace, qui lui est offert, qui est l'amour sanctificateur et illuminateur du Cœur adorable de Jésus.

Accedet homo ad cor altum et exaltabitur Deus.

II.

Que le Cœur de Jésus soit le remède souverain destiné à guérir la plaie qui dévore le cœur de la France contemporaine, comment cela sera-t-il ?

Tout d'abord, que faut-il entendre par le cœur de Jésus ? La foi catholique nous l'enseigne avec une splendeur de doctrine bien digne de fixer votre attention.

Au commencement était le Verbe, et le Verbe était en Dieu, et le Verbe était coéternel, consubstantiel au Père et à l'Esprit divin ; il jouissait, dans le mystère de la vie intime en Dieu, de la béatitude parfaite, qui est l'essence même de la divinité.

Mais, lorsqu'il plut à Dieu de manifester au dehors les richesses et les trésors de sa vie intime par la création du monde visible, tout a été créé par le Verbe et rien n'a été fait sans lui.

Et lorsque l'homme apparut sur la terre comme le chef-d'œuvre de l'œuvre créatrice, la Trinité sainte couvrit cet être privilégié du plus tendre amour. Nous viendrons à lui, dit le Seigneur, et nous ferons en lui notre demeure [1], caractérisant ainsi cet incompréhensible amour.

Cependant l'homme ingrat se sépara violemment de son Créateur par le péché ; mais Dieu, qui l'aimait, revint à lui par le chemin d'un mystérieux pardon.

Or, les siècles étant accomplis selon le plan divin, le

---

1. *S. Jean*, xiv, 23.

Verbe de Dieu, Fils éternel du Père, engendré avant tous les siècles, s'incarna au sein de la très auguste Vierge Marie. Vrai fils de Dieu par sa génération ineffable au sein du père, dans les splendeurs des éternités sans fin ; vrai fils de l'homme par la nature humaine prise au sein de Marie, le Verbe fait chair s'appela Jésus, c'est-à-dire Sauveur.

Saint Paul, le grand théologien du Christ rédempteur et, par suite, du Cœur de Jésus, résume en deux mots tout le mystère d'amour de ce cœur d'homme, qui est en même temps le cœur d'un Dieu : « Il a aimé et il s'est immolé » : *Dilexit et tradidit semetipsum* [1].

L'amour payant avec surabondance la rançon du péché, le sacrifice d'immolation rendu fécond et couronné par l'amour, tel est le Cœur de Jésus, le Cœur du Rédempteur, du Réparateur, du Sauveur, qui a tant aimé les hommes que, pour les sauver, il a embrassé la croix avec toute la joie du sacrifice réalisé par l'amour [2].

Or, c'est ce Cœur sacré du libérateur, qui pansera, comme un médecin compatissant, la plaie spirituelle et morale de ce temps, si nous implorons pour lui miséricorde et pardon.

Comment, dites-vous, le Cœur sacré du Rédempteur rendra-t-il à ce siècle sa foi à la vérité, qu'il a publiquement répudiée ? Le voici !

Le Cœur de Jésus est la lumière éclairant tout homme qui vient en ce monde. Rien ne peut obscurcir et, à plus forte raison, éteindre cette lumière ; c'est le feu qui brûle et éclaire : *lucerna ardens et lucens* [3].

Mais comment s'opérera cette illumination des âmes

1. *Galat.*, II, 20.
2. *Hebr.*, XII, 2.
3. *S. Jean*, V, 35.

volontairement incroyantes ? C'est le mystère divin que la rentrée triomphale du maître dans l'âme égarée, comment l'expliquer, puisque c'est le secret intime de l'action surnaturelle de Dieu dans les âmes ?

Cependant c'est un fait public, incontestable, bien que plein de mystère comme tout ce qui vient de Dieu.

Parfois l'illumination est subite. Saul chemine sur la route de Damas, la face convulsée par la haine ; il est frappé d'un coup mystérieux de la grâce. Jésus plante au plus intime de son cœur cette flèche brûlante : Saul, pourquoi me persécuter ? Saul est vaincu, terrassé par tant d'amour. Le voile se déchire ; il croit. C'est la victoire triomphale, publique et très rare, mais là, ne s'agissait-il pas de conquérir l'une des plus fermes colonnes de l'apostolat ?

Jésus se plie souvent à de plus humbles victoires ; il discute la nuit entière avec tant de naïfs obstinés, semblables à ce Nicodème laborieusement éclairé et qui fut si fidèle.

Souvent encore, ce sont les événements qui n'ont qu'une parenté lointaine avec la vérité, qui nous ramènent près d'elle : la bonne souffrance, les désillusions, les désastres de la vie, car partout où une âme endolorie fait entendre son gémissement, le Cœur de Jésus est là pour répondre à l'appel : « Me voici, dit-il, puisque tu m'as appelé ! »

Mais la flamme, qui jaillit de ce cœur, n'est pas seulement lumière, elle est chaleur ; elle fond le mur de glace, qui s'interpose si souvent entre l'intelligence obstinée et la vérité méconnue.

Cette flamme sacrée dissipe le nuage et purifie l'atmosphère ténébreuse, qui monte d'un cœur coupable. C'est le cœur, qui trop souvent fait mal à la tête et entasse les nuages sous les regards de l'incroyant. Mais l'ombre dissipée, le soleil de vérité irradie tout l'être, car l'âme est faite pour recevoir votre vérité, ô mon Dieu, comme l'œil humain pour percevoir la lumière du ciel. *Fecisti nos ad te, Deus, et irrequietum est cor nostrum, donec requiescat in te.*

Mais ce siècle est obstiné, ajoutez-vous, il ferme les yeux, pour ne pas voir ; il se bouche les oreilles, pour ne pas entendre ; il est obstiné ?

Non, il n'est pas obstiné, il est malade, et c'est à nous catholiques fidèles, dont la compassion doit s'accroître en proportion de l'intensité du mal, qu'il appartient de le jeter dans les bras du Sauveur et de le rapprocher de ce Cœur sacré, en dehors duquel il n'y a pas de salut : *Non est in alio aliquo salus.*

Cependant le Cœur de Jésus ne vaincra pas seulement l'incrédulité de ce siècle, il en guérira la plaie morale, en lui rendant l'amour du bien.

Saint Paul, dont je me plais à invoquer si souvent l'autorité, reprochait aux philosophes païens de manquer de cœur, *quod sine affectione essent* [1]. C'est le même reproche que l'on peut justement adresser à ce temps. L'immoralité a créé l'égoïsme féroce ; or, un cœur égoïste, c'est un cœur qui ne sait plus aimer. Non, ce temps ne sait plus aimer, *sine affectione*, il est lui aussi sans affection.

Vous m'arrêtez tout aussitôt, mes très chers frères. Quel cœur, dites-vous, plus sensible, plus humanitaire, plus compatissant à la douleur, que celui de ce siècle, qui a des larmes et des tendresses infinies à la disposition de tous ?

Ah ! qu'elles sont vaines, toutes ces tendresses huma-

1. *II. Tim.*, III, 3.

nitaires! Catulle, cet élégant poète, chanta jadis avec des sanglots, qui émurent toutes les sensibilités romaines, la mort du moineau de Lesbie. Que de larmes coulèrent sur le trépas de cet oiseau! Comme je les reconnais bien, toutes ces déesses d'un siècle voluptueux, elles sont partout les mêmes. Regardez toutes les Lesbies de Rome, elles s'en vont emportées sur des chars dorés, parées de tous leurs atours, assister aux jeux du cirque, que donne César victorieux.

Puis, contemplez dans l'arène ces beaux jeunes hommes, Germains à la blonde chevelure, Saxons au poil hirsute, Francs aux longs cheveux, aux yeux bleus, à la fière allure, ce sont les prisonniers de guerre, conquis aux derniers combats.

Tout à l'heure, ils vont s'entr'égorger pour le plaisir des yeux des spectatrices des hauts gradins de l'amphithéâtre, et toutes ces Lesbies, qui ont tant pleuré la mort d'un oiseau, lèveront dédaigneusement le pouce, afin que jaillissent les flots de ce sang généreux, souvent le sang d'un héros, d'un chrétien et d'un martyr.

Telle est la sensibilité maladive de ce siècle sans affection, qui pleure sur les malheurs d'une héroïne de roman et qui a vu, sans sourciller, jeter hors de leur demeure et de leur patrie les meilleurs d'entre nous, qui n'avaient commis d'autre crime que de trop aimer la vertu.

Ah! le Cœur de Jésus peut seul rendre à cette génération sortie de sa voie le sentiment du véritable amour, car ce Cœur sacré est charité et amour.

Il répand dans son rayonnement divin les flots de l'adorable charité, de la charité qui donne et qui se donne, de la charité qui purifie Madeleine et la réhabilite, de la charité qui féconde et ressuscite, par l'énergie de l'amour, les morts spirituels, déposés depuis de longs jours au tombeau.

C'est une œuvre difficile, mais elle n'est pas impossible,

comme tant de désespérés le murmurent; la grâce n'a rien perdu de ses efficacités triomphantes.

La vie morale peut se ranimer et fleurir encore parmi nous, si, par un généreux effort, nous faisons violence à la miséricorde infinie du divin Cœur de Jésus.

Enfin, avec la restauration du vrai et du bien dans les âmes par le Sacré Cœur de Jésus, le beau surgira de toute part, puisqu'il est le parfum de la fleur bénie, issue de la foi et de l'amour.

Ah! mes très chers frères, que le Cœur de Jésus nous rende les générations de saints, et le beau moral s'épanouira dans cette société, qui le persécute, parce qu'il est un vivant reproche, mais qui n'a pas cessé de l'estimer et qui lui voue encore ses admirations, quand elle le rencontre au passage.

Il a suffi de quelques saints illustres, de ces grands moines de Cluny, dont l'éloge est sur toutes les lèvres, pour régénérer un ordre religieux et impressionner deux siècles, lesquels réformèrent leurs mœurs sur ces modèles de sainteté, qui rappelaient les temps apostoliques.

Comment la diffusion de la dévotion au divin Cœur de Jésus, manifestation lumineuse de la beauté ineffable, vraiment divine, de Celui qui est le Saint par excellence, l'idéal de pureté, de justice, de miséricorde, de compassion tendre et d'ineffable bonté, n'engendrerait-elle pas ces générations chastes, dont l'Écriture vante la beauté? *Quam pulchra generatio casta cum claritate* [1].

La connaissance et l'amour du Cœur de Jésus, type de la beauté parfaite, fera germer parmi nous toutes les beautés, qui ne demandent qu'à s'épanouir, tous ces lis croissant au milieu des épines et dont l'éclat radieux compensera, en réduisant leur influence, la multitude des lai-

1. Sap., IV, 1.

deurs morales, dont souffre toute société qui a laissé périr
en elle la notion et le culte du beau en immolant sur des
autels profanés la vérité et la vertu.

Avec le triomphe du beau moral, au surplus, tout re-
fleurit. Les facultés de l'homme se perfectionnent et s'épu-
rent ; le génie humain, n'étant plus enlisé dans le marais
où croupissent les vices, reprend son essor et, sa liberté
reconquise et ses chaînes brisées, il retrouve de nobles
accents pour chanter les triomphes de la vertu et de l'idéal
victorieux.

Sans doute, l'humanité réapparaîtra toujours avec ses
tares natives, qui attestent sa déchéance, mais sous l'action régénératrice du Cœur divin de Jésus, elle remontera,
dans son ensemble, vers les sommets, là où sa rencontre
avec Dieu fera s'épanouir les beautés de la vertu, au plein
soleil de la vérité.

Un jour, le Sauveur sortit de Jérusalem et s'achemina
vers la colline prochaine. La tristesse avait assombri son
visage et des larmes silencieuses coulaient de ses yeux.

Jérusalem, disait-il, Jérusalem, toi qui mets à mort les
prophètes et lapides ceux qui te sont envoyés, que de
fois j'ai voulu rassembler tes enfants autour de moi,
comme la poule rassemble ses poussins sous son aile, et
tu ne l'as pas voulu [1] !

O sublime reproche parti du cœur le meilleur et qui
avait aimé le plus tendrement la cité coupable ! Jérusalem refusa de l'entendre ! Elle fut durement châtiée ;
aussi, je n'achève pas la prophétie, car la France, que
nous aimons, n'est point la nation déicide, c'est la nation
un instant égarée, sortie de sa voie, mais dont notre
dévouement vaincra l'erreur en lui proposant l'amour
sacré du Cœur de Jésus.

1. S. *Matth.*, XXIII, 37.

Vous ne me démentirez pas, Messeigneurs, car je traduis fidèlement votre pensée ; nous sommes jaloux de la gloire de la France, nous ses évêques, qui avons entouré son berceau de notre paternelle sollicitude, nous qui l'avons servie sans défaillance durant les jours heureux et dont les heures d'ingratitude, passagère, espérons-le, ne sauraient décourager l'amour. Nous sommes fiers des splendeurs de son activité, qui la maintiennent aux premiers rangs du progrès ; mais, si nous la voulons grande et forte, nous n'ignorons pas combien lui seraient funestes ses prévarications contre le vrai, le bien et le beau ; et nous le lui disons avec courage, bravant les impopularités de la foule, qui ne comprend plus ces paroles de sincérité et qui murmure.

Oui, notre ambition est vaste et nous ne craignons pas d'en divulguer les aspirations conquérantes, nous voulons ramener cette génération au culte du vrai, du bien et du beau, à l'amour de la vérité, de la justice et de la sainteté, et pour cela la prosterner aux pieds du Sauveur Jésus, à qui soit tout honneur et toute gloire. *Amen.*

Le soir, à trois heures, a lieu un salut solennel, devant une assistance peut-être encore plus pressée. Mgr Villard explique qu'il n'a pas voulu chanter le *Te Deum* à Cluny, sur les ruines du passé, mais que c'est ici, à Paray, terre des promesses et des bénédictions du Sacré Cœur, que doit s'élever notre hommage d'actions de grâces au Tout-Puissant. Et, par une éloquente paraphrase du *Te Deum*, Monseigneur éveille dans les âmes les plus forts sentiments de confiance en Dieu et d'espoir pour l'avenir.

ALLOCUTION

PRONONCÉE

Par S. Gr. Mgr Henri-Raymond VILLARD

ÉVÊQUE D'AUTUN, CHALON ET MACON

DANS LA BASILIQUE DE PARAY-LE-MONIAL

Le 13 septembre 1910

A L'OCCASION DE LA CLOTURE DES FÊTES DU MILLÉNAIRE DE CLUNY

— · · · —

MESSEIGNEURS [1],
MES TRÈS RÉVÉRENDS PÈRES [2],
MES FRÈRES,

Nous venons à Paray couronner nos fêtes du millénaire de Cluny ; nous venons ici, parce que nous devons hautement témoigner à Dieu notre reconnaissance. Nous ne pouvions pas chanter notre *Te Deum* sur des ruines. Sans doute, le souvenir, l'éloquence, la prière, la foule des fidèles, ont animé ces ruines, durant trois journées inoubliables, mais déjà les cloîtres sont redevenus muets, les moines en sont repartis, la vie religieuse est éteinte : *Non mortui laudabunt te, Domine ; sed nos qui vivimus,*

---

[1]. NN. SS. Seton, archevêque d'Héliopolis ; Béguinot, évêque de Nîmes ; du Curel, évêque de Monaco ; du Vauroux, évêque d'Agen ; Lobbedey, évêque de Moulins.

[2]. Les RR^mes dom Lemoine, abbé de la Pierre-qui-Vire ; dom Cabrol, abbé de Farnborough ; dom Renaudin, abbé de Saint-Maurice ; dom Gariador, abbé titulaire de Fleury-sur-Loir, résidant à Jérusalem, et le religieux les accompagnant ; Mgr Saint-Clair, protonotaire apostolique *ad instar.*

benedicimus Domino. Il nous faut ce sanctuaire de Paray, où l'on se sent vivre au contact du Cœur de Jésus, où fleurissent les espérances du siècle à venir. Monseigneur de Nîmes ne vous le rappelait-il pas ce matin, avec son éloquence? Ici est la source du vrai, du beau, du bien, dont sont altérées les âmes de nos contemporains.

Et puis, mes Très Révérends Pères, nous voulions vous accompagner dans cette basilique, où vous êtes davantage encore chez vous. Ah! sans doute, à Saint-Marcel, à Notre-Dame de Cluny, des curés dévoués ont rivalisé d'efforts et d'intelligence pour que les pierres elles-mêmes redisent vos titres de gloire : *Lapides clamabunt.* Mais si, là, vous vous trouviez dans les paroisses créées par les moines, vos ancêtres, ici vous êtes dans le prieuré même fondé par saint Hugues. D'aucuns savants prétendent que l'art clunisien s'est essayé par un coup de maître en construisant cette belle et harmonieuse église de Paray ; elle est vraiment royale, digne d'être la basilique du Sacré-Cœur.

L'âme pleine de bonheur et d'espoir, nous pourrons donc joyeusement y chanter notre *Te Deum.* Mais en même temps que ses versets seront sur nos lèvres, dites, mes frères, n'allez-vous pas voir s'animer les processions du ciel et de la terre? Oui, suivez du regard la hiérarchie céleste : les apôtres, les martyrs empourprés de leur sang : *Te martyrum candidatus laudat exercitus ;* les vierges, les docteurs, les confesseurs, et au milieu d'eux les grands abbés bénédictins tant priés en ces jours. Les élus font écho aux chœurs angéliques et répètent l'hymne de l'éternelle gloire : trois fois saint est le Seigneur, notre Dieu! Ainsi rayonne la vie de l'Église triomphante, dans l'unité et la variété de la divine splendeur.

Et combien captivant aussi le spectacle des processions d'ici-bas ! Nous venons d'en jouir à Cluny, où nous étions émus à voir cette foule qui ne se lassait pas de regarder, quatre fois par jour, des Récollets à Notre-Dame, se dérouler le cortège liturgique si instructif, si parlant à la foi. La croix du Christ ouvrait la marche, entre les deux flambeaux des acolytes, symboles de la Lumière du monde ; suivaient les bénédictins, personnifiant les conseils évangéliques, tandis qu'entre chacun de leurs groupes, des enfants de maîtrise rappelaient les élèves des vieilles écoles monacales. Puis venait la hiérarchie sacrée : évêques, archevêques, cardinal sous la pourpre romaine, tenant la place du vicaire de Jésus-Christ ; c'étaient, au milieu des fidèles, les pasteurs avec leur houlette, parmi leurs troupeaux serrés à l'entour. Ils bénissaient les enfants que les parents tendaient à l'envi ; ainsi, en Judée, les mères offraient les leurs au doux et bon Sauveur.

Les processions ! ah ! que voilà bien l'image de l'Église de la terre, toujours en marche vers l'éternité, à travers les âges et les peuples, semant sur son passage la joie, l'ordre et la paix.

Mes frères, conduits par vos prêtres aimés, accourus nombreux de tous les coins du Charollais, afin de répondre à l'appel de votre Évêque, vous venez encore d'admirer aujourd'hui ces pieux défilés. Mais songez qu'autrefois, à chaque fête, vos pères voyaient ainsi les bénédictins s'avançant du cloître de leur monastère à travers cette nef. On s'imaginait le cortège des saints ; car cette basilique inspire la pensée du Paradis. A travers ces piliers, apparaît le sanctuaire, où trois étages de vitraux progressivement distribuent la lumière, comme du ciel, par degrés, descend la grâce qui purifie, illumine, transfigure les âmes et les élève jusqu'à l'union avec Dieu. Et voilà l'autel, où tout converge vers le trône de l'Agneau, vers le tabernacle, d'où rayonne l'hostie, le Cœur de Jésus nous provoquant à la communion de son sacrifice d'adoration et d'amour.

Eh bien ! sous les voûtes de cette basilique ex-voto de l'ordre bénédictin au Sacré Cœur, entonnons notre *Te Deum*. Qu'il exprime nos actions de grâces des gloires religieuses du passé, des faveurs du millénaire ; qu'il nous laisse à tous un puissant et fécond souvenir.

Vous le garderez, Messeigneurs, parce qu'il vous sera fortifiant au milieu des tristesses quotidiennes. Vous l'emporterez, mes Très Révérends Pères, en reprenant les routes de l'exil, vers l'Angleterre, la Belgique, l'Orient. L'un de vous le confiera, à Jérusalem, au tombeau du Christ, source de toutes les résurrections.

N'en doutons pas, la vie religieuse aura la sienne dans notre France. Ils reviendront, les jours prédits par le prophète Isaïe, où les solitudes refleuriront, où, vaincus par la charité, les barbares modernes se laisseront convertir par l'Évangile ; l'agneau une fois de plus adoucira le lion.

Avec nos vues humaines, nous ne savons ni l'heure ni le moment de ce triomphe de Dieu, mais encourageons-nous sans cesse par la parole de la Bienheureuse Marguerite-Marie :

Cœur Sacré de Jésus, j'ai confiance en vous !
Ainsi soit-il.

CONCLUSION

Les solennités du millénaire sont terminées. Les moines de Cluny et leur œuvre ont été dignement célébrés. Rien de plus frappant que l'unanimité dans « cet hommage rendu par le présent au passé », dit fort bien M. Sarraut lui-même.

Et, en effet, « clergé, corps savants ou corps élus étaient à l'unisson, entre eux comme avec la foule. Pas de dissonance dans les discours, pas de désordres dans les réjouissances. La politique a été tenue à l'écart dans cette fête du souvenir; en honorant le passé, personne n'a songé à critiquer son temps. Il semble que l'image de notre France aimée ait plané sur ces ruines. N'en déplaise aux détracteurs du dedans ou du dehors, notre patriotisme est bien vivant. Et ces heures trop courtes où il s'est affirmé nous répondent de l'avenir.

« Mais il y a plus. Ce n'est pas seulement la France moderne qui s'est retrouvée, unie et forte, dans ces fêtes; c'est aussi un peu de la France ancienne qui est venue la rejoindre....

« Il semble bien que nous ayons dépassé cette période de mysticisme qui faisait dater la France de 1789. La foule s'intéresse aux grands souvenirs : elle aime ses traditions locales, elle s'attache aux vieux monuments de notre sol. Elle sent bien, confusément, qu'on peut admirer le passé sans le faire revivre, et être des hommes de progrès sans se montrer ingrats ou injustes. Ceux qui lui parleront ce langage auront quelque chance d'être entendus. Et voilà pourquoi des fêtes comme celles de Cluny ne sont pas seulement une manifestation, mais une éducation du patriotisme.

« Et enfin, elles sont aussi une leçon pratique de tolérance : sans heurt, sans arrière-pensée, les esprits les plus divers ont pu s'associer à un hommage public rendu à des moines ... Voilà un succès dont nous pouvons être fiers. Nous le devons surtout à la sagesse des organisateurs, et parmi eux, avant tous, de l'évêque d'Autun. C'est à son tact, à son esprit bienveillant et conciliant, à la modération de ses idées comme de son attitude, qu'est dû ce courant de sympathie universelle.

« Une fois de plus, c'est la victoire de la douceur. Et les moines de Cluny, qui n'avaient voulu, sur leurs armes, que cette seule devise : *Pax*, nous ont admirablement montré que le premier des devoirs chrétiens, dans tous les siècles, était aussi le meilleur des programmes d'action, morale ou sociale, de notre temps [1]. »

ABEL TROUILLET.

1. Le *Bulletin de la semaine.*

TABLE DES MATIÈRES

——▶◀——

BESANÇON. — TYPOGRAPHIE JOSEPH JACQUES.

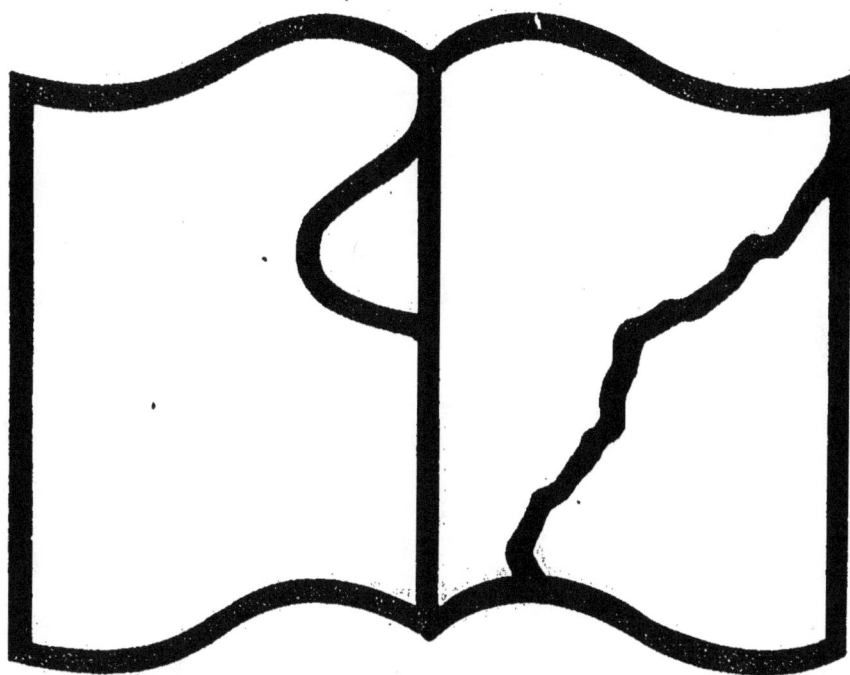

Texte détérioré — reliure défectueuse

NF Z 43-120-11